全国革命老区县发展史丛书·广东卷

广宁县革命老区发展史

广宁县革命老区发展史编委会　编

SPM 南方出版传媒·广东人民出版社
·广州·

图书在版编目（CIP）数据

广宁县革命老区发展史／广宁县革命老区发展史编委会编. —广州：
广东人民出版社，2021.12
（全国革命老区县发展史丛书·广东卷）
ISBN 978 - 7 - 218 - 15366 - 7

Ⅰ. ①广… Ⅱ. ①广… Ⅲ. ①广宁县—地方史 Ⅳ. ①K296.54

中国版本图书馆 CIP 数据核字（2021）第 223645 号

GUANGNING XIAN GEMING LAOQU FAZHANSHI
广宁县革命老区发展史

广宁县革命老区发展史编委会 编

出 版 人：肖风华

责任编辑：李丽珊
装帧设计：张力平等
责任技编：吴彦斌 周星奎

出版发行：广东人民出版社
地 址：广州市海珠区新港西路 204 号 2 号楼（邮政编码：510300）
电 话：(020) 85716809（总编室）
传 真：(020) 85716872
网 址：http://www.gdpph.com
印 刷：广州市浩诚印刷有限公司
开 本：715 mm×995 mm 1/16
印 张：26.25 插页：8 字 数：400 千
版 次：2021 年 12 月第 1 版
印 次：2021 年 12 月第 1 次印刷
定 价：98.00 元

如发现印装质量问题，影响阅读，请与出版社（020 - 85716849）联系调换。
售书热线：(020) 85716826

广东省编纂《革命老区县发展史》丛书
指导小组

组　　长：陈开枝（广东省老区建设促进会会长）

副组长：林华景（广东省老区建设促进会常务副会长）

　　　　宋宗约（广东省农业农村厅二级巡视员、广东省老
　　　　　　　　区建设促进会副会长）

　　　　刘文炎（广东省老区建设促进会副会长）

　　　　郑木胜（广东省老区建设促进会副会长）

　　　　姚泽源（广东省老区建设促进会副会长兼秘书长）

　　　　谭世勋（广东省老区建设促进会副会长）

　　　　廖纪坤（广东省农业农村厅总经济师）

办公室

主　　任：姚泽源（兼）

副主任：韦　浩（广东省农业农村厅扶贫协作与老区建设处
　　　　　　　　处长）

　　　　柯绍华（广东省老区建设促进会副秘书长）

　　　　伍依丽（广东省老区建设促进会副秘书长）

《广宁县革命老区发展史》编纂委员会

2018 年 3 月—2019 年 5 月（宁委办发电〔2018〕22 号）

顾　问：袁海平（中共广宁县委书记）

　　　　黄　靖（中共广宁县委副书记、县政府县长）

主　任：练子强（广宁县政府副县长）

副主任：冯少媚（广宁县老促会会长）

　　　　莫玉莲（中共广宁县委办副主任、县委改革办主任）

　　　　黄施翰（广宁县政府办副主任）

　　　　蔡其智（广宁县老促会副会长、秘书长）

委　员：陈汉明（中共广宁县纪委常委）

　　　　陈善军（中共广宁县委组织部常务副部长）

　　　　沈健开（中共广宁县委农办主任）

　　　　陈家标（中共广宁县委党史研究室主任）

　　　　祝继红（广宁县财政局副局长）

　　　　黎秉铃（广宁县民政局局长）

　　　　余瑞国（广宁县文广新局局长）

　　　　黄成才（广宁县档案局局长）

　　　　欧宝成（广宁县统计局局长）

　　　　曾少伟（广宁县志办主任）

编委会办公室：

　　编委会办公室设在县老促会，承担日常运转具体业务，主任由蔡其智兼任，副主任及办公室成员由编委会办公室商编委会成员单位确定。

2019 年 6 月后（宁委办发电〔2019〕25 号）

顾　　问：谢桂坤（中共广宁县委书记）

　　　　　姚灵炎（中共广宁县委副书记、县政府县长）

主　　任：陈超常（中共广宁县委副书记）

第一副主任：练子强（广宁县政府副县长）

副 主 任：冯少媚（广宁县老促会会长）

　　　　　林寿智（中共广宁县委办副主任）

　　　　　朱成强（广宁县政府办公室副主任）

委　　员：陈汉明（中共广宁县纪委常委）

　　　　　冯肇绵（中共广宁县委组织部常务副部长）

　　　　　纪其钊（广宁县民政局局长）

　　　　　陈月新（广宁县农业农村局局长、县委农办主任）

　　　　　祝继红（广宁县财政局副局长）

　　　　　伍庆瑞（广宁县退役军人局局长）

　　　　　高丽霞（广宁县文广旅体局局长）

　　　　　欧宝成（广宁县统计局局长）

　　　　　陈家标（广宁县委党史研究室主任）

　　　　　江昌运（广宁县志办主任）

　　　　　马海成（广宁县档案馆馆长）

　　　　　蔡其智（广宁县老促会副会长兼秘书长）

编委会办公室：

　　　编委会办公室设在县老促会，承担日常运转具体业务，主任由蔡其智兼任，副主任及办公室成员由编委会办公室商编委会成员单位确定。

（本书封底图片由梁为智提供）

在举国欢庆新中国成立 70 周年前夕，中国老区建设促进会王健会长请我为《全国革命老区县发展史》丛书作序，作为一名在老区战斗过并得到老区人民生死相助的老兵，回首往事，心潮澎湃，感慨万千，深感义不容辞，欣然应允。

中国革命老区，是以毛泽东为代表的中国共产党人在领导人民推翻帝国主义、封建主义和官僚资本主义三座大山，争取民族独立和人民解放伟大斗争中建立的革命根据地，在这片红色的土地上，诞生了无数可歌可泣的革命英雄儿女，为后人树起了一座不朽的丰碑，她是新中国的摇篮，是党和军队的根。

在艰苦卓绝的战争年代，老区人民把自己的命运与中华民族的命运紧紧地联系在一起，与中国共产党和人民军队的命运紧紧地联系在一起，他们生死相依，患难与共。我曾亲历过战争年代，并得到过老区红哥红嫂的救助，切身感受到发生在身边的一幕幕撼天动地的革命故事，在那极其艰难的条件下，老区人民倾其所有、破家支前，不怕艰难困苦，不怕流血牺牲。"最后一碗米送去做军粮，最后一尺布送去做军装，最后一件老棉袄盖在担架上，最后一个亲骨肉送去上战场"，这是当时伟大的老区人民为建立新中国做出巨大牺牲的真实写照，它将永远镌刻在中国共产党、中国人民解放军、中华人民共和国的历史丰碑上。他们的光辉业绩永载史册，他们的革命精神必将影响一代又一代的革命新人，造就一代又一代的民族脊梁。

在社会主义革命和建设时期，革命老区和老区人民响应党的号召，面对落后的面貌、脆弱的经济、恶劣的生态环境，他们本色不变，精神不丢，自力更生，艰苦奋斗，干一行爱一行。始终坚持"革命理想高于天"，自觉做共产主义远大理想的坚定信仰者和忠实实践者，勇于向恶劣的自然环境和贫穷落后宣战，他们在各条战线上为国建功立业，用平凡的双手创造了一个又一个不平凡的奇迹，彰显了老区人的崇高精神和人格力量。

在改革开放的伟大进程中，老区人民解放思想，勇于创新，发奋图强，攻坚克难，老区的经济社会建设取得了辉煌成就。特别是在改变中国的面貌、中华民族的面貌、中国人民的面貌、中国共产党的面貌的伟大实践中发挥了至关重要的作用。老区人民既是改革开放的参与者，也是改革开放的推动者。

艰苦练意志，危难见精神。老区人民在近百年的革命战争、社会主义建设和改革开放的伟大实践中，孕育形成了伟大的老区精神：爱党信党、坚定不移的理想信念；舍生忘死、无私奉献的博大胸怀；不屈不挠、敢于胜利的英雄气概；自强不息、艰苦奋斗的顽强斗志；求真务实、开拓创新的科学态度；鱼水情深、生死相依的光荣传统。这是党和人民宝贵的精神财富、丰厚的政治资源，是凝心聚力、振奋民族精神的重要法宝，也是社会主义核心价值观的重要内容。

中国老区建设促进会怀着强烈的政治责任感和历史使命感，组织全国各地老促会人员克服困难，尽心竭力编纂《全国革命老区县发展史》丛书，记录老区的光辉历史和辉煌成就，传承红色基因，弘扬老区精神，是功在当代，利及千秋的一件大事。手捧这部丛书的部分书稿，读着书中的故事，倍感亲切，深感这部丛书具有资政、育人、存史的社会功能，有着重要的时代和历史价值。它是不忘初心、牢记使命的源头活水，是赞颂共产党、讴歌老区人民的一部精品力作，是弘扬老区精神、传承红色记忆的丰厚载体，是一项继承优秀传统文化、弘扬革命文化、发展社会主义先进文化，坚定"四个自信"的宏大文化工程。它必将成为一种文化品牌，为各界人士了解老区宣传老区支持老区提供一部有价值的研究史料。希望读者朋友们能从中了解并牢记这些为党和民族的利益不断奉献的老区人民，从中得到教益，汲取人生奋斗的精神动力。

新时代赋予新使命，新起点开启新征程。让我们更加紧密地团结在以习近平同志为核心的党中央周围，坚持以习近平新时代中国特色社会主义思想为指导，增强"四个意识"，坚定"四个自信"，做到"两个维护"，弘扬老区精神，铭记苦难辉煌。为实现"两个一百年"奋斗目标，实现中华民族伟大复兴的中国梦作出新的更大的贡献！

迟浩田

2019 年 4 月 11 日

2017年6月，中国老区建设促进会组织全国各地老促会启动编纂《全国革命老区县发展史》丛书，按照"建立中国共产党、成立中华人民共和国、推进改革开放和中国特色社会主义事业"三大里程碑的历史脉络，系统书写革命老区百年历史，深入挖掘革命老区红色文化资源，这对于充实丰富中国革命史籍宝库、在新时代传承红色基因、弘扬革命精神、强固根本，对于激励人们在新的历史条件下夺取中国特色社会主义伟大胜利，实现中华民族伟大复兴的中国梦具有重要意义。

丛书编纂以习近平新时代中国特色社会主义思想为指导，以《中国共产党历史》《中国共产党的九十年》等重要文献为基本依据，以党的领导为核心，以老区人民为主体，以老区发展为主线，体现历史进程特征，突出时代发展特色，坚持辩证唯物主义和历史唯物主义相统一、历史真实性与内容可读性相统一的原则，书写革命老区从站起来、富起来到强起来的光辉革命史、不懈奋斗史、辉煌成就史，把老区人民的伟大贡献、伟大创造、伟大成就、伟大精神充分展示出来，形成一部具有厚重历史特征和鲜明时代特色的精品力作。这是一部培根铸魂、守正创新，既为历史立言，又为时代服务，字里行间流淌着红色血脉、催生着革命激情的传世之作。丛书的编纂出版将成为讴歌党讴歌人民讴歌时代、传播红色文化、为革命老区和老区人民树碑立传的重要载体。

　　丛书按照编年体与纪事本末体相结合、以编年体为主的编写体例确定框架结构；运用时经事纬、点面结合的方式记述史实；坚持人事结合、以事带人的原则处理人与事的关系；采取夹叙夹议、叙论结合以叙为主的方法展开内容。做到了史料与史论、历史与现实、政治与学术统一，文献性、学术性、知识性相兼容。

　　为编纂好《全国革命老区县发展史》丛书，打造红色文化品牌，中国老区建设促进会认真组织积极协调，提出政治立场鲜明、史料真实准确、思想论述深刻、历史维度厚重、时代特色突出、编写体例规范、篇目布局合理、审读把关严格、出版制作精良的编纂出版总要求，力求达到革命史籍精品的精神高度、思想深度、知识广度、语言力度，增强丛书的权威性和社会影响力。各省（区、市）、市（州、盟）、县（市、区、旗）老促会的同志，以强烈的使命感、责任感和紧迫感，勇于担当，积极作为，认真实施，组织由老促会成员、专家学者等参加的十余万人编纂队伍。编纂工作主体责任在县，省、市组织协调、有力指导、审读把关。各方面人员以高度负责的精神和科学严谨的态度，满腔热情地投入工作，为丛书编纂出版做出了重要贡献。丛书编纂工作还得到了党和国家有关部委、地方各级党委政府及有关部门的大力支持和积极参与，社会各界也给予了热情帮助。中共中央政治局原委员、中央军委原副主席、原国务委员兼国防部长迟浩田上将，对老区人民怀有深厚感情，对革命老区建设发展十分关注，欣然为《全国革命老区县发展史》丛书作总序。

　　丛书由总册和1599部分册（每个革命老区县编纂1部分册）组成，共1600册。鉴于丛书所记述的史实内容多、时间跨度长和编纂时间紧，不妥之处，敬请批评指正。

中国老区建设促进会

周其鉴故居

1924年12月10日，广宁县农民协会组织会员在县城示威游行

薛六故居，大革命时期被敌人放火焚毁，解放后由亲人重建

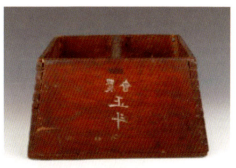

大革命时期广宁县农民协会统一制发使用的正斗，公开制止无良地主"大斗进、小斗出"的恶劣行径

1926年广东省农协农民训练所毕业证章

大革命时期广宁县社岗第六区农民协会印章

1925年5月成立的广宁县第十四区农民协会旧址

大革命时期广东省广宁县农民协会会员证章

　　省级文物保护单位——广宁县农民协会旧址，位于广宁第一中学校园内。图片来源：中共广宁县委党史研究室

　　广宁县苏维埃政府遗址（今螺岗学校内）及仅存的"镇安府"阳刻花岗岩石匾

石涧塘仔角村——土地革命时期
中共广宁县委机关旧址

1939年中共西江特委机关旧
址——石涧黄塘村王德彬家

1945年2月，广（宁）四（会）抗
日武装起义会议旧址——排沙三角小学

广宁县排沙抗日武装起义旧
址——排沙圩江家谷仓

1945年5月19日，西江人民抗日义勇队与珠江纵队西挺大队会师地点——广宁罗汶连石坑村

1945年7月15日—17日五指山区反攻战主战场——百寮顶地貌

省级文物保护单位——中国人民解放军粤桂湘边纵队司令部旧址，位于赤坑镇赤坑社区交赞村

1945年8月初成立的广宁县五指山乡人民政府督导处旧址

1947年、1948年民主政权广宁县第三区行政督导处主任陈禹、副主任伍学桢签发的委令

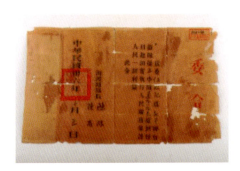

边区人民解放军海波队队长陈胜1947年签发的委令

1949年陈瑞琮署名的西江人民义勇队第三大队筹粮信

1948年7月20日扶罗口伏击战战场遗址

1949年4月初激战七天八夜的八田战斗遗址

解放战争时期粤桂湘边区独立团团长欧新使用带木盒的"欧新之印"骨质印章

解放战争时期粤桂湘边区绥贺支队第一团团长陈瑞琮使用带木盒的"陈瑞琮"骨质印章

1949年8月17日夜袭县城北楼岗战斗遗址

1950年1月3日消灭广宁最后股匪的地方——联和带心老牛塘

1950年设立的广宁县剿匪牺牲三十三名烈士江屯纪念碑，图为重修前后照片

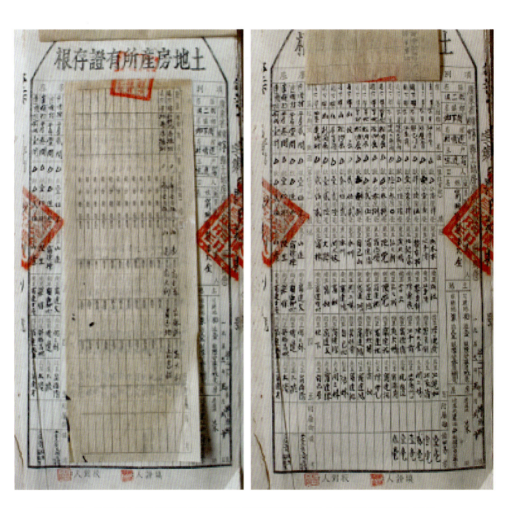

1953年5月，广四县人民政府颁发给第二区阁下乡莲塘村村民的《土地房产所有证》存根

1985年2月27日，广宁人民武装起义暨珠纵西挺40周年纪念大会在县影剧院举行

1985年4月原址重修的红军妈妈墓——墓主人陈绍明（1889—1977年）是著名的革命堡垒户

1986年4月，时任省委书记林若调研广宁县竹业发展情况，时任县委书记吴驹贤等陪同

广宁籍香港同胞陈达先生全资捐建的广宁县文杰中学，位于横山镇厚田村

装机容量2.55万千瓦的花山电站1994年10月正式发电，图为厂房及水库

1997—2000年，县境古水河沿岸19座跨河铁索桥改建钢筋混凝土平板桥系列工程完成

　　省委原书记、省老促会原会长林若2002年到改造前的赤坑镇合坑小学调研，右为改造后的新教学楼

改造前后的石涧卫生院正面

改造后的江屯中心卫生院

改造后的洲仔镇卫生院门诊楼

2009年7月23日，中国人民解放军粤桂湘边纵队纪念馆在广宁落成，原副省长、边纵老战士匡吉同志出席并致辞

2014年4月2日，县城各界人士公祭革命烈士

　　2015年6月4日，广东省老促会会长陈开枝（前排左四）、副会长兼秘书长姚泽源（前排右一）一行在肇庆市老促会会长陈端长（前排左三）、时任中共广宁县委书记兼县长袁海平（前排右四）等陪同下，专项调研广宁县革命史迹保护工作

微信扫描二维码
您立即开展本书的
延伸阅读。

2013 年习近平总书记在主持中央政治局第七次集体学习时强调指出："历史是最好的教科书。"中国老区建设促进会于 2017 年决定，组织全国 1599 个革命老区县（市、区、旗）编纂出版《全国革命老区县发展史》丛书，作为献给中国共产党成立 100 周年的礼物。这是一项适逢其时推进红色基因传承的建设工程，也是自觉增强道路自信、理论自信、制度自信、文化自信的具体行动。

广宁是广东省内革命起源早、革命斗争持续时间长、老区村庄和人口比例大、为革命事业作出较大贡献的县份，全县 16 个镇全部是革命老区。

自 1924 年 11 月中共广宁支部成立到新中国成立，党的地方组织的革命斗争从未间断。1924—1925 年，在广东革命政府派来铁甲车队的大力支持下，广宁农民运动取得全县性减租斗争重大胜利的历史事件轰动全省、影响全国，受到毛泽东多次称赞；解放战争时期，广宁是粤桂湘三省边区 40 多个县范围的革命斗争核心根据地和军政骨干培训基地，广宁人民自始至终尽其所能、倾其所有全力支持边区子弟兵，共同革命。

新中国成立后，尤其是实行改革开放以来，广宁县在上级党委及政府的正确领导和关怀下，发扬革命前辈艰苦奋斗精神，一直坚持改善民生、改变老区面貌，经过不懈努力，老区出行难、就学难、就医难、饮水难、用电难、通信难、住房难等基本民生问题绝大部分已经得到解决，老区人民生产生活条件有了质的飞跃。党的十八大以来，广宁老区朝着"两个一百年"的奋斗目标不断奋进，撸起袖子加油干，绿水青山正在变成金山银山，乡村面貌正在发生深刻变化。

广宁县革命老区的发展历史，是各级党组织领导全县人民共同奋斗的创业史。革命斗争时期，涌现了无数值得后人敬仰和学习的革命英雄，为我们留下了取之不竭的宝贵的精神财富；建设社会主义的各个时期，经过不断探索纠偏、不断总结、不断改革，广宁走进了新时代，老区人民迎来了新生活。记录和重温历史，是为了铭记过去的艰辛，从革命前辈身上汲取精神力量，更好地建设广宁的美好明天，为中华民族实现"两个一百年"宏伟目标作出广宁老区应有的担当和新贡献。

《广宁县革命老区发展史》编委会
2020 年 12 月

1

第一章

区域和革命老区概况

区域基本情况

广宁县地处广东省中西部，肇庆市东北部，位于北江支流绥江的中游，东面、东北面毗邻四会市、清远市清新区，南面、西南面与肇庆市高要区、德庆县相连，西面、西北面与怀集县接壤，北面与清远市阳山县交界，总面积 2458.15 平方千米，其中山地面积占总面积 80%。

春秋战国时，广宁属岭南百粤地。秦朝，始属南海郡，后属南越国统辖。汉朝以后，广宁属四会县。

明嘉靖三十八年（1559 年）从四会县析太平、永义、橄榄、大圃四都共十一图之地立广宁县。直至民国时期，区域划分无大变动。

中华人民共和国成立以来，1949 年 10 月—1952 年 4 月属西江专区。1952 年 5 月，广宁、四会两县合并为广四县，隶粤中区。1954 年 7 月，又恢复广宁、四会两县，属高要专区。原属广宁县的四区和一区一部分共 16 个乡（程村、石桥、大水、小水、隔江、黄田、万峒、浪江、江明、江荣、江东、江安、江平、江华、江和、江谷）被划归四会县，形成今境。1958 年 10 月，两县再度合并为广四县，属江门专区。1961 年 4 月，广四县再次恢复分设广宁县、四会县，属肇庆专区。1988 年，肇庆专区改称肇庆市，广宁县属肇庆市，沿属至今。

2016 年，广宁县辖 16 个镇、178 个行政村（社区居委会），年末户籍人口 59.33 万人，常住人口 43.96 万人。南街镇为广宁县人民政府驻地，2016 年末该镇户籍人口 11.82 万人，其中城镇人口 8.21 万人，乡村人口 3.61 万人。

广宁县境四面环山，山脉多为东北朝西南走向，属南岭余脉。北部多为低山，由东北向西南方向倾斜；西部为低山丘陵，向东南低斜。绥江从西北向东南斜贯全县，形成一个以绥江为轴线，两边高、中间低的斜凹地形。全县海拔 350 米以上山地面积占总面积 28.6%，丘陵面积占总面积 51.4%，山地盆地面积（含水域面积）占总面积 20%。螺壳山为县内最高峰，海拔 1339 米。境内属亚热带气候，年平均气温在 20℃ ~ 22℃；年平均日照时数 1600 小时左右；年平均降雨量约 1750 毫米。

全县耕地面积 26 万亩（1 亩≈666.67 平方米，下同），林地面积 298 万亩，森林覆盖率 82.82%，活立木蓄积量超 1000 万立方米。矿产有金属和非金属 6 个种类，20 多个品种。获国家地理标志产品保护的"广绿玉"，是中国五大名石之一，曾为朝廷贡品，其翠绿、绿海金星、白中带绿、黄中间绿等品种极为名贵，主要用来雕刻工艺品、制作印章。土特产有砂糖橘、文笋、笋干、冬菇、蜂蜜、腐竹、番薯干、山茶油、清桂茶叶等。主要特色美食有竹园鸡、竹笋、竹虫、武林鱼、大芥菜、竹丝面、白糍等。广宁县是"竹子之乡""武术之乡""砂糖橘之乡"，主要旅游景点有竹海大观、宝锭山景区、粤桂湘边纵队司令部展览馆、云山里景区和葵垌樱花谷。广宁县被确定为国家循环经济示范县建设地区，被列为国家级农业综合开发县。

第二节 革命老区情况

新中国成立以来，广宁县按照广东省的统一安排，于 1957 年、1989—1990 年、1991—1993 年分别进行过三次评划（补划）革命老区。截至 2016 年底，全县 16 个镇（或党委）全部是老区镇，178 个行政村（社区）中有 148 个被列为老区，占行政村（社区）总数 83%。老区自然村 1656 个，占全县自然村总数 62%。老区户数 8.3 万户，人口 35.28 万人，占全县总人口 63%，是广东省为数不多的行政区域内全部镇都是革命老区的县份之一。

广宁县各个时期革命老区简表

所属时期	革命老区		自然村（个）
	镇	行政村（社区）	
第二次国内革命战争时期	排沙、潭布、江屯、螺岗、坑口、南街、石涧、宾亨、五和	排沙镇 14 个：春水、排沙、木塝、八一、塘尾、担桐、南石咀、蚌溪、木源、大罗、横坑、扶罗、沙心岽、枫树坪 潭布镇 8 个：坑头、社岗、中华、拆石、贝垌、古楼、带下、严垌 江屯镇 16 个：江屯、红旗、江联、营岗、江合、新坑、坑口、大连、义和、水月、河口、联华、塘角、联星、石坳、明星	240

（续上表）

所属 时期	革命老区		自然村 （个）
	镇	行政村（社区）	
全面抗战时期	木格、石咀、赤坑	螺岗镇6个：螺岗、东方红、螺源、大塘、群力、高坪 坑口镇13个：坑口、上林、禾仓、塘村、赤水、丰木、坑垌、下寨、上带、狮村、大汕、古兴、大同 南街镇18个：红星、护国、永青、林垌、富溪、江美、红太阳、赛垌、荷木、黄盆、黄腊、黄坪、星平、扶楼、金山、聚和、首约、城南 宾亨镇（含石涧）16个：宾亨、石涧、横迳、罗溪、永泰、中村、都委、坑仔口、妙村、寺湾、罗汉、江西、带垌、仁尚里、沙心、宜垌 五和镇6个：五和、下源、江布、庄源、横岗、村心	400
解放战争时期	北市、古水、洲仔、横山	木格镇5个：木格、册田、丰田、芙洞、九应 石咀镇6个：石咀、建中、岗坪、南源、浪沙、沙步 赤坑镇10个：赤坑、合成、花山、福排、旺垌、惠爱、汶水、洲仔岗、合坑、雅韶 北市镇7个：北市、同文、新文、共联、浸米、葵洞、石楼 古水镇15个：古水、桂洞、下蚌、梨溪、大潘、蒙坑、蒲塘、牛岐、大平、太和、黄洞、什洞、三坑、湘下、小益 洲仔镇4个：务水、良村、白沙、清桂 横山镇4个：横山、大诚、高村、荔垌	1016
合计	16	148	1656

全县解放前牺牲的革命烈士分乡镇、分时期统计。革命战争年代（1949年10月1日以前）广宁县籍牺牲的革命烈士共450名（其中5名女烈士），是西江地区革命烈士最多的县份（见下表）。

广宁县籍革命烈士统计表

（单位：名）

镇	合计	所属时期		
		第一、第二次国内革命战争时期	全面抗战时期	解放战争时期
南街	87	55	4	28
排沙	34	1	2	31
石涧	11	1	1	9
潭布	36	32	0	4
江屯	54	8	2	44
螺岗	16	4	1	11
北市	4	0	0	4
坑口	79	13	2	64
赤坑	16	0	0	16
宾亨	47	31	1	15
五和	24	7	10	7
横山	1	0	0	1
木格	1	0	0	1
石咀	24	0	0	24
古水	12	3	0	9
洲仔	4	2	0	2
总计	450	157	23	270

广宁县籍早期革命的著名人物周其鉴、薛六、罗国杰等都在外地领导革命时牺牲。另有80多名外县籍或归国华侨身份的革命战士长眠在广宁大地。

广宁县作为广东省兴起革命斗争早、持续时间长、影响大、对革命斗争特别是对华南地区解放作出贡献和牺牲大的少数县份之一，自第一次国内革命战争时期起，全县人民在中国共产党的领导下，进行了长期的、艰苦卓绝的和英勇顽强的斗争，在西江地区创下过多个"党史之最"和"第一"。

（一）大革命时期党领导的农民运动首次武装对抗地主，轰动全省、影响全国，获得毛泽东高度评价

1924 年 11 月 24 日，经中共广东区委批准，成立中共广宁支部，有共产党员 11 名，周其鉴任书记，支部设在广宁县南街新楼村，这是西江地区第一个党支部，也是华南地区农村较早建立的7 个党支部之一。中共广宁支部的建立，使广宁成为西江地区农民运动的中心，并出现了西江农民运动的第一个高潮，有力地推动了西江地区革命运动的发展。广东农民运动著名的四大领袖彭湃、周其鉴、阮啸仙、黄学增在 1924—1928 年曾先后在广宁领导农民运动，使广宁农民运动发展更加迅猛，声势浩大，震撼粤西，轰动全省，影响全国。1924 年 12 月 12 日，广东革命政府派铁甲车队前往广宁支持农民的减租斗争，得到广大农民欢迎的历史事件，被写入《中国共产党历史大事记》。广宁组织农民武装反抗地主阶级的首创做法，被毛泽东誉为中国共产党独立自主领导农民运动的典型，于 1925 年 10 月和 1926 年 9 月两次撰文介绍，与东江的海陆丰农民运动同处中国南方革命运动的前列地位。[①]

这一时期的革命贡献在于：

第一，为实现党指挥枪的首次尝试并获大胜提供了战场。建国陆海军大元帅府铁甲车队是叶挺独立团（国民革命军第四军独立团）的前身，主要任务是驻守广州保卫总统府和铁路。1924 年9 月在广州组建，11 月改组后由中共广东区委书记陈延年和区委

---

① 《毛泽东文集》第一卷，人民出版社 1993 年版。

军事部部长周恩来实际掌握，是中国共产党实际掌握的第一支革命武装，编制150人左右。1924年10月，广宁县方兴未艾的农民运动遭到地主阶级反动武装的疯狂镇压。根据中共广东区委指示，奉广东革命政府命令，12月中旬，铁甲车队改组一个月后即由党代表廖乾五、队长徐成章、副队长周士第、政治教员赵自选等带领近100多人首次离开广州，到100多千米以外的广宁山区支援农民运动，首次动用武器与国民党右派暗中支持的敌人展开真刀真枪面对面的多次较量。至1925年2月中旬凯旋回穗，铁甲车队支援广宁农民运动时间从原计划一个星期左右延长到70多天，经历大小战斗几十次。铁甲车队在整个支援行动中，始终把坚持党对军队的绝对领导放在首位，为后来革命力量在前进征程中不断发展壮大并达到革命目的，进行了难能可贵的历史实践，后来成为中国共产党的"传家宝"。铁甲车队支持广宁农民运动的重大事件，被载入了《中国共产党历史大事记》，其历史性地位值得重视。

第二，为广东农民运动著名的四大领袖提供了施展抱负的平台。彭湃、阮啸仙、黄学增、周其鉴在1924—1928年曾先后在广宁领导农民运动，把理论运用于实践，促使广宁农运发展更加迅猛，声势浩大，震撼粤西，轰动全省，影响全国。他们的领导才能也在不断的实践中迅速增长。

第三，与海丰县一齐成为中国共产党独立自主领导农民运动的典范。1924年1月，中国共产党帮助孙中山在广州召开了国民党第一次全国代表大会，国共两党对中国农民问题达成新共识，有利于农民运动合法化。但是，国民党主张"政府解救农民"，共产党主张"农民一齐自救"，广宁农民运动为争取农民合法权益所逼必须进行武装斗争的空前激烈程度，印证了共产党主张的正确性。运动策略之成功，影响之深远，在当时中国共产党领导农民运动的历史上也是罕见的。毛泽东认为海丰、广宁等县农民的武装斗争，是当时对付最反动、最凶恶的敌人所必须采取的斗争形式。①

第四，向县外输出大批革命骨干，点燃了各地革命火种。广宁县党组织按照中共广东区委安排，这一时期先后输出县农会副委员长陈伯忠到四会县、县农会执委李爱到广西省怀集县、社会主义青年团广宁特别支部书记龙启炎到广西省梧州市，从事开创性的革命工作。这些广宁籍同志均为当地党组织的开拓者。此外，县农会执委兼秘书长罗国杰到省农会西江办事处任秘书具体协调西江区内各地、尤其是高要县的农民运动，还有黄启滔、杨日良被调往广西任农民运动巡视员。广宁籍革命骨干的输出，点燃了所到之处农民运动的熊熊烈火。

（二）土地革命战争时期诞生西江地区第一个红色政权

1928 年 1 月，中共广东区委统一部署，西江地区农民暴动的运动中心选择在广宁。2 月 25 日，西江特委书记兼广宁县委书记黄学增指挥广宁县农民赤卫队 300 余人在螺岗圩发动武装暴动，没收地主粮仓内几百石稻谷，在螺岗镇安府召开了 3000 多人的群众大会，成立了西江地区第一个县级苏维埃政府。由于敌我力量悬殊及敌人疯狂反扑，大批党员被迫转移、疏散转为地下斗争。虽处革命低潮，党的组织体系一直坚持到 1933 年底才被迫"瓦解"。

这一时期，广宁的革命贡献在于：

第一，产生了西江地区籍人士进入中共中央领导机构第一人——薛六（广宁县潭布镇社岗人）。薛六于 1925 年 4 月担任广

---

① 杨绍练、余炎光：《广东农民运动 1922 年—1927 年》，广东人民出版社 1988 年 2 月，第 136 页。

宁县农民协会第二届执行委员会委员长后，致力于巩固农民运动成果，与当地国民党右派当政者进行坚决斗争。广宁的经验受到中国共产党领导人的高度重视。1927年5月，在中国共产党第五次全国代表大会上，他与毛泽东等14人当选为中共中央候补委员。同年10月，当选为中共广东省委委员。1930年，在香港被敌人秘密逮捕，在广州牺牲，时年43岁。

第二，成功举行螺岗暴动，建立县级苏维埃政权，在白色恐怖笼罩的西江两岸地区透出一片亮色，为其他县份的武装斗争提供了经验。

第三，秋收起义失利后，大批革命者转到广州等地继续革命，矢志不移。广宁籍在穗工人有数十人参加广州起义，梁定彬（广宁县南街籍，在穗学生）、冯六（广宁县南街籍，广州赤卫队员）、李福祥（广宁县潭布籍，广州油业工会会员）、杨日良（广宁县潭布籍，省农会特派员）、张善（广宁县江屯籍，广州油业工会武装队员）等十多人先后牺牲，长眠在广州大地。

（三）全面抗战时期成功举行武装起义，组建西江人民抗日义勇队

1938年1月，由中共香港工委组织的侨港会宁同乡会回乡服务团到达广宁，开展抗日救亡宣传和恢复、重建广宁县党组织的活动。11月，中共广宁中心县委成立，管辖广宁、四会及三水县部分地区的党组织。从此，中共广宁县组织正式恢复。1939年1月，省委决定成立西江特委。3月，西江特委书记王均予鉴于广宁县有大片根据地和良好群众基础，将西江特委机关迁到了广宁县石涧，半年多时间。特委领导西江人民团结抗日，出色地落实了中共中央和南方局关于保存组织和开展"三勤"（勤学、勤业、勤交友）活动的指示。

1945年2月16日，西江临工委书记欧新（广宁人）回广宁，在排沙三角村小学召集广宁、四会两县党组织负责人及部分党员骨干举行会议，根据省委开展独立自主的游击战的指示部署武装起义。2 月 20 日，广宁、四会两县多个地方同时成功起义，四会起义队伍挺进广宁，与广宁起义队伍会合，并成立西江人民抗日义勇队，被编为广宁大队和四会大队，积极打击广宁各地的地主反动武装。5 月中旬，根据中共中央关于建立五岭根据地的战略部署，广东人民抗日游击队珠江纵队部分主力组成 400 多人的西挺大队。从南海县出发，经三水、四会，在广宁罗汶与本地抗日力量会合。从此开创了广宁革命斗争更加波澜壮阔的新局面。

这一时期，广宁的革命贡献在于：

第一，较早重建党组织，发动大范围抗日救国宣传，唤醒民众爱国精神，为广州沦陷前广东青年抗日救国先锋队数百人外撤提供了安全基地。

第二，为保护西江特委领导机关安全迁移广宁和党组织发展创造了良好的政治基础、群众基础。

第三，成功举行抗日武装起义并建立游击区，为珠江纵队西挺、为更大规模开展对敌斗争开辟了活动基地。

（四）解放战争时期成为粤桂湘边区武装斗争的指挥中心和核心区域

1945 年 12 月，中共广东区党委决定成立中共西江特委，书记梁嘉，副书记谢斌，特委机关设在广宁四雍①，下辖邻近几县及英德、云浮等 10 多个县。1947 年后，珠江纵队西挺大队以广宁为中心坚持斗争，扩大区域，中共粤桂湘边区工委、军委和后

---

① 四雍即 1937 年起设立的雍和、雍熙、雍穆、雍宁 4 个乡，今坑口镇、赤坑镇范围。1947 年 1 月后，国民党广宁县当局对乡镇缩编，雍和乡改称坑垌乡，雍熙、雍穆、雍宁 3 个乡合并称汶水乡。

来的粤桂湘边纵队司令部长期设在广宁。粤桂湘边区包括粤汉（今京广）铁路以西，西江以北，广西桂林以东，湖南省南部三省50多个县300多万人口的区域，是华南地区七大战略区之一。1949年7月23日，粤桂湘边纵队在广宁正式成立。9月3日，粤桂湘边纵队司令员兼政委梁嘉指挥粤桂湘边纵队独立团、绥贺支队第一团和暂编二团，解放广宁县城。这是西江地区最早获得解放的一座县城，也是粤桂湘边纵队依靠自己的武装力量解放的第一座县城，粤桂湘边纵队还独力解放了三省数县。

这一时期的革命贡献主要在于：地方党组织和全县人民倾尽全力配合与支持地方部队、地方武装的革命斗争，无怨无悔地把匮乏的生活物资、狭窄的生存空间优先留给部队，革命力量得以发展壮大。大批情报员、交通员、联络员、堡垒户在战争时期赴汤蹈火，新中国成立后甘于平淡而无悔。如江屯堡垒户梁二、陈绍明夫妇，石涧地下交通站程海修一家，等等。

广宁县老区人民自1924年党组织创立到1949年10月1日中华人民共和国成立，走过了25年的战斗历程。历史证明，老区人民经受了长期革命斗争的锻炼和考验，英勇奋斗，前赴后继，流血牺牲贡献巨大。2009年7月23日，中国人民解放军粤桂湘边纵队纪念馆在广宁县城落成使用，时任中央政治局委员、省委书记汪洋亲笔签名代表省委发来贺信，并题词"继承光荣传统，发展革命精神，建设中国特色社会主义"。

区域经济社会发展概况

新中国成立前，广宁县以农林业为主，农民均于农事间隙兼营山利，如栽种松杉、竹木、茶树等，茂林修竹百里弥望。尽管林业资源丰富，但由于半殖民地半封建社会制度的束缚，经济发展十分落后。20世纪30年代，广宁县手工业仅有制造火纸、香粉、缆、篾等，人们多往省城一带乃至漂洋过海谋生。1938年广州沦陷后，战火频仍，封江堵海，交通阻塞，广宁县山货无销路，又加上自然灾害侵袭，人民生活在水深火热之中，经济萧条。40年代初，广宁县的手工业有所发展，特别是盒片、火柴、制锅三业发展较快。抗日战争胜利后，广宁县商业复苏，1946年，广宁商业公会成立，下设谷米业、理发业、木器业等同业公会，全县私营商业768户，从业1894人，但市场物价失控，价格暴涨，民生凋敝。1949年，全县生产总值1375万元，其中第一产业产值885万元，第二产业产值75万元，第三产业产值415万元，分别占生产总值的64.36％、5.46％和30.18％。

新中国成立至改革开放前的30年，广宁县经济建设在曲折中前进，其发展速度呈现出马鞍形。新中国成立初期，农村土地改革，全县经济建设步入正轨。1954年始，又对农业、手工业、私营工商业进行社会主义改造，进一步解放了生产力，经济建设速度加快，至1957年，全县工农业总产值5110万元，比1949年增长近2倍。在"大跃进"期间，"共产风"、浮夸风、瞎指挥风泛滥，导致工农业产值连续五年下降，由 1958 年的 5496 万元，降至 1962 年的 4700 万元，年均下降 3.4％。通过执行国民经济"调整、巩固、充实、提高"的方针，全县经济建设于 1963 年起逐步得到恢复和发展，1966 年全县工农业总产值达 8556 万元。1967—1976 年，是"文化大革命"的十年，广宁县正常的社会、生产、工作秩序被打乱，全县工农业总产值 1967 年为 9025 万元，至 1976 年增至 11593 万元，十年间仅增长 28.5％，经济发展速度缓慢。1977—1979 年，全县工农业总产值以年均 10.46％的速度增长。

改革开放以来，广宁县经济社会各项事业取得了很大进步。20 世纪 80 年代，广宁县深入贯彻中共十一届三中全会的方针政策，把工作重点转移到经济建设上来，1989 年全县工农业总产值 52513 万元，比 1980 年增长 2.26 倍，年均递增 14.3％。此后，近 30 年尤其是跨入 21 世纪深化改革时期以来，平稳高速向前发展，地区生产总值从亿元、十亿元升到了百亿元级别，经济社会各项事业取得了很大进步。先后获得全国"竹子之乡"、"武术之乡"、全国最佳绿色生态县、绿化模范县、文化先进县、新农村建设示范县、林浆纸产业示范县、广东省重点林区、首批林业生态县和珠三角现代林业发展示范县等荣誉称号，拥有省级造纸产业基地和全省唯一一个国家级竹海森林公园。2016 年，全县地区生产总值 140 亿元，比 2015 年增长 6％。三大产业比例为23.7：38.1：38.2，人均地区生产总值 3.19 万元，增长 5.4％。农林牧渔业总产值 45.82 亿元，增长 4.7％。固定资产投资 65.37 亿元，增长 4.5％。社会消费品零售总额 45.46 亿元，增长 10.2％。外贸进出口额 8.83 亿元，增长 23.2％。城镇居民年人均可支配收入 2.12 万元，农村居民年人均可支配收入 1.25 万元，全县金融机构各项存款余额 112 亿元，各项贷款余额 71.3 亿元。

但在广东省排位，广宁县全面发展水平仍然靠后。改革开放以来，全县虽然获得了很大发展，但是由于受地理环境等多方面因素制约，经济社会发展未能形成持续后劲，财政收支不平衡缺口大，配套投入难，县内基础设施建设、工业经济建设、民生事业建设缓慢，特别是与广东省中心地区和周边地区相比，有差距拉大的趋势。

加快发展主要靠自身努力。广宁正在进一步解放思想、自立自强、自力更生，不断加快改革发展步伐，补好老区发展的短板，坚定不移走好高质量发展之路。

第二章

掀起农民运动高潮和土地革命风暴

第一节 革命火种在广宁大地传播

1917 年，俄国十月革命胜利，给予积极谋求中国社会变革的进步人士极大启发。1919 年 5 月 4 日，北京爆发了以青年学生为主的爱国运动。这场运动促进了马克思主义在中国的传播，为中国共产党的诞生准备了良好条件。

一、周其鉴等人把省城革命火炬传回广宁

五四运动爆发后，广宁迅速响应。周其鉴、罗国杰等在广东省立第一甲种工业学校（简称"甲工"）读书的广宁籍学生，于 1919 年 7 月底从省城回到广宁，向设在县城的文治学堂和设在厚溪的元恺学堂的学生宣传，发动学生投身爱国运动，组织全县学生 500 多人在县城示威游行。9 月初，成立了广宁县学生联合会，选出陈伯忠、龙启炎、孔令淦、周其柏、杨贞忠、冯和修、谭鸿翔等 11 人为执行委员，还通电呼吁全省青年学生联合起来，把反帝反封建斗争进行到底。广宁县一批进步学生如董发兆、陈宝模、马应元、陈嘉元、周其柏等，五四运动后相继到省立第一中学、甲工等求学，他们与进步青年谭平山、周其鉴等保持接触，课余时间经常评论时事，畅谈革命，逐渐接受马克思主义思想的洗礼。这批进步青年利用寒暑假期，把新文化、新思想带回家乡，四处奔忙宣传马克思主义。1921 年秋，中共广东支部成立，周其鉴成为支部首批党员，是广东早期党员之一。

二、罗国杰回乡领导纸业工人罢工

1921 年夏，尚未毕业的罗国杰经周其鉴介绍在广州加入了中国共产党。1922 年 6 月，中共广东支部扩大为中共广东区委后，派人到广宁等地开展革命活动。当时，广宁县加工农林业产品的小作坊如土纸厂、篾厂、茶厂等及船运业发展比较多，全县有产业工人 2000 余人，均受厂主封建式的剥削，劳动条件差、强度大、时间长，待遇低下。是年秋季，刚从甲工毕业的罗国杰回到广宁，向扶罗、白花、带垌等地的纸业工人进行革命启蒙教育，发动大家反对资本家的剥削。1923 年夏季，罗国杰重回广宁，在带垌等地号召并带领纸业工人罢工。他和陈伯忠在广宁县罢工工人与厂主僵持阶段，向在省城的广宁籍人士募捐筹款，接济罢工工人坚持到厂主无条件接受加薪要求为止。罢工胜利后，罗国杰乘势发动各纸厂 400 多名工人成立了广宁县纸业工会联合会，为接踵而来发动的农民运动作了预演。广宁县纸业工会联合会是西江地区第一个由共产党人组织的全县性的行业革命工会。罗国杰成为西江地区开展工人运动的第一人。

三、农民协会的前身——耕友会成立

1923 年 6 月，中共三大在广州召开。大会决定把领导农民进行革命斗争作为党在今后的中心工作之一，积极帮助和影响国民党政府制定革命的农民政策。广东省海丰县自 1922 年 6 月起，由彭湃发动的农民运动，对乡村封建势力和剥削制度开展的系列斗争取得胜利，使农民协会影响迅速扩大。7 月，共产党员周其鉴、罗国杰在积极参加工人运动的同时，也深深影响了陈伯忠等一批广宁县留穗学生和工人的思想。暑假期间，陈伯忠邀集同学 10 余人回乡从事农民教育的工作，鼓励农民大胆争取自身权益。当年底至 1924 年初，担任广东油业工会秘书的周其鉴，先后派出油业工会广宁县籍职员胡超和会员薛六、张秋、严培等 20 余人回乡，从事组织农民协会的宣传发动工作。这批人先到县城附近荷木咀村及邻近各村寨走村串户宣传，后又分散回社岗、拆石、江美、江合、水月、公溪等地，以各人原乡为立足点，到周围乡村深入发动。1924 年春节前后，经这批油业工人在乡积极组织和发动，农民自觉成立的耕友会以一、二区荷木咀，五区拆石，六区江合等地为中心纷纷成立，并在邻近周围农村引起强烈反响。

第二节

全县农民运动迅速兴起

1924 年 1 月，在中国共产党人的帮助下，中国国民党第一次全国代表大会在广州召开，实现国共两党的第一次合作，建立了革命统一战线。3 月，国民党中央执行委员会第 15 次会议决定成立农民委员会，选定一批重点地区，派出 21 名特派员到各地指导农民运动。因广宁县的农民运动有一定基础，与顺德、东莞、中山等县和广州郊区等一齐入选。

一、周其鉴受命回乡成立广宁县农会筹办处

与此同时，中共广东区委、团广东区委派出一批党团员，以特派员身份分赴各地组织农民协会（简称"农会"），开展农民运动。1924 年 4 月，周其鉴以特派员身份回广宁发动农民运动。周其鉴回乡前，与罗国杰、胡超等人在广州召集同乡，专门商议成立广宁县农会事宜，拟订了《广宁农会筹办通告》，通过了《广宁农会章程》，选定筹办人员 44 人，确定回乡日程等。4 月上旬，周其鉴率领胡超等人从广州回到江屯，与先期回乡的罗国杰等一众筹办员会合。次日，召开筹办员会议确定了宣传口号和办法。周其鉴、罗国杰等在江屯、荷木咀、螺岗等地逢圩期演讲，其他筹办员回本乡宣传。同时在江屯成立广宁县农会筹办处，周其鉴、胡超任主任，罗国杰任秘书。农会入会会员基本金每户 5 角，解决了农会初办的经费困难。经 10 多天分头细致发动，农民运动在

全县城乡展开，报名加入农会者达 3000 多人。江屯、潭布、荷木咀、石咀、竹园坪 5 个分区农会宣告成立。这是广宁县首批乡级农会。

二、国民党右派县长被撤职

国民党广宁县县长李济源拒绝并阻挠广宁县农会成立。国民党中央农民部和中共广东区委同意周其鉴的请求，派出彭湃以中央农民部秘书身份于 5 月中旬到达广宁与县当局交涉。李济源依然态度顽固，"托辞不予接洽"。周其鉴领导广宁县农会筹办处，利用李济源与粤军驻广宁部队内讧激烈的矛盾，以"民间人士"名义联合向省署控告李济源罪行。6 月 4 日，李济源被广东省署撤职。"驱李"运动的胜利，提高了农会的政治声望和社会地位。

三、反动地主武装疯狂破坏农会

农会的快速壮大引起全县地主劣绅的仇视和破坏。扶溪大地主江耀南、江屯大地主冯月庭各出洋银 300 元，拉拢第六区（今江屯、联和、大獭一带，1921—1930 年全县共分 26 个区）区长和民团头目，出兵 50 人袭击了在江屯的县农会筹办处，又联合潭布民团夹攻潭布农会，并派兵下乡勒逼农会会员退会。这一震惊全省的地主劣绅破坏农会的"广宁风潮"事件，经广宁县农会控告和通电揭露，得到了国民党广东省政府和全省许多地方农会的支持。不久，广宁县又有 8 个区成立了区农会。

四、西江地区第一个县级农会和农民自卫军组织诞生

1924 年六、七月间，李济源对被撤职心有不甘，指使亲信党羽打出"赶第三师，取消农会，拥李留任"的口号，纠集残部勾结"神打团"共 800 多人，数度攻打驻守县城的第三师，结果败

退上林、汶水一带。县农会筹办处抓住混战暂时停息的机会，大力开展农民运动。8 月中旬，周其鉴、陈伯忠、罗国杰、王世禄、谭鸿机等人集中带坰村举行会议，决定在迅速扩展各地农会的基础上，成立全县农会。会后，通过公开发动和秘密活动方式的宣传，全县农民运动如火如荼，新开辟的绥江沿岸地区发展尤快。10 月上旬，全县 26 个区当中，共有区级农会 19 个，乡级分会 57 个，入会会员 1 万余户。农会力量壮大后，掌握大片地区的斗争主动权，组建全县农会的时机已经成熟。10 月 6 日，广宁县农会第一届农民代表大会在县城南街学宫举行。大会由周其鉴主持，罗国杰为书记，陈伯忠以国民党中央农民部特派员资格参加，会期两天。大会选出第一届县农会执行委员会，周其鉴为委员长，陈伯忠为副委员长，罗国杰任秘书，执行委员为胡超等 6 人，候补委员为严桂等 9 人；决定组织农民自卫军，陈伯忠任军长，周其铤、杨建忠任副军长；开展减租运动；注重对青年农民的教育。10 月 10 日，县农会成立大会在县城举行，各区、乡农会代表及会员 1300 多人参加。中共广东区委委员兼区农民运动委员会书记阮啸仙率广州农讲所学生和省农军代表 10 人到会祝贺，并授旗授印。会后举行了鞭炮声不断的盛大游行。

第
三
节 **广宁县党组织领导农民运动武装减租开创全国先河**

一、中共广宁支部领导农民运动取得胜利

全县各地蓬勃发展的农民运动，培养和涌现出大量革命积极分子，周其鉴等人及时从中吸收一批发展成为共产党员。1924 年 11 月 14 日，中共广东区委、团广东区委联席会议决定成立中共广宁支部。不久，中共广宁支部正式成立，11 名党员中，周其鉴、罗国杰、谭鸿机是老党员，高玉山、李爱、詹庆、高金、高树南、陈义、李坤、赖南义 8 人为新党员，周其鉴任支部书记，支部机关设在县城附近的新楼村，直属中共广东区委。周其鉴等人培养的 8 名新党员是西江地区最早发展的第一批中共党员。中共广宁支部是西江地区第一个党支部，也是广东乃至华南地区最早的几个农村党支部之一。

中共广宁支部从成立之后至 1925 年上半年，相继领导开展了几项重要工作。

首先，组织武装保卫减租成果。县农会成立后，各地已成立农会的地方实行"集众聚议，公决租额"，照原租额交纳五至七成不等，所减得租额除小量作农会经费，大部分归佃农。同时，县农民自卫军加快组织区、乡级农民自卫军，收用乡中公购枪支，统由农军集中使用，保卫农会革命活动。第十二区江头乡农会组织农军 20 人，陈伯忠资助购枪 10 支，立即进行训练。减租与反

减租,成为党领导下的农民组织与地主阶级的激烈斗争方式。地主豪绅们要尽手段扼杀农民运动。一是集结往县署向新任县长请愿,要求制止减租运动;二是向省署和国民党中央农民部诬告周其鉴等"莠民"伪办农会,大倡共产,纵匪围村,抢谷拿人,乞迅赐解散;三是建立反动武装同盟,对农民血腥镇压。11 月下旬,几天之内相继召开"保产大会",成立"业主维持会""实行武装收取十足田租",扼杀农会减租运动。仅潭布、江屯、扶溪(今北市)及县城附近,地主武装就扩充至 800 余人。11 月 25日,潭布"业主维持会"派武装民团于傍晚时分袭击古楼营农会,打响了镇压农民运动的罪恶第一枪。随后,各地地主民团武力反减租事件不断发生。国民党中央农民部组织干事彭湃为处理广宁地主武装进攻农会的严重事态,11 月 26 日抵达广宁石咀(今潭布中华)农会。此后,彭湃及广宁党组织和农会负责人周其鉴等人与地主阶级斗智斗勇 3 个多月,获得广东革命政府派来建国陆海军大元帅府铁甲车队 80 多人武力支援,帮助广宁农民运动取得胜利。大部分地主被迫服从农会决议,各地被毁农会恢复活动,而且新发展了一批农会组织,广宁农民运动进入高潮。1925 年 6 月底,全县有 25 个区 239 个乡成立了农会,会员人数达6.6 万余人,占全省农会会员总数约 10%,仅次于海丰县,处于全省前列。

其次,推动农民运动新发展。1925 年 4 月中旬,领导广宁农会在县城附近江布村梁家祠召开了第二次农民代表大会,选举出新一届县农会执行委员会。大会决议:七成交租,取消大斗,取消田信鸡,不送租。农会统一制发六寸六的"农会正斗"由各地使用,对剥削阶级大斗入、小斗出的恶行给予了沉重打击。

再次,积极开展统一战线工作。1924 年 6 月,国民党中央执行委员会委派周其鉴为国民党广宁县党部组织员。根据上级指示,广宁县一批共产党员以个人身份加入国民党，改组国民党广宁县党部并担任党部重要职务。担任县党部常委的有：王世禄（兼秘书）、谭鸿机（兼组织部部长）。担任县党部委员的有：宣传部部长李万、青年部部长孔令淦、工人部部长马汝骥。这批共产党员利用合法身份边积极组织农民运动，边积极开展统战工作，争取了粤军第三师、"神打团"等大批中间人员同情或支持农民运动。

此外，领导农民试行了若干社会改革。在荷木咀等地，发动农会会员入股兴办消费合作社；在江美、林垌、狮村等地，由农会兴办学校，免费招收农民子弟入读；普遍开展禁烟（鸦片）禁赌活动。这些活动受到广大农民真心拥护和欢迎。

二、中共广宁县委组织农民运动走向新高潮

随着农民运动迅猛发展，广宁党组织的自身力量亦不断发展壮大。1925年3月，中共广宁支部已有党员30多人，分散在各区、乡开展农民运动。为了适应形势，根据中共广东区委决定，6月，中共广宁县地方执行委员会（简称"中共广宁县委"）秘密成立，书记为叶浩秀，委员为罗国杰、薛六、谭鸿翔、谭鸿机，机关设在县城南街福儒馆，先隶属中共广东区委，1926年1月后改属中共西江地委。中共广宁县委是西江地区最早成立的中共县级委员会。

中共广宁县委坚决执行中共广东区委指示，一手抓党组织的发展，一手抓农民运动的扩展。一段时间后，全县农民运动开展较好的区先后成立了党的区委或支部。其中：二区（荷木）、五区（螺岗）、六区（江屯）、十三区（石涧）、十四区（带垌）、二十五区（汶水）成立了区委；一区（莫二）、七区（潭布）、八区（排沙）、十区（石狗）、十一区（万垌）、十二区（黄田）、十六区（河布）、十九区（洲仔）、二十四区（狮村）成立了党

支部。截至 1925 年底，全县党员发展到 120 人。县委领导成员分头抓中心工作。一是深入农村用公开合法形式揭露地主豪绅的罪恶，整顿健全农会和农军组织。二是开办广宁县农民运动宣传讲习所。已任广东省农会执行委员会委员长的周其鉴兼任所长，县委领导成员亲自授课，培训农运骨干 30 多人。三是举办广宁县农民自卫军模范队训练班两期，由中共广东区委派来军事教官和政治教官，培养党的骨干，为组织新的农运高潮做好力量准备。这一时期，县委处于秘密活动阶段，因而，许多革命活动都以农会名义行事。

全县农民运动庞大力量的重要一支是妇女组织。1924 年 9 月，全县加入农会的农户逾万户，其中妇女参加者近万人。妇女们不但支持男性亲人参加农军冲锋杀敌，而且直接参加支前工作，把茶饭和子弹送到前线，毫无倦容和怨言。周其鉴当时在《广宁农民反抗地主始末记》中称赞："看来此间农民异常热心，尤其是婆嬷（已婚女性——引用者注）更令我佩服。"1925 年 5 月，广东省妇女解放协会成立后，派出一批女共产党员到省内各地发动妇女运动。周彩娱到广宁后，直接深入上林乡发动妇女，当年夏天成立了上林乡妇女解放协会。在上林乡妇女们的影响带动下，县内各区、乡纷纷成立妇女解放协会。1925 年冬，广宁县妇女解放协会正式成立，会址设在县城南街安和当铺。妇女解放协会主要工作是办夜校、反封建迷信；发动妇女加入农会、支援农军；培养骨干力量，争取男女平等。广大农村妇女的觉醒行动，促进了农民运动更加波澜壮阔。上林乡妇女解放协会是西江地区最早的进步妇女组织，广宁县妇女解放协会是西江地区最早的县级进步妇女组织。

三、利用"江屯事件"推动夏季减租实现

1925 年 5 月下旬，县农会响应广东革命政府讨伐滇桂军阀刘震寰、杨希闵广州叛乱罪行的号召，派出农军 100 多人进驻江屯，以堵截刘、杨叛军西逃之路，并趁势恢复江屯区及各乡农会。此举引起当地大地主冯月庭、江耀南等的愤恨。他们串通民团头目，重金贿买出没于广宁、清远边界的阳山县梁亨股匪 600 多人，7 月 7 日凌晨起多次围攻江屯农会。农军在外援被拦截情况下，坚守四昼夜，终因寡不敌众被迫突围，牺牲 8 人，伤 10 余人，所有枪械丧失殆尽，农会会址被反动武装放火焚毁，这就是江屯事件。广宁县党组织极力支持公开、合法的县农会揭露和控诉反动武装的罪行。县农会干部分头行动，召开各区、乡农会会员大会鼓舞士气，坚决实现夏收减租目标。县农会有理有据的斗争得到国民党中央农民部部长廖仲恺支持，他派彭湃来广宁处理。广东省国民政府组成"广宁乱事处分委员会"，决定将广宁县县长蔡鹤朋撤职查办，将国民党原驻军调离。但新任县长李绮庵也是国民党右派，敌视工农运动态度更甚，完全站到地主豪绅一边。县农会面对不利形势积极抗争，得到省内花县、宝安等县农会及省农会、省港罢工委员会的声援。政府驻军换防后，地主豪绅失去原来的依凭，声势顿挫。广宁各地的夏收减租"按总收获额，地主所得不超过五成"的目标得到了实现。

四、执行上级指示，输出骨干力量支援外地革命

1925 年 8 月，中共广东区委来人传达区委决定，广宁县派出团特别支部书记龙启炎到广西省梧州以《梧州民国日报》总编辑的公开身份作掩护，通过办报、办夜校等形式，广泛接触群众，大力宣传工农运动。11 月，龙启炎加入中国共产党，组建中共梧

州支部，担任支部书记。这是中共在广西省建立的第一个支部。

9月，广宁县共产党员陈伯忠受中共广东区委和国民党中央农民部指派，到邻县四会领导农民运动和秘密开展建党工作。

1926年1月初，高要地主劣绅纠集高要、广宁、德庆三县土匪数千人，一连数天袭击高要二区一分区（今乐城领村）农会所在地，"高要惨案"发生。县委农运负责人召集十一区（曲水）、十二区（黄田）、十三区（石涧）、十四区（带洞）等6个区农军170人集结于十六区（河布）待命，随时准备驰援高要。

1926年7月，县农会根据省农会的通知，派遣广宁县共产党员杨日亮、李爱以国民党中央农民部特派员身份，到怀集县南区指导农民运动，当月组织成立了怀集县第一个区级农会——怀集县南区农会，推动了该县农民运动深入开展。

五、组织农军反抗反动势力

1926年2月下旬，参与制造"高要惨案"的高要、广宁、德庆三县反动联团部分人员及广宁县森膺洞"神打"土匪（自称"刀枪不入"的封建迷信组织）撤出高要，一路窜到广宁县古水，与当地土匪江澜生残部会合，沿绥江而下，封锁河道，民生物资无法进出，米价顿由每石6元飞涨至8元5角，人心惶惶。县农会立即调集农军200人，驻守县城的水路门户东乡两岸，"夹河而阵"。3月中旬，发兵500余人到东乡，在上下游两岸扫清了匪患，上至古水、下至荔桐口的河运畅通无阻。

5月21日凌晨，广宁县地主陈拔卿、曾二妹纠集民团股匪500多人，由匪首陈大一率领，分割包围第十四区（带洞）农会会所及附近5个农军小分队驻地。因敌众我寡，激战几小时后，少量农军突围出去。农军34人牺牲、10多人被捕，另有4名妇女牺牲，农会会址及附近农会会员房屋140多间被焚烧，周围各村遭洗劫，大多数村民被迫逃难到石涧、江头、南街和四会县城。这是当时震惊全省的"带垌惨案"。广宁县反动势力有预谋地大规模镇压农民运动的反革命事件，引起社会舆论的强烈谴责。县农会立即赈济难民，组织难民代表到县署请愿，到省请愿得到国民党中央农民部支持，同意派军队到广宁剿匪。6月初，县农军配合粤军第三军独立团对盘踞江积一带的陈拔卿股匪发起进攻，股匪逃脱。随后，农军又独力进攻了仍守在带垌尽坪头的土匪。

11月初，县农会派出第二区农军冯业棠等30名农民骨干，到省农会举办的农民训练所学习，时间一个半月。同月，县农会举办小学教师养成所，培养各区农会办的小学教师30人。所长周其鉴，主任叶浩秀。

12月上旬，县农会在白庙举办的广宁县农民自卫军模范队训练班第一期开学，人数60人。由省农会派来的黄埔军校毕业生江田等人担任教官，训练时间3个月。

截至1927年1月，全县共产党员达180人。

毛泽东两次称赞广宁农民运动

　　大革命时期，广宁县农会在党领导下组织农民武装反抗地主阶级压迫的做法，被毛泽东誉为中国共产党独立自主领导农运的典型。广东农民运动著名的四大领袖彭湃、周其鉴、阮啸仙、黄学增在1924—1928年曾先后在广宁领导农民运动，使广宁农民运动发展更加迅猛，声势浩大，震撼粤西，轰动全省，影响全国。毛泽东于1925年10月和1926年9月两次撰文介绍，认为广宁农民运动与东江的海陆丰农民运动同处中国南方革命运动的前列地位。

　　毛泽东在1925年10月20日称赞："广东的同志，在反抗帝国主义（沙面罢工、省港罢工），反抗军阀（打倒陈、林，打倒杨、刘）反抗大商买办阶级（镇压商团事件），反抗地主阶级（海丰、广宁、顺德、宝安……各县农民与地主的苦斗）各次很大的运动中，都做了人民的领导。"① 1926年9月1日，他又将周其鉴1925年撰写的《广宁农民反抗地主始末记》作为广东农运8个材料之一编入《农民问题丛刊》，推荐给全国农运干部学习，还在该书序言中指出："这部书内关于广东的材料，占了八种，乃本书最精粹部分，它给了我们做农民运动的方法，许多人不懂得农民运动怎样去做，就请过细看这一部分。……我们从五年来

---

　　① 《毛泽东文集》第一卷，人民出版社1993年版。

各地的农民运动的经过看来，我们读了这部书的广东农民大会议决案、海丰农民运动报告及广宁普宁两个反抗地主始末记，不由得不有此感觉。"①

广宁县大革命时期的农民运动，还多次受到多位中共早期领导人的称赞。其斗争实践和历史经验在于：

一、因合民心而得到发展

广宁县位于广东省偏远山区，交通不便，地主占有大部分土地，对农民政治上残酷压迫、经济上任意盘剥。占总人口六成的佃农交租极重，又要忍受地主"大斗"的额外掠夺，苛捐杂费名目繁多。境内常有匪患兵祸，民穷财尽，农民要求减租愿望迫切。所以，首先争取经济利益的农民运动极受乡亲拥护。

1924年4月，广宁县农会开始筹办，经半年发动，10月上旬宣告成立。县农会成立后，广大农民强烈要求减租。因为减租能将劳苦大众从水深火热之中解救出来。10月16日，县农会召开执行委员会扩大会议，决定立即动员全县农民开展减租运动。10月下旬，荷木咀、井窟、锅元等地农会最早发起减租，其他区、乡农会也纷纷要求县农会支持。面对始料不及的各地对减租要求的迫切性，县农会随即决定，凡已成立农会的区、乡全面实行减租，并发出《减租宣传》和《给田主的一封信》，阐明减租的正义性，宣示"不达成减租数额，以收回应得利益之目的，誓不罢休"的强硬态度，并命令各区、乡农会和农军"无论何区有事，各区农军一律齐出发援助"，用农民武装来保卫减租斗争。采取这些措施后，减租运动如星星之火在全县燎原。

---

① 《毛泽东文集》第一卷，人民出版社1993年版。

二、武装斗争是对付敌人的必然形式

"凡是搞农运，就要组织农会；凡要组织农会，必须成立农军，有了自卫武装，农民才真正有力量。"这是广宁县农民运动的实践证明。正是这个首创思路，引领着农民运动不断取得新胜利，得到西江各县、广东省乃至全国的认可和推广。

农民运动蓬勃发展之际，各方地主劣绅为了维护原有的剥削利益，利用广州商团叛乱之机，策划武装对抗减租，气焰嚣张。扬言"有业主无农会，有农会必攻破"，相约"佩齐枪剑"收租，恐吓"从农会者自误"，雇请团匪大打出手，成立常设的"业主维持会"，筹集经费购买枪支弹药，订立"联防"密约，组织起反动武装近 800 人，四处袭击农会和农军。面对强大地主武装的威胁，县农会深刻认识到"阶级斗争必至出于武力解决之途径"，决定成立军事委员会，下设军械、侦探、救伤、运输等部，统一指挥全县的对敌武装斗争。急调各地农军随移驻的县农军总部集中拆石村加强训练。县农会一面抓政治攻势，集会示威鼓舞斗志；一面说服争取了全县"神打团"三四万人之众；一面瞄准张狂股匪率先痛打。

三、因掌握强大革命武装而能创造高潮

广宁县党组织和农会为了取得减租运动的压倒性胜利，及时向上级求援。中共广东区委迅速派来领导力量和军事力量倾力支援，采取谈判、备战、动员一齐进行的措施，赢得主动权。1924年 12 月至 1925 年 2 月，国民党中央农民部部长廖仲恺陆续派来建国陆海军大元帅府铁甲车队、卫士队共 200 多人，进驻潭布支援广宁农民运动。援军和农军先攻克影响最大、最坏的黄家炮楼、江家炮楼地主武装，接着又收复螺岗农会，扫清潭布及其附近企

山、黄岗坳一带之敌，其余各处地主劣绅愿意缴械求和，反动民团被勒令解散。前后经历 3 个月的曲折斗争，减租运动按预定目标取得胜利。

中共中央党史研究室编著的《中国共产党大事记》将"广东省广宁农会在彭湃和周其鉴的领导下，发动农民开展减租斗争，遭到地主武装的破坏。广东革命政府派铁甲车队前往广宁支持农民的减租斗争，得到广大农民的欢迎"作为中国共产党的大事，记入了史册。

革命渐入低潮后坚持农民运动

为适应新形势需要，县农会机关和农军总部从潭布社岗回迁县城附近的江布村白庙。1925 年 3 月，广宁县工会联合会在县城南街成立，会址设在城内高家祠堂。在党组织领导下，工农联合对资本家和地主进行斗争。广宁县农会负责人周其鉴、陈伯忠、周其柏等，因全省农民运动需要，调外地进行开拓性的工作。4 月 12 日，广宁县第二次农民代表大会召开，选出第二届县农会执行委员会，委员长为薛六，副委员长为杨进弟，执行委员为欧乃等人。此后，区、乡级普遍开展农运和建立农会，六区、十四区、十六区乡级农会发展较多。8 月 20 日，国民党左派领袖、刚调任中华民国国民政府财政部部长的廖仲恺，在广州被国民党右派刺杀。下旬，县农会在潭布举行"全县农民追悼廖部长大会"，增强斗争信心。全县各地农会如雨后春笋般涌现。廖仲恺被刺和广宁县江屯事件发生后，广宁地主反动势力活动逐渐频繁，暗中恢复民团，贿买"神打"莽汉，以"土匪"面目出现，恣意攻打农会和农军，暗中加紧扩展势力范围，伺机"举事"。

1926 年初，广宁县农民自卫军常备队按军队建制，编成大队、中队和小队，脱产分驻各区农会，总人数 500 多人。至 2 月中旬，当年经省农会批准成立的广宁县各属农会数十个。广宁县农军曾发兵支援高要农民运动、驻守河岸保水运。

1926 年下半年以后，由于党中央内部对农民运动认识不一并向国民党右派让步，导致广宁县共产党员兼任国民党广宁县党部各职均被卸去，丧失可以争取的领导权，也使农民运动合法性的政治基础渐失。反动统治力量的罪恶面目恢复狰狞。

至7月上旬，数月来广宁县土匪、"神打团"勾结一起，焚掠村庄，滥杀平民，摧残农会，攻打县城，造成10余万农民有家难归。驻军和农会抵制不了事态蔓延。面对广宁县派去请愿的人民团体，国民党广东省政府以专意北伐、无暇顾及为托辞回绝。

9月21日，江屯民团江拔湖所部100余人，远距离袭击了狮村二十四区农会，进村大肆抢掠财物。

11月，第十六区民团头目、"大坑老虎"周家基率领广宁、高要、德庆三县反动联团700多人，进攻该区农会及河布村，纵火焚烧了农会会址连同所存7万余斤稻谷以及农会职员房屋19间。

1927年4月，国民党广宁县县长宁一白在蒋介石上海发动"四一二"反革命政变、广州国民党右派公开背叛革命后，串通驻四会的国民党第三师周定宽团，16日立即出动军警、民团，大肆捕杀共产党员和农会骨干。当天凌晨，周定宽团一营从四会乘船溯绥江而上，黎明突袭黄田江头，上午先袭击带垌第十四区农会，再袭击石涧第十三区农会及农军驻地王氏宗祠并解除了农军武装，下午经东乡直扑县城南街，分别包围梁家祠（国民党广宁县党部）、福德馆（中共广宁县委）和高家祠（广宁县工会联合会）。县委提前获得消息，及时疏散了人员。傍晚，敌军又进攻白庙。县农军留下20人阻击，掩护县委、县农会、县农军大部队撤离后，晚上全部被俘。因指挥进攻的周定宽团参谋长覃孟达同情革命，被俘农军未受虐待，次日全被释放。

4月18日，县委书记叶浩秀等几人，通过内线并化装穿越封锁线，取绥江水路转船往香港，向中共广东区委汇报广宁情况。

县委等机关及人员转移到江美的水古坑一带，按重新分工坚持斗争不停。其中谭鸿翔、高玉山等人负责联络和筹粮筹款，罗国杰、孔令淦、王世禄、蔡发尧、王作之等人到石涧活动。

国民党反动军警和民团对广宁革命进行 1 个多月的疯狂镇压后，区、乡级农会大多数基本解散，农会和农军骨干十几人被捕杀，多数人到外地隐蔽。中共广宁县委组织了 100 名党团员、300 名以农军教导队为主的武装人员留下来秘密活动。

6 月，县委决定，为保存革命力量，党员等骨干人员疏散隐蔽，农会停止公开活动。但广宁县农民运动没有停止，在逆境中盼望革命新高潮的到来。

掀起土地革命风暴建立苏维埃政权

1927 年 4 月 15 日，广东国民党右派公开背叛革命后，疯狂摧残革命力量，使广东农村的阶级分化更加明显。广宁人民又被迫回到水深火热之中，热切盼望建立自己的政权。广宁县党组织领导农民大胆实践，曾经成功。但是，革命道路充满艰难、曲折。

一、第一个进入中共中央领导机构的西江籍人士

1927 年 4 月 27 日至 5 月 10 日，中国共产党第五次全国代表大会在武汉召开。广宁县第二届农会执行委员会委员长薛六因组织农民运动表现出色，被省委选为广东正式代表出席会议，并有幸与毛泽东等 14 人当选第五届中央候补委员。同年 10 月当选中共广东省委委员。1930 年在广州牺牲。薛六是进入中共中央委员会的第一个西江籍人士，也是广东工人运动的先驱。

二、江美坪秋收暴动失利

1927 年 8 月初，中共中央决定在工农运动基础较好的湘、鄂、粤、赣四省发动秋收暴动，要求以农会为中心，团结一切接近农民的社会力量，夺取乡村政权，实行抗税、抗捐，分配土地。中共中央认为在广东发动土地革命，有建立新的革命政权的可能和前途，特别要求广东省委立即发动全省秋收暴动，以全力在东江接应南昌起义部队。8 月下旬，中共广东省委在香港召开会议，在

正式宣布成立省委的同时，成立广州、西江、北江暴动委员会，派干部到各地直接指挥暴动。此前，去香港接受新任务的叶浩秀于8月下旬秘密回到广宁。9月上旬，黄学增主持召开中共西江地委扩大会议，按照省委的暴动大纲，西江地委被改为西江特委，黄学增兼任书记并负责西江下游的广宁、四会、三水、高要等县，确定各地中心工作是建立工农革命军，夺取政权，建立苏维埃政府，没收地主财产等。

地委扩大会议后，县委书记叶浩秀、中央候补委员薛六等迅速返回广宁，先后在第十三区（石涧）和第二区（荷木咀）召开党员会议，传达中共广东省委和西江特委的指示，部署广宁县暴动。根据省委暴动决议的要求，首先成立广宁县工农革命委员会作为暴动的领导机构，决定9月中旬集中工农革命军武装在江美坪举行秋收暴动，拔掉驻在江美祠堂的反动民团。随后，正式建立有300多人的广宁县工农革命军，叶浩秀、薛六为负责人。

9月11日晚上，隐蔽在江美、螺岗、狮村、上林等地的工农革命军100多人，在叶浩秀、薛六率领下，按事前计划集中江美举行武装暴动，向驻于江美的江屯民团江拔湖部发动进攻。反动民团退回到老巢东祠，凭借祠堂四周高厚坚固的墙壁拼力抵抗。工农革命军缺乏有力攻坚武器，长时间仍不能突破。国民党广宁县当局闻报，很快调集其他民团前来增援。在敌众我寡的情况下，为了保存实力，工农革命军主动撤出江美坪，转到上林一带山区继续活动。秋收暴动是县委响应中央和省委号召，在国民党广宁县当局发动"四一六"反共事变后，组织指挥县工农革命军向反动派发起的第一次武装进攻，也是后来武力革命的预演。

江美坪暴动后，为安全起见，县委机关迅速转移至绥江下游第十三区石涧塘仔角村，并派孔令淦赴香港向省委汇报广宁近期的情况。10月中旬，中共中央南方局和中共广东省委联席会议选举薛六为省委委员、周其鉴为省委候补委员（不久后增补为委员）。同月，中共西江特委书记黄学增秘密来到广宁，传达省委举行暴动的决定，并建议广宁集结武力，待时而举，全力配合即将举行的广州起义。

11—12 月，县委领导工农革命军，主动出击，攻打防卫力量较弱的小股地主武装及孤立的民团，收缴钱粮武器，充实工农革命力量，接连进攻了十四区上带乡、第二区林垌乡的反动民团和驻在螺岗茶行附近的第二十四区民团，引起了地主豪绅的恐慌。

三、螺岗暴动诞生西江地区第一个红色政权——广宁县苏维埃政府

广州起义失败后，中共广东省委决定在全省各地继续举行武装暴动，并制定了西江暴动工作计划。根据农民运动的基础和地理位置，省委认为西江暴动"以广宁、罗定为中心，广宁暴动起来后，即向高要、德庆、四会发展，并与北江的清远、阳山和广西的怀集相呼应"。1928 年 1 月底，叶浩秀调出，黄学增兼任广宁县委书记，将罗国杰从高要县委调回广宁，更利于周密部署广宁农民暴动。同时派遣大批人员来广宁参与组织广宁农民暴动。稍后，西江特委机关从高要县迁到广宁县境内，以方便统一领导。

黄学增再回广宁后，中共西江特委和广宁县委于 2 月初在石涧秘密召开了为期 3 天的全县农民代表大会，研究恢复工农武装和组织暴动，实行土地革命，建立苏维埃政权等问题，并建立了暴动指挥机构，由黄学增兼任总指挥，同时加强农民自卫军的训练，提高农军战斗力。会后，着手各项准备工作：将工农革命军改称为农民赤卫队，组织 300 多人的精干队伍，分驻于江美、螺岗、狮村一带待命，大队长为欧蛟；改造季节性经济土匪，争取部分民团，减少农民赤卫队对抗国民党反动派军事镇压的压力；

县农会发表《告全体会员书》，号召全县农民学习海陆丰及琼崖各地农民兄弟，打倒地主劣绅，建立苏维埃政府。

2月25日，在县委领导下，原分散隐蔽在螺岗、江美、富溪、上林、狮村等地的农民赤卫队300多人，集中从江美坪出发，武装占领螺岗圩，在圩上的镇安府举行3000多人的群众大会，宣布成立广宁县苏维埃政府，政府委员罗国杰、谭鸿翔、薛六、高玉山、欧蛟、高纪、伍学南7人，主席为罗国杰。苏维埃政府设在镇安府。当日，没收北市地主设在螺岗圩的"四桂堂"谷仓所储存的几百石稻谷，作为农民赤卫队的给养。为安全起见，农民赤卫队当即设防，由欧蛟率领主力在螺岗圩附近守卫，派分队长陈家善率武装小分队到石碣坳山口布防，警戒县城方向的敌人来犯。广宁县苏维埃政府是西江地区第一个、也是同时期全省通过武装起义成功建立的10个县级苏维埃红色政权之一。

螺岗暴动的消息传到县城，国民党反动派惊恐万分。县长宁一白从广宁的十六区、高要水南和德庆附近调集三县联团赶赴南街集结，准备大举进犯螺岗。中共广宁县委闻讯，鉴于敌众我寡的形势，决定避其锋芒。同时派出共产党员谢福球、高誉钤等秘密潜回县城南街散发暴动传单和张贴广宁县苏维埃政府布告，共产党员陈瑞琮带上大侄儿陈英乘夜潜到县城东门泼上煤油火烧城楼，事先安排好的党团员随街高喊"农军进城啦"以扩大暴动影响，牵制和扰乱敌人。农民赤卫队于28日凌晨主动撤出螺岗圩，向西边的上带迂回，再折向南，经破铁岭转入江美、富溪一带。

28日上午，宁一白带领大批地主武装气势汹汹抵达螺岗圩扑了空，立即回程尾追农民赤卫队。走到富溪村时，农民赤卫队给予迎头痛击，缴获地主武装步枪10余支。29日，敌人又纠集地主武装600多人，企图袭击在江美的农民赤卫队。在欧蛟、高金、邱九的率领下，农民赤卫队兵分二路迎击敌人，战斗十分激烈，各村农会会员前来助威，登上周围山头鸣锣呐喊，迷惑和扰乱敌人。面对数倍之敌，农民赤卫队没有恋战，于傍晚时分撤出江美，连夜绕道撤往石涧，与当地革命武装会合。

3月3日，敌人追踪至石涧，在黄牛岗、下坳一带被农民赤卫队三面夹击。但赤卫队兵力不足，弹药缺乏，无法重创敌人，民团趁势攻入涧安庙和石涧街。次日，县城大批援敌到来将石涧村全面包围，农民赤卫队奋力抗击并毙伤敌10余人，但包围圈越缩越小，形势十分危急。

中共西江特委和广宁县委立即一致决定：县委成员分散到各区、乡开展隐蔽斗争，留下谭鸿翔负责当地指挥；农民赤卫队分成小队撤到绥江对岸罗汶山区坚持游击战争。其中一部分与高要农军会合，在广高边的山区活动，另一部分在绥江右岸设卡收税和袭击防卫力弱的地主劣绅，锄奸筹粮，继续坚持斗争。

3月22日起，敌人集中进攻石涧，谭鸿翔带领留守的30余名农民赤卫军坚持三天被迫转到罗汶、带垌等地活动后，中共西江特委和广宁县委机关同时被摧毁。同一时段，第十二区江头、洛口及第二区等处农民赤卫队损失严重。此后，县苏维埃政府解体。

地方党组织的艰难坚持

1928年4月中旬，中共广东省委第一次全体扩大会议在香港召开，出席会议的广宁县委书记黄学增和县委委员陈家善分别被选为省委委员、候补委员。省委认为，广东的革命运动仍处于高潮，决定继续扩大各地暴动，西江下游仍以广宁为中心。5月，省委两次指示广宁，要真正成为西江下游暴动中心，到夏收之时逐步扩大成全县暴动局面。

螺岗暴动短暂成功又失利后，广宁地方党组织体系实际上已不健全，县委书记黄学增等人去香港参加省委扩大会议还没回来，县委各委员分散隐蔽，各区同志虽然仍有300多人，但县委与各区委或支部、个人与组织失去联系。

5月，省委决定黄学增担任琼崖巡视员。黄学增赴任前秘密回到广宁，召开干部会议布置了相关工作。同月，县委派杜纯纲、何端两人携信赴港，向省委书面报告了广宁县目前形势和党的工作情况。

6月初，按照省委指示，中共广宁县临时委员会（简称"临委"）正式成立，杜纯纲为书记，把临委机关秘密安置在县城，派出干部整顿党的组织。杜纯纲曾主持第十一区工作并领导反围攻战斗取得胜利。6月中旬，县临委收到广东省委《关于夏收总暴动及目前工作的决议》后，为贯彻执行省委的军事决议，讨论并制定了一个更具规模的"六月初一暴动计划"，发动群众开展以武装割据县城为目标的暴动。由于屡次暴动均遭失败，这次暴动前夕军事上仍然是敌强我弱，特别是党的组织尚未恢复，国民党白色恐怖严重，全县的革命斗争实际已转入低潮。最后，"六月初一暴动计划"因无法推行而"流产"。

"六月初一暴动计划"流产后，广宁县委各成员陆续离开广宁到各地隐蔽。杜纯纲去香港汇报工作（10月在香港轮渡码头乘船返回时被国民党特务秘密逮捕后壮烈牺牲）。8月2日，中共广东省委听取了黎康的报告，指示广宁党组织应马上成立县委，取消第十九区（洲仔）的特别委员会（简称"特委"），在斗争中发展组织，建立新的基础。中共广宁县委于8月成立，书记罗国杰（10月底调北江特委任秘书），常委谭鸿翔、陈家善。1928年11月至1929年2月，谭鸿翔任县委书记、县委隶属西江特委。其间，陈家善于1928年12月调入中共番禺县委任职。

1929年春，广宁县国民党反动派出动军警、民团，在全县范围内搜捕共产党员、农民赤卫队员等，中共广宁县委再次被敌人破坏，全县又一次陷入白色恐怖之中。留在广宁本地的共产党员，在失去县委领导的情况下，继续坚持革命斗争。一些共产党员和四会县的共产党员一起，为了党和人民的革命事业，不怕牺牲，千方百计为党工作。如伍学南、陈伯贤（陈子英）等人就和四会县的共产党员李木等一起，自筹资金，在广州沙基开设了一间天南理发店，以理发为掩护，继续进行革命活动，并联络大革命失败后失去组织联系的广宁、四会两县的共产党员，争取早日恢复、重建两县党组织。另外，准备有人被捕时出资营救。天南理发店在当时实际上是广宁、四会两县共产党员的一个交通联络站。不久，这间理发店遭国民党特务破坏，李木被捕牺牲，伍学南、陈伯贤两人出走南洋。

同年1月，中共广东省委决定，撤销中共西江特委，在广宁等县设立县工作委员会（简称"工委"）或特别支部（简称"特支"），由省委直接管理。3 月，省委派人到广宁恢复党组织工作，成立了中共广宁县特支，支部书记谭鸿翔，机关设在带垌村，直属省委。当时下辖 4 个支部，共有党员 30 多人。

中共广宁县特支成立后，党的活动一直处于停顿状态。省委认为若再不派人去巡视整理，就不能使广宁党组织转变过来。1932 年九、十月间，中共两广工委派巡视员到广宁，经过一个月的重新整理，培养了一批当地工农干部，取得了相当的成绩。据此，中共两广工委决定把中共广宁县特支改为西江工委，专门开展西江工作。管理广宁、四会两县党组织，党员共有 60 余人，其中四会县城一个工人支部 4 人。

1933 年 1 月，由团两广省委和中共香港市委联合组成的中共两广临时工作委员会（简称"临工委"）成立以后，决定将西江工委改为绥江工委。1932 年 11 月至 1934 年 8 月，由中央广宁县特支改称的西江工委和绥江工委虽有两次重组与改称，两次都是因为省委机关遭破坏而受影响，坚持地下斗争的共产党员被迫撤离，但实际上只存在这个机构，没法开展党组织的公开活动。1934 年初，广宁县国民党反动派加紧了对革命运动的残酷镇压，共产党人无法继续在广宁立足，再度与上级领导机关失去联系。9 月，分散在各地的党员用不同的方式坚持革命斗争，等待革命黎明的到来。

第三章

全面抗战时期的抗日救亡与武装起义

第
一
节 **全民抗日前期广宁的救亡运动**

1937 年 7 月 7 日卢沟桥事变，全面抗战爆发。随后，国共两党建立抗日民族统一战线，抗日救亡运动在全国范围内迅速掀起。广东政治局面也发生重大变化，党组织动员民众实行全民抗日。

一、侨港会宁同乡会回乡服务团

1937 年 9 月，自土地革命低潮后移居香港进行隐蔽革命活动的孔令淦、陈子贤等人接受中共香港工委书记吴有恒指示，受命组织回乡服务团，回乡开展抗日救亡活动，武装保卫家乡。至 11 月底，发动报名、募捐衣物、落实活动经费等筹备工作基本就绪。12 月初，侨港会宁同乡会回乡服务团在九龙旺角砵兰街会宁同乡会会馆举行成立大会。大会推举威望较高的同乡会副主席赵扶生为领队，孔令淦、陈子贤为正副团长，彭泽民为顾问，严子瑜、王作之分别负责香港、澳门两地的联络工作。会后，全体团员在会馆进行了半个月集训，学习毛泽东关于抗日民族统一战线的理论和共产党抗日救国十大纲领以及救护、包扎技术知识等。12 月下旬，服务团全体 17 人在赵扶生、孔令淦率领下经广州向国民党广东省当局（广东省第四战区战时民众动员委员会）备案后，先到四会县并把总部设在慈惠医院，开展抗日救亡宣传一段时间，吸收了雷扬南等人加入服务团。

1938 年 1 月初，经中共广州市委外县工作委员会决定，服务团共产党员5人在团内建立中共支部，书记为孔令淦。自此，中共广宁地方组织散乱4年以后，启动实质性重建。

同月，服务团为了便于工作，分为广宁、四会两个队，分别在各县城乡开展抗日救亡宣传活动，广宁队队长为欧新，四会队队长为陈瑞芬。广宁队队部设在石涧街，以冯碧经营的余利客栈为联络点，以石涧墟为中心，到附近的黄田、江头、信步、带垌、罗汶等乡村宣传；到南街就以元恺楼为联络点。服务团广宁队利用香港会宁同乡会的关系，与国民党广宁县党部和政府头面人物谢英奇、陈其承、吴一诺等建立友谊，争取了他们早期对抗日救亡运动的热心支持。这支队伍深入广大城乡，通过演讲、唱抗日歌曲、演出街头剧等向群众宣传抗日救国理念，同时开展社会救济工作。服务团内的共产党员在活动中注意考察积极分子和寻找广宁县在土地革命失败后隐蔽在当地的共产党员，为恢复重建广宁县党组织创造了条件。

二、会宁华侨回乡服务团

1938年4月，侨港会宁同乡会服务团回香港集训期间，又在马来亚（1957年前马来西亚半岛的称呼）等国家和地区吸收了黎百松、陈子英、陈公和、吴志强、梁铁崖、邓茵、李坚、严福弟等一批成员，服务团人数达到35人。服务团更名为"会宁华侨回乡服务团"，在新加坡设总部，邓达三为总部主任，在香港设办事处，周颂庭为办事处主任。4月下旬，服务团在香港集训结束返回，仍分为广宁队和四会队开展工作。广宁队仍由欧新担任队长，主要在广宁活动。

5月上旬，会宁华侨回乡服务团中共支部召开会议，向党员传达省委有关组织抗日武装和抓紧发展党员、尽快恢复会宁两县党组织的指示。为适应恢复和发展会宁两县党组织的需要，经上级党委批准，服务团内的党支部升格为特别支部，并在广宁县永泰召开党员会议，选举孔令淦、黎百松、欧新3人为特支领导人，黎百松为书记。特支机关设在石涧。

1939年1月，国民党五届五中全会着重讨论对付共产党，出台了反共反人民的政策后，抗日救亡形势急剧变化，反共逆流波及广宁。下半年，广宁县国民党当局从最初的热情支持到翻脸，强令驱赶服务团离境。9月，服务团按照上级党组织指示，安排部分成员加入中国共产党组织和人民抗日武装，部分成员转到外地或参加省税警总团政治大队继续抗日。

会宁华侨回乡服务团在家乡活动一年多时间，搞宣传、教文化、赠医送药、传授冬季作物种植技术、募集发放救济钱物，足迹踏遍广宁的广大城乡，深受劳苦大众欢迎。他们回乡点燃了广宁人民抗日救亡的烈火，也真切体现了海外华侨、港澳同胞热爱祖国、支持家乡革命的拳拳赤子之心。

会宁华侨回乡服务团是抗战初期广宁、四会两县乃至西江籍海外华侨、港澳同胞抗日救亡运动的一面旗帜，为重建两县党组织作出了重要贡献。

三、广宁县抗日先锋队

1938年春，中共广东省委青年委员会副书记梁嘉与广宁县中共党员谢福球取得联系。是年夏天，日寇威逼广州，形势越来越危急。梁嘉委派广宁籍中山大学学生、共产党员冯华回家乡开展抗日宣传活动。冯华趁学校放暑假的机会约集广宁留穗学生10多人，组成广宁县留穗学生暑期回乡抗日宣传队，冯华任队长，回乡开展抗日救亡运动。当时还吸收了勤勤大学教育学院回乡度假的学生江国光参加。宣传队在县城南街筹办就绪，立即进行巡回宣传，从东乡、厚溪、大良口到古水，又沿古水河而上，经坑口、禾仓、汶水到扶落口、北市、石屋、新楼，过社山、塘角、迳背出江屯，最后经拆石、荷木咀返回南街，一路跋山涉水，没一个人叫半声苦，足迹遍布广宁北部山区，历时一个月。宣传队员热情肯干，地方上不少人士都欣赏青年们的能力。当抗日宣传队工作结束时，江屯小学校董事会诚意聘请冯华任该小学校长。冯华受聘后以该校为据点，增加了继续进行抗日救亡活动的新阵地。9月，中共广宁江屯中心支部成立，支部书记冯华，机关设在江屯小学。

11 月 3 日，广宁县抗日先锋队成立，队部设在县城南街，冯华任队长，有队员 500 多人，他们在广宁城乡用演讲、唱抗日歌曲、演出街头剧等方法开展抗日救亡宣传，十分活跃。当时的江屯小学已成为抗日救亡工作的阵地和地方党组织掩护来往同志的地下交通站。1939 年 6 月，江屯小学被迫停办。冯华离校到曲江参加省委训练班后又回到广宁。1940 年 6 月，组织安排被国民党通缉的冯华转到县外从事革命活动。

四、广东青年抗日先锋队西撤到广宁

1938 年 10 月下旬，广州沦陷前，在广州进行抗日救亡活动的广东青年抗日先锋队（简称省抗先队）400 多人，在中共广东省委青年委员会副书记梁嘉率领下撤到四会县后，编成 33 个战工队。11 月 1 日，根据省抗先队 10 月 27 日第一次总队部委员会的决定，省抗先队总队部在广宁设立。不久，总队部迁往新兴，在广宁设立办事处，由总队部委员温盛湘负责。

省抗先队驻广宁三个战工队共有共产党员 18 人，各队内均设立中共支部，支部书记由队长兼任。他们到达广宁后，立即在驻地及其附近乡村开展抗日救亡宣传工作。运用各种形式，如唱歌、游戏、办识字班、妇女班、夜校等宣传发动群众，白天帮助群众

生产，晚上点着竹篱火把进行活动。

同时，注意发现和教育培养抗日救亡活动中的骨干，作为发展党员的对象。战工队在广宁活动3个月，为重建广宁县党组织储备了力量：一是教育培养了一批发展党员对象；二是留下了一批党员领导干部。根据中共广东省委指示，省抗先队广宁办事处负责人温盛湘，第一二三队支部书记谭丕桓以及第一二四队支部书记钟文巨等都担任了1938年11月成立的广宁中心县委领导班子成员，留在当地。

党组织重建与西江特委迁广宁

一、中共广宁中心县委成立

1938 年 11 月，根据中共广东省委决定，把中共会宁华侨回乡服务团特别支部、中共广宁江屯中心支部以及省抗先队驻广宁三个战工队的中共支部合并，成立中共广宁中心县委员会，先后隶属省委和西江临工委，领导广宁、四会两县及三水县部分地区党组织。县委书记黎百松，组织部部长钟文巨，宣传部部长温盛湘、谭丕桓（后），统战部部长孔令淦，武装部部长江绍洪（江之秋），委员谢福球，机关设在石涧。至此，中共广宁县级组织建制正式恢复，下辖中共四会县特别支部、中共石涧区委及其下属的 4 个支部和江屯支部，后来又先后建立了带垌支部、荷木支部、四雍支部、扶罗支部、黄田支部，党员数量 100 多人。中心县委成立后，主要任务是积极发展党的组织，大力开展群众性抗日救亡运动。1939 年 3 月，中共广宁中心县委被撤销，改设中共广宁县委，书记为钟文巨，机关仍设在石涧。

二、中共西江特委机关迁来广宁

1939 年 3 月，中共西江特委书记王均予考虑到广宁革命基础较好，大革命时期是全省农民运动较热烈的县份之一，容易组织群众开展抗日斗争，把特委机关从新兴县迁移到广宁县石涧黄塘村共产党员王德彬家，交通站设在石涧东门巷冯碧家里。西江特委在石涧举办党训班，抽调西江县、区级干部30多人参加学习。王均予以开会形式授课，内容有党的建设、战略和策略、群众工作等。训练班历时一个星期，学员回各地开展抗日活动。西江特委还在石涧、黄田、春水、江屯一带，组织农民在河里淘金沙，开展生产度荒。7月初，广宁县国民党当局下令解散会宁华侨回乡服务团并限令服务团成员离境。中共广宁县委坚决反击这个反动政令，进行了针锋相对的斗争。王均予代表西江特委在石涧与中共广宁县委一齐领导了对敌斗争，取得了打乱广宁国民党顽固派反共计划、推迟反共逆流发展的阶段性胜利。西江特委改组并加强了各县的党组织力量，领导了各县的抗日救亡运动，以党的抗日民族统一战线政策推动西江地区的团结抗战，使西江地区的抗日救亡宣传活动达到鼎盛时期。同年10月，王均予调任中共广东省委秘书长，刘田夫继任西江特委书记后，特委机关迁离广宁。

三、中共广宁县委发展壮大党员队伍

中共广宁县委自1939年3月成立至1941年8月，钟文巨、唐章、龙世雄先后担任县委书记，谢福球、孔令淦、温盛湘、黎百松、江绍洪、欧新、冯华、王万吉等人在不同时段担任县委领导职务。县委机关于1940年7月后设在江屯，下辖石涧、江屯两个区委和带垌、扶罗、荷木、四雍、附城、排沙等支部。1940年初，党员人数已达400多人。县委不同阶段工作重点，是根据形势不断变化的，加强党的组织建设和思想建设，培训骨干、培养青年党员，教育党员严守党的秘密，整顿、纯洁队伍，同时发动群众开展"二五减租"、反"三征"等经济斗争。这段时期，党在群众中的影响力和吸引力都越来越强。

四、中共广宁县工委和特派员秘密领导活动保存力量

1941 年 1 月，国民党反动派制造震惊中外的"皖南事变"，掀起第二次反共狂潮，白色恐怖猖獗。为保存革命力量，中共粤北省委根据中共南方工委指示，决定各级党组织改集体领导的委员制为个人负责的特派员制，实行单线联系。同年二、三月间，龙世雄被调离，杨明接任县委书记。4 月，中共广宁县委员会改为中共广宁县工作委员会，杨明任特派员，刘明标为副特派员，县工委委员有熊奕轩、高誉钤、伍学桢、江进生，工委机关仍设在江屯。杨明、刘明标到任后，着手整理区、乡党组织，利用合法斗争方式掩护党的秘密活动，安排中共党员打进国民党基层政权。1942 年春，杨明因行踪被敌人注意而转移，刘明标接任特派员。

1942 年 5 月，粤北省委遭受国民党破坏后，广东的地下党组织根据中共中央南方局的指示停止活动，长期隐蔽，积蓄力量，等待时机。10 月，西江党组织布置撤退。广宁县党组织坚决执行上级指示，停止了活动，直至 1944 年 12 月，隐蔽达 2 年多时间。

第三节 广四两县武装起义 掀起西江抗日新高潮

1944 年后，全国抗日大好形势迅速发展。1944 年 10 月，中共广东省临委指示西江地区党组织：一是恢复西江党组织关系和工作活动。二是在敌后发动群众，组织武装进行抗日游击战争，建立游击根据地。中共西江临工委根据广东省临委决定在郁南成立后，筹划恢复党的组织活动和开展武装斗争。11 月，欧新接王炎光职务任中共西江临工委书记，立即召开会议，决定在西江地区积极发动和组织群众进行抗日武装斗争。根据分工，欧新本人负责西江北岸，临工委委员唐章负责西江南岸。

12 月，欧新回到广宁向特派员刘明标等传达西江临工委会议精神，并宣布恢复广宁县党组织关系和活动，成立中共广宁县委，刘明标任县委书记，机关仍设在江屯。县委成立后，有计划地准备组织武装起义。

一、广四抗日武装起义成功并会师组编

1945 年 2 月 16 日，欧新在排沙三角小学召集广宁、四会两县中共组织负责人会议。参加会议的有：欧新、刘明标、熊奕轩、高玉山、江进生、谢福球、陈沛、高誉钤、陈应燊等人，中共四会县委书记陈德因公缺席。会议决定：一是公开打出共产党的旗号，实行减租减息、破仓分粮、改善人民生活，发动和组织群众参加抗日武装斗争。二是以广宁的排沙、扶罗、石涧、荷木、

坑口、江屯、森膺峒①和四会的大沙、黄岗等地为起义地点，于23日同时举行武装起义。四会起义后，起义队伍即挺进广宁县罗汶，与广宁起义队伍会合组编为"西江人民抗日义勇队"，并共同开展武装斗争。三是起义后，主要运用游击战术消灭敌人战斗力弱的反动自卫队，逐步建立发展游击区。会议最后宣布成立武装起义委员会领导武装起义，欧新为主任，陈瑞琮为副主任，其余到会同志和因公缺会的陈德为委员。

会后，各武装起义地点都抓紧做准备工作。由于起义行动被国民党当局察觉，为争取主动，武装起义委员会当机立断决定提前起义。

2月20日，广宁县起义在欧新、陈瑞琮、熊奕轩、练秀文、陈子贤、严权道等人分别领导下，在排沙、石涧、扶罗、江屯、黄田、江头、信步等地同时举行。

排沙起义点的起义武装兵分两路袭击驻圩之敌。当天下午4时左右，陈瑞琮率领吴三火、吴昌秀、陆夭等人为一路，直入国民党顽军肇清师管区补充营营部江家仓，以迅雷不及掩耳之势制服了敌军营长，控制了营部；另一路由高松、张国梁、陈安等人率领，进入圩内广福堂药店，以闪电般的速度逮捕了正在搓麻将的3名敌军连长，起义军两路密切配合，将敌全部缴械，共俘敌营长以下官兵30人，缴获长短枪32支、子弹2000余发及军用物资一批。随后，在江家仓地坪召开群众大会，宣传共产党的政治主张和各项政策，散发和张贴各种宣传品。下午6时许，陈瑞

---

① 森膺峒是沿袭清朝以来对今木格（森峒）、石咀（膺峒）的称呼。1930年前称二十区、二十一区。1937年1月后，设青云（今石咀）和青阳、青田（今木格）3个乡。1947年5月后，青云乡并入洲溪乡，青阳、青田并成木格乡。

琼率起义队伍离开排沙。

欧新率领蔡其生、蔡意等 20 多人的石涧、扶罗两地武装队伍，同日下午在寺坑村宣布起义，并伪装成便衣护航队，以上门缴税为理由准备靠近袭击驻扶罗口炮楼一个连之敌，先击毙敌哨兵并缴获步枪 1 支，受枪声惊动，敌人在内顶死炮楼大门。攻击未果后，取道回到紫荆坑，同陈瑞琼所部会合。

熊奕轩、练秀文等人领导了江屯起义。当天，扬明乡乡长江绍东和文书杨淦率领武装所丁和阿公坑、义和村武装群众 30 多人，在乡公所宣布武装起义，当晚进入阿公坑山区开展革命活动，派出武装班到坑口岽剪断江屯通往县城的电话线，派人秘密到江屯圩张贴宣传标语。

此外，由共产党员江进生、伍学桢组织掌握的坑口地区武装群众在上林地区活动；在森垌，党组织负责人谢福球发动当地"神打"群众声援起义；在荷木，由于党组织负责人高誉钤、陈应燊被坏人告密被捕，行动未果；共产党员陈子贤、严权道率领黄田、信步两地农民革命队伍 50 多人宣布起义。

21 日，四会县在黄岗、安平、大沙等地同时举行武装起义。当晚，陈德、黄显声、陈铮郎等人带领所掌握的武装力量，加上部分地下党员和进步知识青年共七八十人，在大沙圩龙门秘密集合向广宁进发。四会起义部队晓宿夜行，广宁派出向导引路，经贞山等地绕道，于 24 日到达罗汶，与广宁县起义部队胜利会师。

两县起义部队胜利会师后，公开宣布成立"西江人民抗日义勇队"（简称"抗日义勇队"），队长陈瑞琼、政委欧新，下辖广宁大队和四会大队，共 200 余人。广宁大队大队长兼政委陈瑞琼，四会大队大队长黄显声、政委陈德、参谋长陈铮郎。两大队在广宁县境的绥江两岸分别活动，开创抗日游击根据地。

广（宁）四（会）起义是西江地区最成功的武装起义。

成功组建抗日义勇队，使西江人民有了自己的武装，鼓舞了群众，震动了国民党当局，为珠江纵队西挺创造了有利基础。

二、广宁大队又攻排沙圩

3月18日，抗日义勇队经集中整训后，广宁大队在陈瑞琮、欧新的率领下，130多人的队伍东渡绥江，白天高举红旗，浩浩荡荡，从扶罗口进军排沙，敌人闻风逃遁。抗日义勇队当天派人上街宣传。20日，打开国民党政府的梁屋粮仓，把稻谷分给群众。陈瑞琮在进驻期间约见父老乡亲和开明绅士代表，开展统一战线工作。21日，国民党广宁县县长左新中纠集县内外反动团队近千人，从南街、春水、潭布等方向分五路扑向排沙。鉴于敌我力量悬殊，抗日义勇队大部分撤离排沙。留下27人由老党员陈子贤、周林率领，据守在排沙圩边的东田炮楼与敌人战斗。敌人包围了炮楼，并多次发动冲锋，但均被抗日义勇队守楼战士击退，敌人伤亡惨重。当天深夜，守楼勇士凭借机智和勇敢，巧妙突围紫荆坑，与先撤出的大部队会合，西渡绥江返回罗汶。次日上午，敌人发觉人去楼空，气得敌指挥官跺脚又骂娘。

三、迎接珠江纵队部分主力西挺

1945年3月，中共广东省临委决定，撤销西江临工委，西江南北两岸分别设立中心县委领导抗日武装斗争。据此，中共广宁中心县委于当月成立，书记王炎光，组织部部长欧新（负责军事指挥），宣传部部长谭丕桓，管辖西江北岸的广宁、四会、德庆、封川、开建、清远等县党组织，机关设在广宁罗汶，主要任务是领导与指挥广宁、四会武装起义部队，坚持抗日武装斗争，迎接珠江纵队挺进广宁，为开拓西江北岸更大规模武装斗争创造条件。

四、广宁大队东渡绥江袭石涧

石涧（时称梁聚乡）是国民党广宁县当局的重要据点，驻有军警自卫队共约200余兵力。抗日义勇队广宁大队只有几十名武装人员留在罗汶，但决心依靠群众打一场以少胜多的漂亮仗。4月14日，欧新率领广宁大队部分武装人员从罗汶东渡绥江，沿公路直奔石涧圩。时值春耕大忙，在附近田间劳作的群众看到自己的队伍来了，数百人拿着劳动工具从四周涌集，自觉加入战斗。攻入区公所，俘敌石涧区区长及警察巡官数人，自卫队队长及1名连长被击毙，缴长短枪数支。围攻敌军营部驻地——王氏宗祠一昼夜，因缺乏重武器而未能攻破。次日，敌大量增援军队从县城开来，阻击分队在东湾角一带拦截不成功。攻打部队放弃围攻，带着战利品返回罗汶，部队无一伤亡。对带回的被俘区长，经调查无罪恶行径，进行政策教育后释放，还派兵护送其安全离境。

五、四会大队在广宁战果连连

1945年4月初，抗日义勇队四会大队从黄田返回罗汶后，按中共广宁中心县委决定，在广宁大队成员谢福球等人协助下，从罗汶开进至森膺垌，在原有前期工作基础上，通过"神打团"首领纪攀、纪金等人，争取了数千名"神打仔"同情和支持革命，其中当地著名惯匪纪宜春正和国民党地方政权有矛盾，在抗日义勇队的规劝下，权衡了利弊，表示愿意遵守一致对敌、不欺侮百姓、不抢劫杀人等规定。四会大队把当地游击活动搞得热火朝天。国民党广宁县县长左新中得知情况，拼凑300多兵力"进剿"。4月下旬，左新中命令县集结大队队长周少保率部100多人打头阵"清剿"。当天，周少保骑着高头白马，毫无顾忌地行进。抗日义勇队四会大队早已获悉情报，动员了当地的"神打仔"1000多人，并调用地方势力纪宜春采取联合行动，在锁匙牌（今洲仔、木格镇交界地）山谷伏击敌人，结果毙敌20多人，俘周少保下属40多人，缴获机枪1挺，步枪40多支，子弹一批，军马1匹。伏击胜利后，四会大队兵分两路，陈德带领武工组留在当地，黄显声率大队伍从古水附近横渡绥江，向广宁北部挺进。

在锁匙牌伏击胜利后不久，四会大队又与"神打团"及纪宜春两股力量联合，白天行军，半夜渡过绥江包围了古水圩的江家祠和乡公所，天亮发起攻击。四会大队担任主攻，包围进攻，纪宜春部负责警戒和阻击援敌，"神打团"埋伏待命。上午，攻克乡公所；攻打江家祠受阻，久攻未克。傍晚，抗日义勇队主动撤出战斗，返回三宿山区休整，以利再进。

4月下旬，四会大队离开古水后转战广宁县境北部，在四雍和江屯的党组织与起义武装的配合及旺垌"神打"人员的支持下，发动了上林、禾仓、赤坑、江屯等地的1000多名群众，进入扬善乡（北市）破仓分粮。扬善乡乡长、中共地下党员江宏基事前借故叫乡公所所丁和管仓人员离开，起义部队不费一枪一弹打开了敌人粮仓，共分去稻谷2000多石。时值荒月，受接济群众无不拍手称颂。当地地主恶势力代表江澜生、江柏年等闻讯，恼火冲天，很快组织武力反扑。起义部队达到了预定目的，且战且淡定行进，把敌人的尾追当欢送。四雍、江屯的起义武装各回原地活动。四会大队经潭布返罗汶大本营，等待着新的使命。

抗日义勇队四会大队自2月下旬武装起义挥师北上在广宁组建后，顺时针转战广宁一圈，进军森膺垌、攻古水圩、到北市破仓分粮，历时3个月，挫败国民党顽固派军队的"围剿"堵截，队伍不断壮大成长，在广宁、四会人民的革命斗争史上，写下了特殊的一页。

第四节 支持珠江纵队立足广宁首战告捷

1945 年 5 月，按照中共中央的指示和广东省临委的部署，广东人民抗日游击队珠江纵队（简称"珠纵"）主力一部挺进广宁，与广宁、四会武装起义部队会合，在广宁打好基础后，继续向连县、阳山及湘桂边推进，参加创建五岭抗日根据地。

一、罗汶群众倾囊相助会师队伍

1945 年 3 月下旬，珠纵副司令谢斌与政治部主任刘向东一面指挥番（禺）顺（德）部队反"扫荡"，一面筹划组织向广宁挺进的队伍，并指示活动于南海、三水的独立第三大队派人到广宁，与中共广宁中心县委和起义部队互相取得联系。5 月上旬，珠纵西挺大队 400 多人编队和整训完毕。15 日，珠纵政委梁嘉偕同谢斌、刘向东带队从南海黄洞出发，经三水、四会渡北江，冲破敌人封锁，日夜兼程，19 日下午与抗日义勇队在绥江右岸的广宁罗汶胜利会师。当晚，在宿营地山根的连石村河滩上举行军民联欢大会，群众腾出房屋让部队官兵入住。次日上午，罗汶群众敲锣打鼓抬上猪肉等食品到驻地慰问子弟兵。家家户户自发筹粮送给子弟兵。从此，广宁革命斗争开始了新的一页。

二、沿用称号统一编队

5 月 22 日，珠纵西挺大队进驻徐亨（今宾亨）。珠纵领导人和中共广宁中心县委举行联席会议，决定部队沿用抗日义勇队番号，并以此名义发表宣言呼吁国民党团结抗日、停止向抗日游击队进攻。会议决定将抗日义勇队和珠纵西挺大队统一编队、统一指挥。从当月23日起，国民党反动武装不断进攻，企图乘珠纵西挺大队初来乍到之际，一举歼灭。

5月26日，珠纵西挺大队为扩大活动区与解决部队给养，派出部分主力进驻离徐亨20多里（1里＝0.5公里，下同）的横山圩，向群众宣传中共的抗日主张并打开国民党粮仓。次日，小股土匪来犯，被击退。28日，敌数百人携带迫击炮等武器分三路再攻，西挺部队在珠纵副司令谢斌指挥下抢占石仁岗等有利地形，不断反击。经三天激战毙敌8名，西挺部队3名战士壮烈牺牲。为保存实力，部队于夜间撤回徐亨。此战打出声威，为部队立足发展奠定了基础。

三、百寮顶反攻战

5月28日，珠纵领导人和中共广宁中心县委在徐亨乡再次举行联席会议，决定分兵行动，摆脱顽军，争取军事主动局面。其时，兵力虽已在绥江两岸分开活动，但部队仍处在较被动的应战阶段。

7月1日，珠纵领导人和中共广宁中心县委在黄坑村召开会议，总结前段历程，决定尽快打几次胜仗，鼓舞人心。当晚，梁嘉、谢斌率抗日义勇队司令部机关和部分主力，从黄田西岸东渡绥江，进入五指山区。敌顽军补充团不断寻找和尾追抗日义勇队主力，先是误判误追到县境西部的清桂水，获悉抗日武装主力东渡过江出现在县境南部的消息后大呼上当，急忙掉头进攻五指山。15日，由杨富强率该团的吴营、罗营、杨营的全部兵力1000多人，从排沙、春水、黄田分三路向五指山区扑来。战斗打响后，抗日义勇队司令部指挥雄狮中队、烈豹中队、广宁大队和四会大队一起，迅速登上百寮顶，占据有利地形，迎击顽军，至黄昏时，将顽军击退。16日，双方又激战至黄昏才停止战斗。17日，顽军继续以迫击炮、重机枪的猛烈火力掩护，向百寮顶南面阵地发起数次冲锋，战斗十分激烈，双方互有伤亡。14时许，在珠纵副司令员谢斌指挥下，抗日义勇队一部留在阵地以猛烈火力掩护，大部冲向山下朝着顽军猛打猛杀，顽军从排沙、春水分两路撤退，全线崩溃。三天激战，毙伤顽军连长以下30余人，缴获了一批武装弹药，抗日义勇队牺牲1人。百寮顶之战，是黄坑会议后首战告捷的一仗，有力打击了顽军的嚣张气焰，极大地鼓舞了军民斗志，使抗日武装部队赢得了立足和总结经验的时间，为开辟和建设五指山抗日游击区创造了有利条件。

四、再次整编部队迎接抗战胜利

珠纵部队挺进广宁几个月来，紧密联合当地抗日人民武装，在极端困难条件下，依靠群众，克服重重困难，坚持艰苦斗争，不但变被动为主动，连续击退顽军的多次进攻，得以立足、生存和发展，而且开辟出以广宁为中心的广（宁）清（远）边、广（宁）四（会）边、广（宁）高（要）边、广（宁）怀（集）边4块抗日根据地，改善了广宁地区的革命形势，实现了广东省临委、广东军政委员会交给的战略任务的首期目标。根据中共广东区委7月作出的部署，8月间，在广宁地区的珠纵领导人进行紧急动员，调配干部，组织力量，将活动于4块根据地的珠纵挺进广宁部队以及抗日义勇队广宁大队、四会大队统一整编。依次为珠江纵队直属的：第一大队，队长陈明、冯光（后），政治委员周明，副政治委员蔡雄；第二大队，队长林锋，政治委员欧新；第三大队，队长陈瑞琮，政治委员叶向荣，副政治委员李海；第四大队，队长陈胜，政治委员马奔，政治教导员陈奇略。4 个大队约 500 余人。此外，还组织了当地青壮年民兵队伍 1000 多人，是部队力量的 2 倍。8 月中旬末，珠纵西挺部队司令部在广宁县五指山乡召开军民庆祝抗日战争胜利大会，领导活动在广宁地区的部队原地待命，迎接新斗争的到来。

4

第四章

创建边区中心根据地　取得革命斗争胜利

第一节 西江特委再设在广宁　实行军地统一领导

1945 年 12 月，中共广东区党委为适应抗战胜利后西江地区革命斗争的需要，决定撤销中共广宁中心县委，成立中共西江特委，领导广宁、四会、高要、德庆、封川、开建、清远、英德、罗定、郁南、云浮等县。同月下旬，西江特委在广宁成立，机关设在广宁四雍，特委书记梁嘉、副书记谢斌，委员王炎光、刘向东、周明、唐章，候补委员龙世雄、欧新、谭丕桓。西江特委在广宁大水坑举行第一次会议，历时 7 天，决定西江地区今后的工作方针，基本是巩固发展，即一面坚守原有地区，巩固原有部队和群众，一面积极大胆开辟新区，加速发展党组织和群众组织，保证能坚持长期的斗争。为实现这个方针，会议决定采取三方面措施：一是建立统一的领导机构，加强党政军的一元化领导，特委下设两个部门分管部队和地方。地方上主要是加速开展青年知识分子中的民主运动。二是做好巩固发展工作。地方方面主要是审查和恢复组织关系、布好交通联系、发展工农党员、争取统战对象。三是对敌斗争要采取正确的策略，军事上坚决自卫，政治上坚决揭穿敌人阴谋，普遍争取广泛的反内战统一战线。广宁县党组织实行分区指定负责人体制：四雍区由陈奇略负责，五扬区①由周

---

① 五扬即扬徽、扬德、扬明（今江屯）、扬仁（今螺岗）、扬善（今北市）5 个乡，是 1937—1947 年国民党广宁县当局划分的建制乡。

明负责、河东（片）区由陈瑞琮负责，河西（片）区由欧新负责。

一、挫败敌人"清剿"阴谋

1945 年 10 月，国共重庆和谈签订的《双十协定》墨迹未干，蒋介石已下令全国"剿共"。广东国民党政府于当月下旬即策划对广东省内各革命根据地的全面进攻，声言两个月肃清"奸匪"。11 月初，全副美式装备的国民党六十四军一三一师三九一团进入广宁，把重点兵力布置在黄田、排沙、春水、石涧、江屯等交通要道，实行"驻剿"。

"清剿"重点首先是五指山区。12 月 12 日起，国民党一三一师两个团、广东省保安第四团、肇清师管区补充团和广宁、四会两县保警等地方反动武装 2000 余人，分十路围攻五指山革命根据地，实施大规模"清剿"。敌人的战术是：突然发动，分进合击；半夜包围，拂晓进攻；进驻填空，连续进攻。一连数天，敌人对江头、榄垌、桃花尾、塘尾等村庄反复"清剿"。中共武装早有防备，机智地避开了敌人锋芒。敌人搜索一星期毫无所获后，恼羞成怒，转向残害平民，所到之处，无恶不作。排沙、黄田、榄垌、十二带、罗坑等地被洗劫一空，有六七十名群众以"通匪"等罪名被无辜枪杀，几十人被拷问毒打，几十间民房被烧毁。1946 年 1—2 月，敌人又连续"进剿"荆绥乡（今排沙镇一部分）、黄田乡及四雍等地。3 月中旬，国民党一三一师又大搞"移民并村"，还强迫 2000 多名群众在乌崩村附近包围自己的子弟兵。广清边区队依靠群众支持安全转移。中共西江特委指挥各边区对敌人的疯狂进行了坚决反击：五扬区党组织和广清边区队，派出武工组在江屯木崀坑基击毙国民党"三扬清剿委员会"副主任兼扬明乡乡长陈世华；河东区党组织和广四边区队灵活周旋，粉碎敌人对五指山区连续 16 次的"穿梭围剿"，在县城附近的白马庙截获自卫队一批武器弹药，稍后，又出击黄田乡公所，赶走自卫队，活捉乡长关应康；河西区党组织和广高边区队剪除了吉崀和荷木崀的反动保长梁宇坤、梁方，处决了横行在曲水一带的匪首纪三，扩大了广（宁）高（要）边新区；四雍区党组织和广怀边区队接获情报，在"围剿"开始时先镇压了大塘坑反动保长余子容、雍穆乡反动乡长黄作梁，争取了大部分保甲长的暗中支持，顺利地在蒙坑、大汕、梅坑和赤坑的广阔地带回旋。国民党当局这次对边区游击根据地的"清剿"，因以广宁为中心的全边区革命力量坚决反击而迟迟未得逞，又因正规军队于4月匆忙北调山东进攻解放区而仓促收场。

二、内战爆发后的灵活斗争

1946年6月，国民党当局发动全面内战，并指令广东驻军大规模"清剿"华南地区革命主力北撤后留在广东各地的中共武装人员。广东反动当局迅速招兵买马，扩充保安团、联防队，收编土匪。驻西江的广东省第三区行政督察专员兼保安司令陈文，积极推行"清剿"部署，纠集各类反动武装对广宁游击区进行军事、政治双管齐下的"清乡"。其"政治清乡"手段阴险毒辣：一是派特务潜入游击区刺探情报，发现游击队行踪就远途奔袭，半夜包围村庄，把群众集中起来，按"黑名单"捉人，或当场杀害，或勒迫"自新"；二是收买土匪流氓假冒游击队名义干坏事，离间部队与群众的鱼水关系；三是指使当地富绅商人诱降游击队。这段时间，分散活动的游击队条件极为艰苦，辗转周旋在深山密林，风餐露宿。

中共西江特委根据中共广东区党委在部队主力北撤后的部署，改党委制为特派员制，实行单线领导。梁嘉任西江特派员，被抽调到香港参加中共广东区党委农委的工作。留下王炎光、周明、冯光、欧新、陈瑞琮、欧伟明等党和军政干部，率领 300 多名武装人员，立足在广宁、四会、怀集等地坚持斗争，暂停使用抗日义勇队番号，原有部队以个人名义开展活动，如在河西区活动的广高边区队改称欧新大队，在广四边五指山区周围活动的广四边区队改称陈瑞琮大队。队伍的主要任务是用公开社会职业做掩护，隐蔽扎根，保存武装，保护群众利益，等待时机。广宁县党组织由西江特派员直接派人联系，仍实行按四雍、五扬、河东、河西分区的领导体制。

7 月，西江特派员梁嘉偕一批原奉召到香港待命北上的边区干部回到广宁，在排沙扶罗紫荆坑召开会议，将边区以广宁为中心划分成上游区和绥江区，经过整训后把武装力量调编成 18 个小队，着重巩固队伍基础和活动阵地。

群众工作方面，分散活动的各个小队在当地群众支持下，提出了反"三征"（征兵、征粮、征税）的口号，开展除暴安良、扶危救灾活动；在四雍的部队领导机关，人人动手生产开荒，种下大片水稻和杂粮；绥江区部队发动高要县水南分界村群众开山造田 80 亩。军民鱼水情深，部队不管使用什么名义，"民众仍以红军视之"。当年流行的民歌《红军阿哥几时来》，道出了群众对革命武装的盼望之情。其中一阕歌词是：

春风吹来，

番薯、木薯种满山头，

红军同志你知唔知？

广宁人民盼你来；

三岁细佬哥（小孩）半夜问，

红军阿哥几时来？

减租减息分田地，

打倒老蒋事安宁!

军事斗争方面，不与敌人拼消耗，以分散隐蔽、保存武装的方式，有选择地展开打击地方反动势力的自卫斗争，扩大了怀集县东部连接阳山县、清远县一带，绥江边连接四会上茆、江谷至高龙顶、南寮一带的新区，回旋余地在广宁县城周边的石马山区、大塘山区、附城区亦有所发展。至1946年底，边区军民挫败了敌人军事"清剿"和政治"清乡"的阴谋，活动地域扩大了四五倍，同时在这些地区撒下了革命种子。

广宁扩展成为粤桂湘边区中心根据地

粤桂湘三省边区，位于华南中部腹地，东临粤汉铁路，西接湘桂铁路和桂江，南至西江北岸，北到五岭南麓，政治上、经济上、军事上都处于重要的战略地位。政区包括广东的广宁、四会、清远、德庆、封川、开建、英德、连山、阳山等 15 个县；广西的怀集、信都、贺县、苍梧、阳朔、龙胜等 21 个县；湖南的宜章、临武、零陵、郴县等 8 个县，覆盖人口 300 多万人。

一、实行"小搞"

1946 年 11 月，中共广东区党委根据中共中央指示作出了全面恢复武装斗争的决定。次年 1 月，留在广宁地区坚持斗争的周明等人接到梁嘉从香港来信后，立即转抄来信要点给西江北岸各区负责人，并提出了梅花式扩展基础等措施，布置各区抓紧时机率先发展武装斗争，主动攻击地方反动武装，从"小搞"开始，逐步扩大作战规模，在打击敌人中壮大力量。

1947 年 1 月 10 日晚，由广四边区队负责人叶向荣和中共河东区负责人陈瑞琮各率领一个小分队，趁敌人熟睡之机，在黄田圩尾糖厂袭击了国民党四（会）清（远）联防队潘汉岳部，打得联防队晕头转向，有些联防队员慌不择路跳进绥江逃命，被淹得半死。该联防队遭袭后立即撤走，一年多时间内不敢再到黄田地区骚扰。同月，迫使另一股反动武装许锡基部退出黄田地区，只敢在石狗圩龟缩。

1月，中共五扬区负责人冯光率领广清边区队袭击了江屯锦波暗迳自卫队，俘敌10名，经教育后释放，保证了情报交通从江屯至四雍一路安全畅顺。

3月，在河西活动的广高边区队负责人林锋和中共河西区负责人欧新，率领广高边区队突袭石狗金坑反动武装，擒获温丙祥等7名土匪和反动骨干。

1947年3月，梁嘉从香港回到广宁后，先在排沙扶罗紫荆坑召开绥江区负责人会议，决定：以广宁老区为基础，发展新区，建立根据地；积极扩军和建立主力；发展地方党组织，配合部队挺进。接着，在四雍的赤坑召开上游区和绥江区武装负责人会议，讨论并公布了减租减息条例，又按广宁与邻县游击区的衔接范围，划分广德怀开边、广怀阳边、绥江区、广四清边等4个作战区域，指定叶向荣、林锋，陈胜、陈奇略，欧新、陈瑞琮，周明、冯光为各区域作战负责人。上述两个会议，为西江北岸地区武装斗争，实行"小搞"继而"大搞"，做了思想准备和组织准备。

二、剿灭恶匪纪宜春，挺进队立足森膺峒

1947年3月，绥江区游击队负责人叶向荣和欧新等根据紫荆坑会议精神，从广四边区队和广高边区队抽调两个班和10名手枪队员共42人，配备2挺机枪，组成以林锋为队长、叶向荣为政委的挺进队，向广宁、德庆、怀集三县交界地进军，发展粤桂边武装斗争，使之成为边区根据地一翼。当月20日，挺进队集训一段时间后从高岜出发，首站立足森膺峒。

森膺峒著名土匪纪宜春早前曾慑于革命力量的强大，不敢拿鸡蛋碰石头，表面配合抗日义勇队做过一些正事，后被国民党当局拉拢收编后，立即变脸露出本性，挂着广宁县三青（青云、青阳、青田）联防大队大队长招牌，在广东、广西两省的广宁、德庆、怀集三县边境打家劫舍，为非作歹，民众对其非常痛恨。挺进队要在当地立足，首先要消灭这股地方恶势力。5月1日凌晨，挺进队在前段踩点摸透情况的基础上，由队长林锋带领从驻地三宿山出发，奔袭十几里（1里＝0.5公里，下同）包围了设在黄姜坑的广宁县三青联防大队大队部，先用炸药炸开炮楼大门，对峙中再用火攻。纪宜春带着几名侍从在滚滚浓烟中跳楼逃命，躲进附近山丘一个旧棺材窆，被挺进队员当场击毙。此战，击毙包括纪宜春父子在内的土匪8名，缴获长短枪15支、子弹物资一批和战马一匹，扫清挺进队继续前进的绊脚石，为当地群众除去了一大害。

挺进队为了扩大影响力，在各乡开展反征兵、反征粮、反贪污抽剥的斗争，尽力为民众谋利益，解决社会治安问题。

5月6日、7日、13日三天，应群众要求分别打开石咀、木格、洲仔圩的官府粮仓，把300万斤（1斤＝0.5千克，下同）稻谷按每人5斗接济给度春荒的乡亲。6月，秘密处决了民愤极大的"花头梅"等6名匪首，公开处决了木格乡反动乡长罗斌，收编控制了黄炜和陈桂两股原土匪。6月，建立广宁县石咀乡人民政府，乡长刘乃仁，设立了什洞税站筹措队伍经费。

自此，粤桂两省的广宁、德庆、怀集、封川、开建五县边区以森膺峒为基地，掀起了以打击国民党乡村地方反动势力为主的武装斗争浪潮。

三、中共粤桂湘边区工委和边区人民解放军在四雍组建

1947年5月，中共中央复电香港分局，批准该局关于成立中共粤桂湘边区工委（简称"边区工委"）等工作部署。接着，中共中央香港分局书记方方在香港召见西江特派员梁嘉、中共广西

省工委书记钱兴和中共香港市委书记李殷丹等人，传达中央批准的分局决定：组建边区工委，梁嘉为书记，钱兴为副书记，李殷丹、王炎光、周明为委员；成立粤桂湘边区人民武装，以西江北岸的广宁为基础，尽快打开粤桂湘边游击战争的新局面。稍后，原隶属广西省工委的桂东、桂北党组织将关系转入边区工委。

1947年7月底，边区工委第一次扩大会议在广宁赤坑寮炭岗召开。会议宣布：中共粤桂湘边区工委正式成立；成立粤桂湘边区人民解放军，梁嘉任政治委员兼代理司令员、钱兴任副政治委员、李殷丹任政治部主任。会议决定中共粤桂湘边区工委实行"集中领导，分散经营"的领导方法，各地相应建立地方性主力。会后，在广宁的广怀清边区队，抽调150多人组成粤桂湘边区人民解放军北挺第一大队，准备挺进粤湘边，又抽调30多人组成怀集县人民抗征义勇队。此时，全边区武装力量总数约1200人。

边区工委成立后，广宁县党组织隶属中共西江特委，仍然与武装队伍实行地武合一的一元化领导，由中共西江特委派员直接联系。这一期间，广宁县党组织均实行分区领导体制，五扬区由冯光（1948年1月后由冯华）负责；四雍区由陈奇略负责；河东区由陈瑞琮负责；河西区由欧新负责。1948年4月，中共绥江地委成立，广宁县党组织转属绥江地委领导，但由于军事斗争环境复杂，交通阻隔，广宁县党组织实际上仍由粤桂湘边区工委派人直接联系，至当年9月中共广宁县委成立。

四、以广宁为中心扩展红色根据地

党中央和中共广东区党委作出恢复公开武装斗争的决定后，边区人民解放军为了以后能实现波浪形扩展和远距离挺进，决定首先扩大以广宁为中心的游击根据地。广宁地区率先发起了武装斗争，在绥江两岸、五指山区、江谷圩、江屯圩、黄田白泥口、宾亨永泰等地，到处出击敌人，新发展了石马山区和大塘山区两个游击基地，县境南部、东北部、西北部几大游击区共同控制了全县大部分农村。

1947 年，活动于广宁的边区游击队，在流经怀集、广宁、四会三县的绥江西岸，频频开展游击活动，打击国民党地方反动势力。3 月，广四边区队通过策反工作，使国民党黄田自卫队一队员携带一挺机枪前来投诚。在绥江下游活动的流动队进一步扩大至曲水、野猪一带活动，攻打敌人新建的炮楼。

五指山游击根据地内的大罗乡有一个反动分子"三和珠"，极端仇恨共产党和游击队，横行霸道，欺压群众，阻止革命斗争开展。广四边区队派出武工队除掉了这个"毒瘤"，使五指山游击根据地更加巩固。接着，4 月上旬，陈瑞琮率领广四边区队袭击黄田乡公所，缴获一批枪支、弹药。4 月 21 日，欧新率领广高边区队出击永泰乡，是日适逢圩日，指战员化装成赶圩乡民，冲入乡自卫队队部，毙队长以下 3 人，俘虏 2 人，缴枪 16 支。5 月 29 日，广四边区队江金武工队从长坪出发，趁国民党江谷自卫队第三中队多数队员到该中队中队长曾少初家为其母祝寿之机，里应外合，袭击江谷炮楼，缴获轻机 1 挺，步枪 2 支和子弹一批，自卫队员杨生等 4 人投奔武工队。稍后，江金武工队在陈英中队的配合下，为了帮助群众度荒和解决部队给养，利用圩日化装成赶圩农民，偷袭江谷蛇窟粮仓，把几万斤粮食分给正在挨饥受饿的群众，不少群众担着粮食热泪盈眶，称赞红军是救命恩人。江谷自卫队闻讯赶来增援，被陈英中队打得落花流水，狼狈逃回江谷圩。5 月 30 日，广四边区队附城中队攻打国民党荷木自卫队，对广宁县国民党当局震动很大。

6 月 5 日夜，广清边区队冯光、马奔部队攻打江屯，炸毁广宁县保安警察驻江屯的直属分部，毙敌 2 人，伤敌 6 人，俘虏 3

人，缴获步枪 10 支，手榴弹 20 枚，子弹一大批。6 月 17 日，陈瑞琮和欧新分别率领广四边区队和广高边区队联合包围驻带垌的国民党绥江义勇警察队，20 余名警员经战场喊话全部缴枪投降，接受两天教育后被释放。释放会上，绥江义勇警察队队长黄桂森发表退出内战的讲话，每个俘虏发给 2 万元回乡经费，游击队派人护送其安全离境。6 月 26 日，高要县保安警察大队大队长戚华生率领 60 多人窜到广宁、高要两县边界的广宁县罗林垌骚扰百姓，边区武工队飞鹰中队由吴声涛和欧伟明率队在分界岭布阵伏击，激战 5 个多小时，毙敌 10 余人，伤敌 20 余人，缴获长短枪 7 支，手榴弹 2 枚，物资数担，残敌向双任头方向狼狈逃生。经过这次战斗，分界村掀起了参军热潮，许多青年加入共产党的游击队。7 月，黄田税站武装人员陈遂文、彭炎、陈福远与 3 名敌人密探在白泥口陈松茶楼偶遇，敌探慌忙逃避，陈遂文等紧追展开枪战，在茶楼不远处将其中 2 名击毙，另一名被击伤后侥幸逃脱。

此期间，广怀边区队和广清边区队也多次攻打地方反动武装和对抗国民党的反动区、乡政权，使活动地区不断扩大。

在主动攻打地方反动武装的同时，以五指山区为根据地的广四边区队，分别由陈瑞琮和李海率领两个小队，开到大塘山区和石马山区建立新的游击基地。大塘山区与五指山区相邻，离县城南街只有二三十里路程，该区内的扶罗、石涧两地群众支持革命早、基础好，陈瑞琮率队回家乡活动，如鱼得水，很快打开了局面；石马山区与县城南街近在咫尺，是前往县城的战略要地，李海率队与附城武工队一起作战，力量大增，活动地区迅速由莫坑、荷木一带地方扩展到黄岗水一带。开拓了大塘山区和石马山区后，广宁县城以南 4 块相邻的游击根据地与县境西北部四雍根据地和东北部广四清边区根据地一起，共同控制了广宁县的大部分农村地区。

五、及时建立一批区、乡民主政权，保障后方巩固

通过连续打击敌人，一批国民党乡、保政权被摧毁，各游击区陆续及时建立民主政权，围绕巩固后方领导区内各项活动。

1947 年 5 月，广宁县第一个区级民主政权——广宁县第三区行政督导处在赤坑崩岗寨成立。主任陈奇略，副主任伍学桢。督导处下设宣传、军事、经济、群运 4 个组，还附设一个修械所。区内共有 3 万多人口，已成为有一定规模的游击根据地。下辖 6 个乡级民主政权，其中：和平乡乡长黄璋、副乡长黄纪彬；公平乡乡长张瑞；升平乡乡长曾璋；大同乡乡长冯平；纪平乡乡长江二苟；共和乡乡长刘纪、副乡长沈茂轩。另有 5 个乡是表面保持国民党政权形式、实质服从行政督导处领导的两面政权。区内设有一个常备民兵中队，各乡有一个常备民兵班，共组织起 11 个民兵中队，有 2600 多名民兵，耕友会、农会 70 多个，参加的农民有 2000 余人，建立小学校 70 余间，入学学生 2400 余人。当时偏向国民党的香港《星岛日报》曾报道四雍为"西北江的小红都"。

11 月，广宁县第一区行政督导处正式成立。翌年元旦，在排沙塘仔尾村举行庆祝成立大会，主任陈瑞琮，副主任陈伯康，秘书陈德。是日，数千名群众和四雍、江屯、河西等地区的代表齐聚一堂，敲锣打鼓，30 多个狮队到会祝贺。督导处下辖 8 个乡均先后成立了民主乡政府，拥有人口 6 万余人。其中 8 个乡分别是：五指山乡，乡长黄义厚，副乡长杨植彬；大塘乡，乡长陈沛，副乡长曾昭汉；黄田乡，乡长陈子英，副乡长祝桢祥；横岗乡，乡长萧金，副乡长黄土生；江谷乡，乡长杨伙，副乡长曾荣；荷木乡，乡长高玉山，副乡长黄子清；拆石乡，乡长黄仁宗，副乡长刘士；大坑乡，乡长莫兰，副乡长莫新。

12 月，广宁县第二区行政督导处在绥江西岸的罗汶成立，吴

声涛任主任，下辖 3 个民主乡政府，人口 1 万多人。其中 3 个乡分别是：罗汶（联善）乡，乡长孔振林，副乡长卢于航；曲水（联和）乡，乡长范田，副乡长黄进（后叛变）、郑木火；中村乡，乡长陈家兰，副乡长陈火友。

1948 年 1 月，广（宁）四（会）清（远）边在广宁县联和乡塘角村成立了广四清联区政务委员会，主席冯华，副主席江肇东（江东），下辖 10 个乡，人口 10 万多人。其中广宁县 7 个乡分别是：联和乡，乡长梁三，副乡长冯德章、林汉章；念淦乡，乡长练秀文；怀水乡，乡长欧聘臣，副乡长陈月辉、庚森；北市乡，乡长江华；镇江乡，乡长曾文达；福田乡，乡长高棠；螺岗乡，乡长陈源，副乡长陈万荣。

至此，全县共 24 个乡级民主政权，辖区内总人口 18 万余人，占当时全县人口总数六成，形成了对广宁县反动派包围钳制的武装割据，为粤桂湘边区建立以广宁为中心的稳固的革命根据地、"大搞"武装斗争打下基础。

各区、乡民主政府成立后，普遍相应在辖区成立民兵、农会、生产互助组和纸厂工人工会等群众组织，开展"二五"减租减息运动、生产互助、发放农贷、救灾、调解民事纠纷、开展医疗卫生和文化教育事业、动员青年参军支前。其中，减租减息运动由过去动员农民自己做，改为由农会或贫雇农团和民兵组织出面，以武力为后盾，各游击区内绝大多数地主、富商都接受方案，因而，运动取得好成效。据不完全统计，1947 年河西 10 个村早造农民少交租谷 900 多石。

各游击区实行减租减息的结果，不仅使日趋贫困的农民减轻了经济负担，生活有所改善，还迅速提高了农民的政治觉悟。许多农民为了保卫游击根据地、保卫胜利果实，纷纷动员亲人参加游击队。如江林、黄田、石狗等地参加游击队的青年人越来越多。

讴坑罗锅村 60 多户人家中就有 50 多名青年同时报名加入游击队。由于各地青年踊跃参加革命，各游击区的人民武装迅速扩大，各边区人民政权都建立区武装中队、乡小队。广宁县第一区行政督导处武装中队下属 4 个排，其中警卫排就有 30 多人。在五指山区活动的陈英中队、许思珍武工队、江金武工队等地方武装都得到迅速发展。江金武工队从原来 30 多人很快发展到 80 多人。

经过努力，粤桂湘边区以广宁为中心的游击根据地已基本形成。广宁县四雍地区成为边区工委和粤桂湘边区人民解放军领导机关以及电台、报社、医疗站等部门常驻的基地。中心区的形成为以后扩展新区打下了坚实的基础。

第三节 中心根据地的建设与坚守

一、宋子文入粤耍疯狂

1947 年下半年以后，国内革命形势转入了战略反攻的新阶段。蒋介石在四处溃败情形之下，于 9 月委派宋子文来粤担任广州行辕主任、广东省政府主席、广东省保安司令，集三职于一身，强化国民党在广东的统治，企图把华南作为支持全面内战的基地来经营。宋子文很快召开"两广绥靖会议"，部署对华南人民武装的"联防会剿"，计划是"分区清剿、军政结合、整训团队、剿抚兼施"，将广东全省划成 9 个"清剿"区，在广东、广西的省际边区成立"联剿指挥部"，从省到县实行"军政一体化"，迅速扩充兵力，当年 12 月开始了"第一期清剿"。广宁隶属第三行政区，与四会同划为一个"清剿区"。12 月 18 日，国民党广东省当局撤掉廖伟青，换上地方绅士冯肇光当广宁县县长。冯肇光于 1948 年 1 月 1 日正式"接印视事"后，一面以"广宁人治广宁"为幌子，以"广宁人不打广宁人"为迷惑，企图麻痹革命力量和削弱广大群众的警惕性；另一面发出秘密训令，悬重赏购杀共产党和游击队各级干部，两面三刀手法运用至极。

二、云山里伏击战鼓舞士气

1947 年底，为执行中共中央华南分局和边区工委"向北发展、开展武装斗争"的指示，边区军委决定组织飞雷大队（又称北挺第一大队）向连（县）阳（山）挺进。1948年1月初，北上部队在怀集境内遭怀集、阳山两县反动军警300多人前截后堵，无法继续北上。部队为保存实力，原路后撤返回四雍老区。敌人尾追不舍，且不断增兵，大有歼灭飞雷大队兼乘机入侵老区之势。为保存部队和保证老区安全，部队根据情报，决定在云山里一带设伏打一场胜仗，扑灭敌人嚣张气焰。云山里，位于四雍惠爱云山村茶坑一带，是广宁境内最北端与阳山、怀集三县交界地的狭长山谷，中间有一条小路通过，两侧石坡陡峭，山脚及谷地有茂密的乔木、灌木混合林覆盖，是设伏的理想地方。1月12日凌晨，国民党怀集县保警和自卫队以及桂东集训大队共400人进犯，飞雷大队按部署在阵地设伏，把来敌拦成几截进行痛打。敌桂东集训大队连长以下12人被击毙，受伤19人，被俘11人，被缴长短枪12支。飞雷大队有4名指战员牺牲，在附近安葬。此战胜利使边区部队重拾北上扩展武装斗争的信心。

三、主动出击清障碍

1948年1—3月，粤桂湘边区人民解放军全面积极打击敌人，仅广宁境内就捷报频传。

广四清边区队连续突袭清远太平乡联防中队、扬明乡公所，俘敌30多名，缴获长短枪50多支；在联和与县保警等敌人激战三昼夜，毙俘敌人8名；诱捕了五扬地区反动分子龚顶年、冯楚才，经群众大会公审后就地处决。

广四边区队在黄田税站附近分三路伏击黄田自卫队，毙伤敌连长张窝等4人；在江谷十二带多次击退反动武装的联合进攻。

广高边区队在两县交界地带多次袭击敌人。

广德怀挺进队扩编为广德怀抗暴义勇总队，下辖1个直属中队和 3 个区队，广宁区队队长刘乃仁。

北挺第一大队联合广怀清边区队围攻北市中垌敌人炮楼两昼夜，迫使广宁县警队撤走。

此外，边区解放军从广宁四雍出发，到外围开辟新区。派出一支部队经清远到达英德，为相机进军湘南地区打基础；桂东独立团 200 多人在团长林锋、政委李殷丹率领下，取道怀集凤岗、洽水向桂东地区挺进，中途受阻，返回广宁云山里，后改变策略，分散派人秘密入桂。

四、在反第一期"清剿"中壮大革命力量

1948 年 1 月下旬，宋子文出台"绥靖新策略"，上半年为第一期，要点是"分区扫荡、重点进攻"，下半年为第二期，要点是"肃清平原、围困山区"。3 月，宋子文与国民党广西省政府主席黄旭初策划对粤桂边的"清剿"。4 月，国民党在怀集县成立"粤西桂东联剿指挥部"，管辖广东省的广宁、四会等 8 个县和广西省的怀集、信都 2 个县，共 10 个县，统一指挥两省保警及辖区各县自卫队等反动力量 1 万余人分占各军事要地，又以广宁为中心并在周边所邻各县均设立"联剿办事处"，连同"粤湘边区联防办事处"和"湘桂边区联防指挥部"，对粤桂湘边区形成了四面包围的态势。一场以广宁为主战场的艰苦的反"清剿"斗争即将来临。

（一）调整应对策略

1948 年 2 月，经中共中央香港分局批准，中共粤桂湘边区工委军事委员会（简称"边区工委军委"）在香港成立，梁嘉兼边区工委军委主席。4 月初，边区工委和边区工委军委在广宁赤坑寮炭岗召开干部会议（简称"四月会议"），贯彻中共中央香港分局指示，决定：将边区工委所辖地区调整为绥江、连江、桂东三

个地（工）委，各自建成独立的战略单位；成立连江支队、绥贺支队和桂东独立团，发展重点地区的武装斗争；边区抽调主力从不同方向冲出老区，进军粤湘边和粤桂边；广宁、德庆、四会等地部队在原地坚持斗争；打击对象以地方反动队伍和国民党反动政权为主，相机打击省保警。绥江地委管辖广宁、四会、高要、德庆等县，书记叶向荣，委员欧新、陈瑞琮等 5 人；绥贺支队由战斗在绥江下游的广四高边部队和挺进广德怀封开边的部队组成，司令员陈胜，政治委员叶向荣，副司令员陈瑞琮，副政治委员欧新。

广宁县的老游击区和怀集县南部，是敌"粤西桂东联剿指挥部""联剿"绥贺支队的重点地区。5 月中旬，粤桂两省反动武装 1700 多人进入绥贺支队活动区域，怀集的诗洞、桥头、坳仔和广宁的古水以及德庆的悦河、高良都有反动武装驻守，还派出大批"政工队"到各乡村搞移民并村、五户联保、逼民众遍搭山厂、放哨守卡，企图用毒辣手段消灭人民武装。6 月 1 日，敌人从怀集诗洞、广宁木格和石咀向绥贺支队根据地——德庆六龙坑发起全面进攻。绥贺支队误判敌情，致仓促应战，并撤退到广宁石咀火烧迳一带。绥贺支队第三团 60 多人由团长刘乃仁带领，转战广宁森膂峒、怀集永固，后安全转移到四雍。接着，敌人把进攻的锋芒又转向绥贺支队随军家属隐蔽点的广宁县古兴坑，围困随军家属七昼夜。为顾及隐蔽点安全，防止小孩哭喊声引来敌人，几个小孩因捂嘴过紧被闷死。其中包括绥贺支队政委叶向荣的两岁幼子和第二团政治处主任徐儒华满月不久的侄儿。8 月以后，绥贺支队总结教训，采取系列措施发展新区，在反第二期"清剿"中掌握了主动权。

战斗在广宁绥江下游两岸的绥贺支队第一团，在边区工委副书记钱兴指挥下，在敌人"清剿"前抓紧做了几件事：一是团、营、连干部下乡发动群众全力支持反"清剿",在罗汶口组织物资运输队,在塘尾村等地筹集物资、准备接收部队伤病员,在大塘山区搞好情报交通;二是整顿各乡民兵中队,坚持日夜值班;三是扩编部队;四是有把握地开展军事行动,消灭敌人有生力量。6月上旬,一团集中兵力约400人,由团长兼政治委员陈瑞琮指挥,迷惑内奸送出假情报诱敌,在四会县上、下黄岗伏击四会县保警3个中队和江谷自卫队300多人,毙伤敌人25名,俘敌5名,缴获长短枪29支。经此次打击,经常到五指山游击区骚扰的四会地方反动武装再也不敢轻举妄动。

(二)扶罗口"接收"军火,县长冯肇光丢职

1948年上半年,国民党广宁县政府为加强地方反动统治的"清剿"武力,向广东省警保处申领六五步枪100杆、子弹1万颗。7月中旬,国民党广宁县当局办妥申领手续启程把武器从广州船运回广宁。边区人民解放军秘密获得准确情报。在绥江下游河东区检查工作的边区人民解放军副政委钱兴与绥贺支队副政委欧新、绥贺支队第一团副团长欧伟明共同研究后,由欧新、欧伟明率领第一团部分力量及沿江两岸民兵共300余人,选定绥江左岸公路边、排沙河与绥江交汇处为伏击点,7月20日下午3时左右打响战斗。经几小时激战,毙敌中队长陈树成以下12人,俘敌副乡长陈文运以下5人,缴获机枪2挺、长短枪131支、子弹1万余发、重要文件1批,并焚毁敌船。革命武装有1人负轻伤。

扶罗口伏击战的胜利影响极大,既鼓舞了人民群众,又打乱敌人"清剿"计划,迫使敌人匆忙把进攻锋芒从广德怀地区转向绥江下游。敌"粤西桂东联剿指挥部"指挥官闻讯,立即将驻在德庆县的兵力调往广宁宾亨、石涧救急,冯肇光率广东省警及广宁、四会两县保警大队进至扶罗、春水,两路兵力共1600余人,以寻找失落军火为名进行报复性"清剿"。7月24日起至8月上旬，敌军对五指山区和大塘山区反复搜索，所到之处实行"三光"（烧光、抢光、杀光）政策，扶罗口的店铺、灰窑被尽数烧毁，邻近的丁村、欧村两寨被大肆抢掠。8月中旬，又对绥江右岸的宾亨、五和、横山等地连续"清剿"。

军火被夺事件惹怒了国民党广东省当局，第三区行政督察专员兼保安司令陈文、广宁县县长冯肇光因"剿共不力"于8月下旬分别被免职。冯肇光8月20日签署《广宁县政府令》，称"本县长准于8月23日交印"，原开建县"模范县长"古绍辙调任广宁县县长。莫福如接任第三区行政督察专员兼保安司令，并兼任"粤西桂东联剿指挥部"指挥官。莫福如到任后，将"联剿指挥部"从怀集移至肇庆，重新部署对广宁的"清剿"。

（三）在大胆进攻中壮大自己

绥贺支队第一团在团长陈瑞琮指挥下，积极冲破国民党军队的封锁，以大胆进攻来击退敌人的进攻，在主动斗争中壮大自己。8月份，附城独立中队在黄岗水一带埋设地雷杀伤敌兵20余人，击毙西溪、荷木自卫队队长，拔掉了通往四雍老区交通线上的敌据点；在距县城仅数里的江美坪截获敌人军粮500石，一半分给了运谷的群众。英武中队在排沙沙心岗击毙国民党县警催粮队员4人，伤敌队长1人。革命武装出其不意的打击，扰乱了敌人的"清剿"计划。

五、在反第二期"清剿"中四雍老区悲壮坚守

宋子文第一期"清剿"计划被打破之后，国民党广东广西两省当局又调集所能调集的兵力对广东革命武装发动第二期"清剿"。广宁再次成为"清剿"重点。

1948年1—8月，国民党广宁县当局为配合粤桂两省"联剿"，在四雍周围先后组织了扶溪、汶水、坑垌、螺岗、古水等

乡自卫队，并布置内奸渗入四雍各处，伺机组织叛乱，意图非常明显。边区警惕性不够。8月23日，潜藏在四雍地区花山、旺垌等处的内奸发动武装叛乱，他们夜间占领高地，拂晓进攻民主政权机关，曾一度控制着花山、旺垌、葵垌等地。边区人民解放军派出主力反击，镇压内奸，镇压了叛乱。

8月中旬，莫福如在肇庆召开第三区所属各县县长、参议会议长、党部书记长参加的会议，部署第二期"清剿"计划，并成立"广（宁）四（会）高（要）德（庆）四县联剿指挥部"，由第三区保安副司令黄俊民任"四县联剿指挥"。莫福如又将"粤西桂东联剿指挥部"转移至广宁，加紧对广宁的"清剿"。9月7日、8日两天，国民党广宁县政府召开了治安行政会议。这次会议实质上是反共反革命的阴谋会。会议由古绍辙主持，敌"粤西桂东联剿指挥部"指挥官莫福如、副指挥官黄俊民和谢锡珍、参谋长彭孟济、广宁县参议长、国民党广宁县党部书记长、各乡长及县属各方代表共50多人参加。会议主要对"清剿"革命力量的重点措施逐项议决，包括：全县19个乡分设7个"联剿办事处"，各处互相支援；制定悬红购缉办法，限"匪徒"9月底前自新；沿绥江两岸从石狗至牛岐险要地区修建碉堡27个并派兵值守，建造及值守费用向所在地筹集，10月底完成；架设各"联剿办事处"互通的电话网，各村设立"匪情"秘密步哨，县警及民众自卫队加强各路口检查；统一团警制服和人员给款标准等，共计10多项。莫福如就开展"清剿"作了长篇训话。会后不到10天，就开始了大规模"清剿"。

9月上旬，敌人出动粤桂两省保警及广宁、怀集、德庆、高要、四会、清远等县的县警大队，机动作战兵力2500余人，悄然完成对四雍根据地大规模合围进攻的部署。

面临异常严峻的形势，边区武装主力撤出包围圈。9月初，边区工委和边区人民解放军执行中共中央香港分局关于以区党委为单位组建主力兵团、粉碎宋匪第二期"清剿"的指示，边区直属两个主力团在四雍整训后完成组建：以绥江河东、河西两队为基础组成直属第一团，团长兼政治委员欧新；以四雍、怀东两队为基础组成直属第二团，团长张明，政治委员陈奇略。两团各300余人。敌人"清剿"前，边区工委和边区人民解放军指挥部召开紧急军事会议，分析紧急形势，决定由梁嘉率两个主力团600余人跳出敌人包围圈，向绥江下游转移，寻找战机歼敌；钱兴主动坚持留守四雍指挥主力以外的260余人枪，依靠深山密林与敌人周旋，掩护主力部队转移。同时，边区工委指示绥江地委设立中共广宁县委，领导广宁、四会、怀集边区的反"清剿"斗争，县委机关设在排沙塘尾村，县委书记由陈瑞琼兼任（1948年10月至1949年5月陈瑞琼去香港治病期间，由欧伟明代理）。

9月15日，梁嘉率领边区直属两个团紧急撤离四雍，向南往绥江下游转移。后因敌情变化，直属第二团中途折转往清远地区，直属第一团在绥江下游坚持斗争。

9月16日拂晓，边区主力刚刚离开。在当地反动武装的配合下，"粤西桂东联剿指挥部"指挥官莫福如亲率敌军警分东、南、北三路围攻四雍。从东路来的敌人，沿间道入侵鱼梁顶、小坑岭。钱兴指挥绥贺支队第三团一部和四雍区林松武工队奋起抗击。无奈敌众我寡，队伍被冲散。钱兴等人乘黑夜撤至禾仓附近丛林中，团长刘乃仁率绥贺支队第三团一部向塘村突围，林松武工队经坑崀退至禾仓，当晚与钱兴取得联系。次日，东路敌人多面包围夹击，原中共桂北副特派员、边区人民解放军《民声报》编辑曾金全等15人在战斗中壮烈牺牲。南路进犯之敌于18日进攻中塘坑，林松武工队在圆岭坑应战时受挫，与部分人员失散。北路之敌于19日拂晓扑向洲仔岗，在磨刀坑与桂东独立团发生遭遇战，互有伤亡。入夜，桂东独立团撤出战斗。

连日来，钱兴在禾仓一带收拢首战失散的人员并研究突围问题。根据干部会议决定，28日，队伍往森膺垌方向转移并在坑头露营。29日上午，遭到敌人包围后，队伍被打散。有110多人突围到绥江下游后被编入边区直属第一团；60多名非战斗人员撤到清远秦皇山游击区；留守四雍的十几名电台人员突围到清远地区；四雍区队40多人向柴坑方向转移；部分散失人员各自为战；钱兴与刘乃仁退入坑底，白天在山上隐蔽，晚上进村联系群众。10月初，刘乃仁服从钱兴命令，率原队20多人突围到森膺垌。

此后，敌人分兵对留守四雍的革命力量围、追、堵、截及搜山、烧山，"三光"政策与政治诱降双管齐下，"干塘捉鱼"的手段极其阴险毒辣。在此情况下，队伍内一些动摇分子叛变投敌，特别是第三区行政督导处常备民兵中队长陈鸿芬叛变，使区内大批秘密联络点被破坏，许多革命战士被捕遭杀害。广宁县第三区行政督导处副主任伍学桢一家五口，区耕友会主席、商会会长等一批当地干部以及何澜、陈芳（女，四会县人）、蒙茵（女，广西来宾县人）、张菁（女，恩平县人）等边区部队官兵共40多人被俘。敌人还砍下伍学桢、张菁的头颅悬挂在坑垌街头、县城东较场等地示众，在四雍、五扬地区张贴告示，悬红10亿元法币捕杀陈瑞琮、欧新、江进生、冯文修和林松等人。钱兴与警卫员留守四雍坚持斗争近两个月，藏身上林村附近山上"金窿"20多天，11月中旬的一天晚上，由当地党员和民兵3人护送转移至怀集边境。次日晚，钱兴在怀集坳仔仕儒村被敌人包围，突围时牺牲。

这次四雍老区反"清剿"斗争代价沉重。国民党军队出动10倍于边区的兵力，数千人连续数十天残酷"扫荡"，苦心经营3年的老根据地被占领，当地群众惨遭浩劫，无数山林和房屋被焚毁，财物被抢光，部队官兵、地方民主政权干部、农会干部及积极分子有 200 多人被捕，其中 40 多人被杀害。但是，老区人民没有被吓倒，很快又拿起武器与敌人斗争。

六、绥江下游两岸的反击战

1948 年 10 月中旬，敌人获悉边区指挥部及直属第一团跳出包围圈进入五指山区后，火速派出 1000 多兵力，在当地反动武装配合下，采取军事进攻加经济封锁双管齐下的毒辣措施，妄图把边区指挥部机关及直属第一团歼灭或困死在五指山区。部队与敌人周旋一个多月，虽打了一些胜仗，但未能扭转局势，活动区域日渐缩小，敌人矛头直指边区指挥部驻地的江谷十二带、冬瓜窿地区。边区指挥部派出绥贺支队四会独立第一大队大队长兼政委陈德率武工队向四会、三水交界的大南山和大旺草塘挺进，牵制和分散敌人力量；大部队向清远秦皇山区突围。11 月上旬的一个晚上，主力部队冒着寒风细雨，经鸡鸣岭出江谷，过地豆、罗源，一夜急行军百多里，再越三坑河，攀险峻的羊角尖峰，第三天傍晚进入广四清边区，成功甩掉敌人。

同月，国民党广宁县县长古绍辙亲率 300 余名县保警扑向五指山区，留守根据地的绥贺支队第一团派出英武中队在地势险要的上带坑口九曲岭伏击，此战毙伤敌三四十人，缴获武器弹药一批。11 月中旬，广宁、四会两县保警近百人分兵夹击到十二带"清剿"，绥贺支队第一团派兵在顺带和江谷到十二带之间两路分别袭击，敌人丢下 10 多具尸体狼狈而退。

绥贺支队第一团还悉心保护了随边区指挥部转来五指山区的边区电台的安全。9 月中旬，边区电台随主力转到广四边区后留在五指山区，为了确保与上级联系畅通，没有跟随边区指挥部转移。绥贺支队第一团承担起保护台长卢毅及电台部分人员安全的重任，先后把重担交给石涧税站负责人关德和民主政权五指山乡乡长黄义厚。关德和黄义厚像保护自己生命一样，依靠良好群众基础，出入险恶环境，为电台人员暗送食物、情报，经常转移地点以保证电台安全工作，历时半年多，直至1949年4月电台回归边区指挥部。

在绥江下游两岸地区，敌人的"清剿"同样残酷。国民党军队宣布了九条"山林搜括流匪办法"，强制"不准壮丁出口""不准乡民入山"，违者以"匪"论罪，格杀勿论。10月25日，敌人开始大规模行动，所到之处：实行移民并村和粮食集中统一配给；16岁至48岁壮丁到指定地点报到后扣留，强迫其去搜山、烧山，烧不得的就砍掉；沿河边的竹木要横向斩1里，村边、路边的竹木一律要斩七八丈远，以制造无人能藏的无障碍地带；夜间派人在山口和重要路口埋伏，封锁绥江两岸大小船只，严密监视交通往来和村寨群众行动。游击区群众不畏强暴，依靠和配合部队与敌周旋，逐一粉碎敌人各种阴谋，缓解了其他游击根据地的压力。

配合边区主力回师解放广宁县城

1949 年 1 月，边区工委军委和边区人民解放军指挥部在英德、清远边界的大夫田召开了为期 10 多天的干部会议，为迎接和配合南下大军解放广东，决定发动春季攻势，积极开展军事斗争，打击地方反动力量。一方面组织力量北上并派干部秘密入桂，开辟新区；另一方面伺机回师广宁，恢复老区。为适应任务变化，边区直属第一团被扩展成支队级建制的边区独立团，欧新任团长兼政治委员，跟随边区人民解放军指挥部作战。

2 月，中共广宁县委和绥贺支队第一团党委在排沙十一保召开特别会议，总结反"清剿"经验、教训，表彰有功人员，作出了将游击战争从山区推向平原，把广四清边和五指山游击区连接成一片的决定。中共中央香港分局于 2 月 19 日来信，鼓励坚持广宁斗争的绥贺支队第一团等部队，指出："你们能坚持艰苦到现在，力量保存未受损失，我们谨致敬意和极度关怀。"上级的肯定和关心，给坚守广宁的指战员增添了新的信心。

一、配合部队主力回师广宁，八田大捷

1949 年 3 月 17 日，边区工委和边区工委军委决定率领边区独立团、连江支队英清阳边解放大队及清远附城中队共 600 余人，集中优势兵力回师广宁。3 月 29 日，梁嘉率边区主力部队从清远秦皇山向广宁开进。部队白天行军，攻击前进，经濠洞口、白芒、

鸡皮山、大猷、螺岗等地，直指广宁县城。进入广宁后，主力部队决定与绥贺支队第一团联合打击敌人，争取据点，占领中小圩镇和广大农村，逐步包围到最后解放县城南街。

4月3日，回师部队向县城南街开进，途中在离县城20多里的林垌与广宁县保警队相遇。欧新指挥边区独立团抢占制高点，在马龙铃山周围毙敌25名，夺得林垌据点。当晚，部队连夜登上邻近海拔更高的八田山顶构筑战阵。独立团铁流队扼守最高点；独立团飞鹰队、力强队据守第二层高地，分别负责监视和迎战县城以及江屯、潭布方向来敌；英清阳边人民解放大队驻守八田山麓，充分准备着迎击敌人大规模疯狂反扑。同时，连夜派人与绥贺支队第一团联系，共同配合作战。4日，国民党广宁县县长古绍辙纠集广宁、怀集、清远三县县警及地方反动团队近2000人，清晨向八田山顶进犯。边区部队抓住突然云消雾散的有利战机，用猛烈火力轮番攻击，敌人死伤20多人后被迫撤退下山。5日、6日两日，敌人无动静。7日后，古绍辙再凑集兵力近2000人连续数日屡犯八田山顶。地主反动武装布满邻近山头，敲锣吹号角，号叫助威，亦无济于事，回师部队的八田山顶阵地岿然不动。这一仗持续七天八夜，打死敌中队长以下25人，打伤30余人，边区部队4名人员牺牲。古绍辙倾尽全力无法扭转劣势，加上县城被袭，腹背受敌，只能丧气撤兵。八田之战是边区主力回师广宁与绥贺支队第一团配合开展春季攻势的一次较大胜仗，为恢复老区、开拓新局面创造了好开端，也迫使广宁的反动势力从此放弃"清剿"，苦守风雨飘摇的县城。

边区主力回师广宁前，留守广宁部队已频频主动打击敌人。2月，连江支队第三团连续两次攻打江柏年自卫队，并把江柏年在江屯至联和一带修筑的"木城"拆毁。3月，绥贺支队第一团代团长欧伟明带领2个连队攻打井塘村敌自卫队，把没收的粮食分给群众，然后进入高要水南、乐城、河台一带扩展活动。卢火全武工队在伍村等地筹得军粮 70 石稻谷，并动员 30 多名青年参军。

边区主力回驻广宁后，打击敌人的行动更加迅猛。4 月 25 日，边区独立团等联合绥贺支队第一团，分段截击向五指山区进犯的省"第三清剿区"保警等反动武装 400 余人，追击 10 余里，打得敌人狼狈不堪，毙敌排长以下 30 多人，缴获武器弹药和军用物资一批。5 月，边区独立团、绥贺支队第一团、连江支队第三团以及英清阳边人民解放大队共七八百人，集结在一起，跃出广宁五指山区，向四会平原进军。途中包围了广宁、四会边界的冼田、铁桥两座炮楼的敌自卫队，经劝降无效，用火烧毁两座炮楼，全歼守敌 90 余人。部队在四会和平解放了地豆、罗源乡；在莲子迳设伏截击从威整到地豆的敌四会县警一中队百余人，激战 5 小时，毙敌 10 余名；派员乔装打扮，智取营脚圩，形成进逼县城的态势；派陈德率武工队到四会、三水边的大南山开辟新区；连江支队第三团 6 月初派出主力与威整武工队一起，白天赶走敌自卫队占领威整圩，并成立军管会，驻扎 3 天，向圩内和附近乡村群众宣传共产党的各项政策。

二、组建中国人民解放军粤桂湘边纵队

以广宁县为活动中心的粤桂湘边区人民武装，通过 1948 年反"清剿"残酷斗争的磨炼和 1949 年上半年的战略攻势，军事技术水平和作战能力不断提高，武器装备也得到加强，已壮大成一支1.3 万人的队伍，组建中国人民解放军粤桂湘边纵队（简称"边纵"）的条件已经成熟。为此，边区工委军委在原有筹备工作基础上，"7 月 23 日正式向中共中央华南分局报告组建边纵的领导

机构和干部人选等问题"①。梁嘉为边纵司令员兼政治委员，下辖连江支队、绥贺支队和独立团等部。边区各部队统一改编后，陈瑞琮为绥贺支队副司令员及第一团团长兼政治委员；欧新任边区独立团团长兼政治委员。独立团于 8 月 1 日在清远白芒村举行成立大会暨新党员宣誓仪式，梁嘉宣布该团成立。

三、奇兵夜袭北楼岗，古绍辙弃暗投明

1949 年上半年，广宁大部分乡村已为边区革命力量所控制。当时，古绍辙深知大势已去，萌生弃暗投明之意，秘密派人到香港，通过中国国民党革命委员会领导人李济深的关系牵线，向中共中央华南分局请求起义。华南分局同意并决定由粤桂湘边区人民解放军接受其起义。边区人民解放军指挥部命令绥贺支队第一团负责与古绍辙进行起义谈判。中共广宁县委和绥贺支队第一团派人与古绍辙多次联系。古绍辙对陈瑞琮派出的信使，第一次拒见；第二次虽勉强会见，却将边纵提出的起义条件作耳边风，既不释放"政治犯"，也不派人到指定地点——春水商议，自恃手中剩点实力，企图讨价还价，捞个好价钱。为戳破古绍辙的幻想，绥贺支队第一团决定用实力说话，采取军事行动先拿掉他的"王牌"——驻守县城北楼岗的广宁县保安营第二连（美式装备连），促其早日起义。

北楼岗紧邻县府，居高临下，可以控制整个县城，又有坚固工事，易守难攻，保安营第二连由其外甥吴德毅当连长，各级官佐中有大批亲信，是装备精良的警卫连，8 月 17 日傍晚，绥贺支队第一团参战人员集中排沙担垌村，中共广宁县委书记兼团长陈

①　中共肇庆市委党史研究室、《粤桂湘边纵队史》编写组编著：《粤桂湘边纵队史》，广东人民出版社 1996 年 1 月版，第 213 页。

瑞琮作战前动员，宣布由副团长欧伟明任指挥，蔡其生、高枚为副指挥。欧伟明率队急行军 30 余里，在县城北楼岗周围预定地点埋伏。午夜 1 时，岗楼内应人员发出信号并引导突袭了据点各处，以勇制敌，速战速胜。这场夜袭战不费一枪一弹，全俘敌连长以下官兵 100 多人，缴获枪支弹药一批，部队无一伤亡。突击队员押解俘虏队伍，返回排沙营地。天亮之后开了一个热闹的祝捷大会。次日早上，古绍辙发现操练号声没响，急忙查问，才知大势已去。23 日，边区工委军委、边纵司令部向陈瑞琮、欧伟明及全体指战员发来祝捷电："热烈祝贺你们南街北楼岗的伟大胜利！"欣喜之情，跃然纸上。

夜袭北楼岗的胜利，鼓舞了边纵部队和当地群众，也使国民党广东省当局颜面无光。古绍辙得知上峰派员率队来广宁追究责任，惶惶不可终日。陈瑞琮认为时机已到，便派员第三次带函上门并顺捎口信，讲清利害关系，促其彻底认输。古绍辙在来客面前对北楼岗据点被袭，先是愤愤不平，继而无可奈何。他盘算了大半年，从观望到失望再到绝望，别无选择，终下起义决心。为防止起义发生意外，古绍辙以下乡催粮为由，先把不愿弃暗投明的顽固分子调派到各乡。8 月 25 日，古绍辙亲率 2 个保警中队约 200 人及一批文职亲信官员到排沙东田村，派人找到边纵部队，表示要真诚起义。陈瑞琮在桃花尾村接见并招待了他，饭后会谈、签字。次日，古绍辙亲笔写信发给驻石涧、春水、扶罗所辖各部，令其投诚。结果，敌驻石涧、春水两个县警中队及扶罗自卫队共 200 余人，即日携带轻机枪 7 挺、步枪 100 多支投诚。28 日，北市、江屯、螺岗三乡"联剿"自卫大队 4 个中队投诚（后又反水，将队伍拉到北市）。潭布古灶自卫队宣告自动解散，交来轻机枪 5 挺。投奔五指山区游击根据地的起义、投诚部队接受整编后，组建边纵绥贺支队暂编第二团（代号"春风团"），古绍辙任团长，其旧部属刘振球任副团长，边区派出独立团副团长吴声涛兼任团政治委员。

国民党广东省当局对古绍辙起义感到非常震惊，为支撑岌岌可危的广宁反动统治，立即起用反共老手、国民党广宁县党部书记长陈嗣运充任县长。陈嗣运上台后，马上搜罗300余人组成3个中队的反动武装，夜以继日地修筑工事，妄图固守县城，待机再起；同时命令北市、江屯、螺岗三乡"联剿"自卫大队长江柏年坚守北市，共同负隅顽抗。但是，国民党广宁县当局已经没有挽救其失败命运的灵丹妙药。

四、解放广宁县城

古绍辙起义后，广宁地区我众敌寡的实力对比进一步明显。1949年8月下旬，边纵司令部在县城附近的黄盆村召开军事会议，认为解放广宁县时机成熟，决定集中边纵独立团、绥贺支队第一团和暂编第二团共1000余人的优势兵力，先攻打县城。会议决定成立攻城指挥部，欧新为总指挥，周锡为前线指挥，确定了具体作战部署和攻城总时间，要求攻城部队尽量不使用重武器，减少群众生命财产损失。会后，中共广宁县委在绥江下游根据地内动员并组织了300多名支前民工。

9月3日傍晚，各级指挥员率部进入预定战斗位置。晚上9时整，攻城总指挥欧新发出攻城信号。霎时间，枪炮声四起，打破山城夜空的寂静，预告着黎明即将来临。战斗在按部署进行。周锡率边纵独立团突击队很快从十三行涉水过河经中华东路向东门推进。绥贺支队第一团附城独立中队由冯彪率领以护国义记茶楼顶为制高点，用猛烈火力扫射南门城楼守敌。突击队展开巷战，预备队扩大阵地。绥贺支队第一团飞鹏中队从都巷向县城南门进击，中队长蔡其生率机枪班在青云巷口以石牌楼为掩体，组织火力点射。南门城楼守敌受到三面夹击，顿时大乱。几路攻城部队并肩作战，集中火力进攻县政府。经2个多小时激战，把敌击溃。坐上县长座椅没几天的陈嗣运见大势已去，带着残部乘隙从西门狼狈逃窜，其他残兵举手投降。绥贺支队第一团飞鹰、附城、飞鹏3个中队迅速入城，大部队跟着陆续进入。这次战斗缴获长短枪200余支、子弹近万发、手榴弹500余枚。攻城过程中，附城独立中队牺牲1人。至此，广宁县城宣告解放。

广宁县城是西江地区最早获得解放的县城，也是粤桂湘边纵队依靠自身武装力量独立解放的第一座县城。广宁县的解放，对推动粤桂湘边区人民解放事业发展产生了重大政治影响。

第五节 广宁支持粤桂湘边区革命斗争的主要贡献

从 1945 年 2 月广宁、四会两县武装起义成功，到广宁县全境解放，历时近 5 年，广宁县从点到面、从分散到连片、从雏形到成熟，发展成为解放战争时期华南地区稳固的革命根据地之一，既是中共中央及中共中央香港分局、华南分局正确决策的选择，又是广宁人民满怀淳朴感情，发扬光荣传统，无怨无悔真心拥护革命，无私无畏毅然参加革命，无微不至呵护人民子弟兵的结果。在血与火的年代，广宁人民用柔弱的肩膀，用坚韧的信念，咬牙挺胸，积极投身扩军、筹粮、支前、建立情报网、保护伤病员等工作，扛起共同孕育革命队伍的重担，换来翻身解放。广宁人民对革命的贡献和牺牲是长时间、全方位的。

一、保障部队的后勤供给

在游击战争中，部队需要大量的钱、粮、辎重等军需，给养充足，才能取得斗争的胜利。粤桂湘边区部队在广宁县建立了边区后勤工作机关，发动群众帮助部队通过各种渠道，解决军需给养。

筹粮、借粮、交公粮是部队军需给养的另一个主要来源。筹粮政策按老区、新区分别制定：老区一年两次，对象为地主殷户，起征点为其收入的 1/10 到 2/10；新区三个月内不筹，待群众了解部队政策，又受到部队给予的好处之后再筹。从 1947 年 7 月起，实行老区征收公粮，新区向殷户富商筹粮的办法。另外，向一些商人或富裕农民借粮，写借条，定期归还，一时还不清的，新中国成立后作公粮计算还清。

原粤桂湘边纵队司令员兼政委梁嘉在《我的道路》中回忆，"最好的税站是绥江河税站"。征税是部队军需给养的又一个重要来源。边区税站主要设在绥江广宁河段，后来开拓了西江德庆县城以南至云浮都骑河段。在广宁，边区部队分别在绥江河广宁段以及古水河、南乡河设立了罗汶（河西）、石涧（河东）、黄田、蒲塘、什洞、大汕、禾仓、扶落口等 8 个税站。每一个税站都有武装队伍，负责保护税站工作人员安全以及经常在沿江检查税票和打击敌人。税站设立后，向来往的商船和杉竹木排收税。税率一般比国民党政府规定的低 1/3。在绥江一带，只要在某个游击队税站缴了税，便一路畅通。为了便于识别，税站给商人确定完税标志，下游站只要看到完税标志，就不再收税。对一些特殊商人，采取委托经纪人代收的办法，游击队对代收税的经纪人给予一定比例的分成报酬。若完税商人遭到土匪掳掠，税站负责退回已收税款。一次，与广宁交界的怀集永固圩有 24 名商人携款 7000 余元往四会县经商，途中连人带款被土匪绑架，税站马上出动武装 50 余人截击，缴了这伙土匪的枪，把被救商人带回驻地招待两天，归还截回的全部款物，并派机枪班护送出境。护送人员还婉拒了商人们的酬谢。沿江群众一直不怕危险帮助税站，普遍成为税站的耳目。

边区部队军需处主任欧伟明回忆，部队的军需给养得到了群众的大力支持与热诚帮助，积极为部队筹粮，甚至不惜牺牲自己的生命，保护部队的筹粮和税收工作人员。1947 年 4 月，他率领几位工作人员到带垌收税，敌人得到情报，出动 100 余人半夜包围了全村，拂晓袭击，企图一网打尽。税站工作人员迅速撤到附近山头隐蔽。敌人搜来搜去未发现踪迹,把带垌村群众全部赶出家门,威迫他们说出税站工作人员藏身之处,但全村男女老少没有一人肯透露。敌人恼羞成怒,当场杀死谭鸿泉、谭静山、谭德、谭康4位群众。山根旺鸭村群众冯二妹,长期为税站渡河到石涧圩代购油盐咸菜等生活用品,并经常打探敌人动静向税站报告。冯二妹在一次为税站买生活用品时被国民党军队抓住,敌人对她拳打脚踢,灌辣椒水,胁迫她讲出税站的情况,但她宁死不说,敌人无可奈何,只好放人。1949年初,敌人两次包围石涧塘仔角村,把群众赶到王氏宗祠,逼供查问石涧税站负责人关德的住处以及谁做"通匪、济匪"的事,群众守口如瓶。敌人残忍地把为部队送情报和采购物资的程爱母(张水娇)、程海金母子以及杨苟蕴、杨火兰4人严刑拷打后拉到炒米咀(地名)杀害。

部队的军需给养工作,在广宁地区人民群众的支持和帮助下,取得很好的成绩。绥江广宁段各税站,仅1947年9月至11月就收入6.5亿元法币;1947年早造,共为部队筹粮35万斤大米,按当时供给人数计算,筹集了6个月的粮食。

二、保护边区无线电台安全

1947年5月,粤桂湘边区人民解放军在广宁四雍组建了无线电台。电台负责边区部队与中共中央香港分局的无线电机要通讯联络和抄收延安新华社电讯广播新闻的任务。在惠爱村群众掩护下,每天抄收、翻译电讯广播,编成《每日电讯》油印送给各部队首长和《民声社》,使边区工委和边区人民解放军指挥部了解形势,鼓舞士气,增强胜利信心。1948年9月,敌人对广宁县四雍区实行"清剿",电台工作人员一部分随部队主力转移外线作战至广四边区,石涧税站负责人关德和民主政权第一区行政督导处五指山乡乡长黄义厚接受任务后,像保护自己生命一样保护电台的安全。先是由石涧税站物色可靠群众及时做向导，在敌人残酷的"清剿"中保护电台向安全地带转移。有一次，天刚亮就发现敌人占领了电台隐蔽地的山顶，山下也被敌人包围了。向导群众马上带领电台的同志，从山腰密林转移到另一个山头，晚上返回发现原隐蔽地已暴露，敌人还贴上劝降"自新"通告，又立即带领电台的同志连夜转移到另一个山头隐藏，使电台能继续坚持工作。电台根据上级指示转移到五指山乡的上带山林后，电台同志执行任务的环境更加险恶，黄义厚和当地革命群众倾力支持和保护。黄义厚在山下以国民党保长身份做掩护，观察敌人动静，发现情况及时给电台同志通风报信，还负责给电台送粮食，使电台同志能在险恶的艰苦的"清剿"斗争中坚持工作，直到1949年4月电台回归边纵主力身边。

三、保障边区军事情报网畅通

粤桂湘边区部队在广宁境内设有许多秘密交通联络站（点），配备专门政治交通员，负责联系并组织大批革命群众担任地下交通员，由地下交通员接力完成任务。1945年秋，绥江区部队负责人欧新根据上级指示，派陈乃忠回故乡高要禄步建立地下交通站，形成了一条自广宁经禄步、广州至香港的交通线。还有广宁经怀集连麦、蓝中至桂东等地的交通线。另外，通过各地税站开辟了绥江沿江交通线、交通联络站（点）。地下交通员们以各种公开合法身份作掩护，主要任务是为部队筹集经费，购买武器弹药和各种军需用品，如药物、被服等；掩护中共地方组织活动，为部队传递书信情报，护送转运各种物资，负责接收、护送党组织和部队过往人员。

这些地下交通员冒着生命危险，每次都出色地完成任务。如部队首长每次往返香港和粤桂湘边各游击区，引领来自香港、广州等地的知识青年到游击区工作，安排桂东、桂北起义失败后的革命骨干转移到广宁游击区，护送部队派往桂东、桂北的干部离境，都是经交通联络站（点）一站一站地安全接送的。同时，在各个游击区的交通要道，城乡之间均设有秘密交通情报站和情报交通员，敌人出动的情报一经传出，即通过交通站，马上向四面八方传递，各地人民武装便采取行动。这批秘密交通站和地下交通员，为革命胜利作出了无私的贡献。设在石涧圩的交通站"厚丰"山货铺，以生意为掩护，秘密传递部队来往文件，转运部队的物资，常常用日用杂货置面、军用物资藏船舱底的办法，穿过敌人封锁线，再用可靠船只秘密从三水西南等地运回军用物资。秘密交通员张桃是广宁县罗汶乡石崀村人，她从1945年开始做秘密交通员，在革命风浪的锻炼中，由不识字的乡村妇女成长为机智、出色的交通员，长期往来于香港、广州、广宁等地，直到新中国成立，她都出色地完成任务，从未失手。广东省原副省长匡吉在《闪光的足迹》中回忆，他当年和几个同学到粤桂湘边区投身革命，从香港辗转到广宁，就是由张桃全路护送。

经过几年努力，广宁县境从南部的罗汶至石涧、五指山、大塘山、石马山等地到北部的边区司令部所在地四雍、到绥贺支队驻地，都有完备畅通的秘密交通线路。

四、建设稳固根据地，边区无后顾之忧

政权问题是建立农村革命根据地的核心。根据中共广东区党委对政权问题的指示和边区工委的统一部署，广宁县在革命力量已经控制的地方及时建立民主政权，推行民主改革，使老区形成新的生产力和生产关系，动员人民群众更加尽力、更有能力支持新区建设。

从1947年5月起，在广宁和广（宁）四（会）清（远）边

区，先后建立了 4 个区（边区）的人民民主政权，即广宁县第一、第二、第三区行政督导处和广四清联区政务委员会。另外还建立了广宁县石咀乡人民政府。这些政权组织下设民政、军事以及农会组织 3 个股。民主政权地区举办地方干部训练班，发动群众成立农会、贫农团、民兵、儿童团、生产互助社、生产福利会、耕友会、民众同志会、纸厂工人工会等群众团体以及创办了一些学校和夜校。据 1948 年 10 月初统计，广宁县第三区行政督导处所属的 11 个乡，共组织了 11 个民兵中队，约 2600 名民兵；组织耕友会、农会 70 多个，共 2000 余人，发展互助性质的生产；建立了小学校 70 余间，入学学生达 2400 余人。

广宁县各游击根据地，在支援部队的扩军、筹粮、支前等方面做了大量工作，成为部队物资雄厚的后方基地，为粤桂湘边区的全面解放作出了贡献。

第六节 追剿残匪　建立新生人民政权

一、实施军管保卫县城

1949 年 9 月 4 日早晨，旭日东升，朝霞满天，喜庆的鞭炮声不断，群众热烈欢迎自己的子弟兵，广宁县城一派欢腾。在欢乐时刻，绥贺支队按边区工委军委的命令，宣告成立广宁县军事管制委员会（简称"军管会"），以解放军为主体、吸收各方代表参加，主任陈瑞琮，副主任欧伟明，委员蔡其生、黄世慈、陈国祺等。军管会在接管城镇乡村、全权处理广宁事务的同时，派出宣传队上街张贴布告标语，宣传党和人民军队的政策。军管会下设城市接管工作组和农村接管工作组，收缴国民党广宁县政府库存的武器弹药、档案和物资。当天下午，攻城部队成立城防指挥部，由高枚、冯彪分任正副指挥，留下附城独立中队维护县城治安，其余部队分别到江屯和绥江上游追歼逃窜的残敌。9 月 5 日，国民党广东省保安第四师向县城进犯，边纵独立团和绥贺支队暂编第二团在江屯一带与敌激战。敌不敢恋战，伤亡 10 余人后且战且退。边区部队伤亡 5 人。

广宁县城解放以后，陈嗣运不甘心失败，率残部逃离县城边流亡边组建"广宁县反共救国行动总队"，并亲任总队长，沿古水河潜往广宁县东北部江屯、北市、联和一带，变为政治土匪。9 月 15 日，他在逃窜途中还不忘"行使职权"，以县长兼总队长职衔署名签发《广宁县民众自卫总队部派令》，任命周志刚为本部少尉干事。这是真正的一纸空文。11月初，他曾几度带领匪徒反扑县城，均被驻守县城的绥贺支队第一团击退。

二、清剿顽匪

扶溪是陈嗣运苦心经营的主要顽抗阵地。福安里村庄原来修筑有围寨，围寨周围隐蔽墙有数个枪眼，寨内几个碉楼火力可以独立作战，也可以相互支援，而且附近山头都修筑了防御工事，比较坚固完善，易守难攻。陈嗣运率残部栖身一隅后，大肆收罗散匪，招兵买马，经两个多月煞费苦心，组成了以原国民党广宁县政府军政人员为骨干、惯匪和反动会道门成员为先锋、地主恶霸为靠山的土匪组织，立番号为"广四清边游击支队"（后称"广东反共救国军第十一纵队绥贺支队"），他自任支队司令，下设两个大队、两个独立营和一个警卫连，何炳、江柏年分任大队长，总兵力600余人。同时，强令当地群众组成"三自"（自治、自卫、自救）武装组织1500多人，听其调遣。在所控制地区大肆抓丁派款、杀人抢粮，到处构筑工事，设置障碍，设立保障机关，苦心经营"反共游击根据地"，妄图恢复不复存在的反动统治。这股土匪成为当时西江北岸地区机构完整、装备较好、实力最强的反动武装。11月上旬，西江军分区成立后专门召开剿匪工作会议，指出西江匪患严重，特别是广宁土匪因没有受南下大军打击，气焰十分嚣张，如不及时给予坚决镇压，新生人民政权的征粮、支前、救灾等工作无法进行。鉴于本区兵力不足，11月底，中共西江地委书记兼西江军分区政委梁嘉专程到广州汇报情况，中共中央华南分局第一书记叶剑英听过汇报后，即带梁嘉见十五兵团司令员邓华。邓华接纳建议，同意稍后从在附近集结待命的南下部队抽一个营进剿广宁陈嗣运股匪。12月25日，第四野战军第四十四军一三一师三九三团二营从三水县西南镇出发，经四会县威整到达江屯，与等候接应的中国人民解放军广东军区第五军分区广宁县大队（原绥贺支队第一团部分，大队长蔡其生，政委陈瑞琮）会合后，随即发起进攻收复江屯，俘获原江屯乡保长江秀文等 10 余人。匪首江柏年闻风逃往了扶溪，龟缩在中垌一带。剿匪部队决定，先围歼扶溪、联和双车及带心的股匪，捣毁匪穴，再肃清其他散匪。12 月 28 日，剿匪部队于凌晨 2 时从江屯出发，5 时到达指定战位，6 时 40 分发起攻击，当天攻下了外围山头工事，何炳、龙生等少数匪徒逃脱，大部分被逼回村内。29 日，攻破围寨，把匪徒包围在村内主工事福安楼附近。30 日，持续加大军事压力和政治攻势，楼内 180 多名残匪投降被俘，少部分漏网外逃。匪首陈嗣运化装成士兵被识破活捉，押回县城。同日，另有 60 余名散匪被俘。扶溪战斗以捣毁匪窝而胜利结束。

三、组建新的中共广宁县委与广宁县人民政府诞生

经过 3 个多月的军事管制，广宁社会渐趋稳定。11 月，西江军分区批准成立中国人民解放军广宁县大队，接替履行军管事务，广宁县军管会则完成历史使命宣告撤销。经中共西江地委批准，新的中共广宁县委于 1949 年 12 月 26 日成立，书记仍由陈瑞琮担任，副书记冯华，委员高枚，下辖 11 个党支部，党员 88 人，机关驻在南街。同日，经广东省人民政府批准，广宁县人民政府诞生，县长陈瑞琮，副县长冯华。全县划分为 8 个区，各区均很快设立了区级党委和人民政府。

第五章

革命老区建设在探索中前行

第一节 中共广宁县地方组织的新使命与巩固新生人民民主政权的主要措施

全县境内普遍解放后，县委和县军管会即着手按县、区级行政区域搭建党组织和基层政权架构。县委、县政府按照广东省和西江地委、专署的统一部署，主要进行了稳定社会秩序、安排经济生活、建立政权基础等工作，使新生的人民民主政权得以逐步巩固，及时、有力保证了广宁县从革命斗争到和平建设新阶段的转变。

一、巩固和发展党的组织体系

新的中共广宁县委从组建至 1952 年 4 月，实行委员制，由陈瑞琮、李士俊、冯华等 6 人组成。其中，在广宁解放前已担任中共广宁县委书记的陈瑞琮再任县委书记，第二书记李士俊，副书记冯华。初期，县委下辖 11 个党支部（其中区党支部 8 个），有党员 88 人。1950 年 5 月，8 个区统一建立了党委，配备正副书记，负责党政工作。各区首任党委书记分别是：一区（排沙，含今四会市江谷镇地域）陈沛；二区（江屯）熊奕轩；三区（坑口）江进生；四区（今四会市黄田、石狗两镇地域，原属广宁，1954 年被划出，省去领导人姓名）；五区（宾亨）吴金棠；六区（木格）高佐雄；七区（古水）高枚（兼）；城关区（县城周围）严机（女）。这批区委书记，绝大部分是粤桂湘边纵队广宁籍干部转任。

全面接管旧政权后，县委的工作繁重且复杂，从县委到区、乡，需要的机构设置与干部配备严重缺少的矛盾突出。现有干部来源成分复杂，旧职员占三分之一，部分区、乡仍然依靠旧人员，造成人民群众不满。1950年初，为了更好地完成当前征粮清匪反霸工作，广宁县在半年多时间连续举办数期行群训练班，从各区、乡保送的有一定文化的积极分子中训练干部450人，初步解决了干部紧缺问题。后在南下大军和南方大学来广宁土地改革（简称"土改"）的人员中，留下部分骨干转为地方干部。同时在土改、镇压反革命和抗美援朝运动中，又培养和锻炼了一批干部，党的组织进一步得到巩固和发展。

1952年5月，8个区委归为广宁与四会合县后的中共广四县委领导，县委机关驻原四会县城。1954年7月，广四县分县，中共广宁县委及其工作机构恢复，除四区和一区的江谷地区（今四会市江谷镇地域）外，原属广宁的区委重归广宁县委领导。

二、建立人民民主政权工作机构

广宁县人民政府成立后，到1950年上半年，陆续设立了12个县政府工作机构。1949年底至1950年初，全县各区、乡人民政权组织建立，在废除旧政权于1947年划定的5个指导区、18个乡、424个保的同时，重新以数字排列设8个区人民政府、28个乡、351个行政村。每个区设区长1人、副区长1~3人，开展肃清匪特、安定秩序、恢复交通、进行生产建设等工作。全县8个行政区设立时的主要情况是：一区辖5个乡，人口65464人，区长陈沛（兼）；二区辖4个乡，人口46762人，区长熊奕轩（兼）；三区辖4个乡，人口23784人，区长江进生（兼）；四区辖3个乡（情况由四会收录）；五区辖4个乡，人口52338人，区长孔振林；六区辖2个乡，人口17901人，区长陈英；七区辖3

个乡，人口26654人，区长高枚（兼）；城关区辖3个乡，人口35746人，区长严机（兼）。全县总人口268649人。对原有旧乡、保长及机关人员，除去必须清洗及免职的少数坏分子外，凡有一定能力、有技术、品行较好的尽量留用，从而顺利地进行了新旧政权的交替。1950年，继续进行巩固人民民主政权的工作。当年将行政村调整为314个，区、乡干部全部由县委派。乡辖行政村中，领导人员实行民主选举的村有305个，利用旧保甲人员的村仅占9个。经过培养和整顿，全年选拔积极分子485名，清洗不纯人员241名。28个乡中，政权比较巩固的有11个，一般化的16个，尚不可靠的1个。巩固基层民主政权任务仍然比较繁重。社会治安方面，县公安部队充实力量，在主要圩镇建立分所；各乡指派公安委员，上下级之间及时沟通动态情报；经过清理整顿，全县保留民兵4000多名，配枪1000多支，加强治安巡逻，社会秩序不断稳定。

三、清匪反霸和初步镇压反革命

（一）继续追剿股匪

1949年12月底，围歼陈嗣运股匪的战斗结束。剿匪部队回江屯稍事休整又乘胜追击。1950年1月初，地方部队配合解放军主力对逃到联和带心村、双车村残匪两路围歼，400余名土匪被歼。剿匪部队牺牲10多名官兵。几天后，漏网潜逃到三水县西南镇的匪首何炳，被追踪而至的解放军缉拿归案。随即，部队又清剿了螺岗、扶落口等地散匪100余人，到1月中旬收复这些地区。接着，匪首江柏年、陈桂新自首。此轮剿匪，历时24天，经历大小战斗10多次，俘虏土匪600多名，缴获轻重机枪25挺、步枪手枪1130支、子弹1.3万发及军用物资一大批。剿匪部队官兵受伤35人、牺牲18人。至此，广宁地区围剿股匪的战斗取得决定性胜利，社会秩序迅速稳定下来。

由粤桂湘边纵队绥贺支队第一团二营改编的中国人民解放军广宁县大队于 1949 年 11 月成立，约 100 人编制，区一级成立民兵中队，每中队 13 人左右，隶属广宁县大队。县大队和区民兵中队主要任务是抓紧肃清残匪，维持社会治安，打击投机倒把，稳定物价，活跃市场，为恢复经济铺平道路。1951 年 7 月，中国人民解放军广宁县大队被改为中国人民解放军广宁县人民武装部，全县武装组织进一步扩大，区一级设民兵中队，乡一级成立民兵队。

（二）肃清散匪

1949 年底在扶溪围剿陈嗣运匪帮时侥幸逃脱的黄达淦、龙生等匪徒，窜到五区（今横山）厚溪乡祝坑、大诚、龙塘、桃子坪等山野徘徊，做垂死挣扎。1950 年 3 月上旬，南下大军与厚溪乡民兵一同直捣祝坑三槐山敌人匪巢。匪首营长龙生只身潜逃，副营长陈以梅被击毙，其余 40 多人全部被俘。另一匪首黄达淦等 40 余人缴交所有武器后投诚。一区（今排沙）罗炳等股匪以及古水地区陈新桂、李卓琼两股匪徒共 90 多人，也在军事围剿和政治攻势下，携械向人民政府投降。原在县境绥江上游蒲塘、牛岐一带勒收行水，劫掠来往船只的 50 多名残匪亦由匪首王福堂带领缴械自首。在古水等地打家劫舍的匪首陈新荣及其股匪 12 人枪被县武装大队全俘。在扶楼一带逃窜的冯炯修三治自卫队 70 余人和邓文华的保警队 40 多人，在剿匪部队的强大压力下，先后向人民政府缴械投降。经常流窜在两省（广东、广西）四县（广宁、怀集、德庆、高要）的惯匪陈炳、陈兰两兄弟（怀集诗洞人），分别于 1952 年 12 月和 1953 年 8 月在六区的木格黄猄坑和石咀沙步河被民兵围捕当场击毙。

（三）清匪反霸

广宁县根据中共中央的指示精神，广泛发动群众进行声势浩大的政治攻势，共斗争通匪的地主、恶霸120人。当时潜逃外地的地主恶霸江汉文被逮捕法办。

（四）镇压反革命

广宁县从1951年3月初开始大张旗鼓地开展镇压反革命（简称"镇反"）运动。至5月中旬，第一阶段，依法逮捕反革命分子770人，历史罪犯占90％。奉广东省人民政府令处决了罪恶昭彰、对全县影响最大的陈嗣运（国民政府广宁县县长）、吴一诺（广宁县"剿共设计委员会"主任、国民党特派员）、伍耀臣（反动乡长、反革命首犯）、伍西金（匪首）等16人。随后以区为单位分批召开斗争、宣判大会，依法枪决了一批反革命罪犯，其中有投敌叛徒、有组织"神打"暴动的土匪、有带领土匪在游击区大搞"三光"的主要人员等。第二阶段，结合检举、密报，逮捕潜伏的反革命分子150人，缴获枪支20支，子弹6000余发；全面对国民党、三青团和军、政、警、宪、特人员共7294人进行登记审查，其中：反动党团骨干98人，一般党团员1256人，县（团）级以上军、政、警、宪人员91人，特务分子142人，民国政府乡长以上421人，保甲长2253人，土匪队长以上403人，反动自卫队（含一般土匪）2573人，反动地主恶霸315人；捕回外逃反革命分子137人；对"五方面敌人"（土匪、恶霸、特务、反动党团骨干、反动会道门头子）区别实行杀、关、管、放的处理。第三阶段，重点是清查处理在押人员。首先释放一批罪犯，召开各阶层人士座谈会，讲明共产党的政策，安定社会各阶层人士。1951年6月，按照上级党委统一安排，由县委书记欧新署名直接向毛泽东主席做书面报告，汇报广宁镇压反革命工作的进展、成绩，群众思想动态和存在问题。镇反运动共逮捕920人，处决

289 人，为保卫人民民主政权和社会主义制度发挥了重要的作用。

开展镇反运动后，群众觉悟提高了，在退租退押、反霸清匪的运动上更积极，仅 15 天时间，全县收缴应退租谷 6000 余石、白银 4000 元、黄金 14 两，用来解决群众缺粮、缺种子和度荒的困难后，群众"防匪特"工作积极性又有提高。

四、推行安定人民生活的经济措施

（一）减租退押

新中国成立后，广宁县人民政府立即宣布：从 1946 年起，凡几年来未执行"二五"减租（即原租额减去 25％）或执行不彻底的，要按章退给佃农，对农民承租地主土地的押金（即保证金），也应同时按章清退，以减轻农民的地租负担。1950 年 3 月，根据西江地委要求，广宁县结合剿匪反霸，全面开展减租退押工作。县委先在一区、二区、五区、六区搞试点，然后及时推广试点经验做法，把全县减租退押工作贯穿在剿匪反霸的全过程。至 1952 年 1 月底，全县共收缴减租、退押金折谷 700 吨，及时帮助 1.83 万户农民解决了缺粮和生产资金缺乏的燃眉之急，季节性粮荒的情况亦有大好转。

（二）领导群众兴修水利，发展农业生产

新中国成立后，县委、县政府抓住广宁水利旱、洪夹杂的主要矛盾，发扬自力更生、艰苦奋斗的精神，进行大规模的水利工程建设，实行洪、涝、旱兼治，蓄、引、提、电结合，大中小型并举和因地制宜、民办公助的方针，发动全县人民兴修水利。1950 年春，经过几个月奋战，在绥江两岸的石涧和罗汉、石基、西林、厚溪等乡村修筑了 5 条共 7000 多米长、以防洪为主的沿江堤围，保护农田近 4000 亩，捍卫人口 5600 多人。1951 年，对三区狮村子母塘进行培厚、加高塘坝，将其扩建成蓄水 10 万立方米

的小型水库，该举措成为广宁县山塘水库建设的开端。新中国成立前，全县严重缺乏主要粮食，正常年景每年要从县外调进 7500 至 1 万吨大米。新中国成立后，通过增加农业生产投资，改善生产条件，改革耕作制度，以村为单位组织生产小组推动冬种并实行奖励等办法，大大刺激了农民的生产积极性。不少地方在一年双季水稻的基础上种植冬种小麦，全县粮食总产量快速稳定上升，缺粮的人数和时间都大为减少。

（三）征购粮食

1950 年 1 月，广宁县全面开展征粮工作，7 月下旬至 8 月初先在厚溪试点，摸索经验，当年全县征收粮食 3491.5 吨。1951 年夏季征收公粮，因为要及时支援抗美援朝，显得更为重要。7 月，全县 250 余人的土改队转变为征粮队，通过召开各级各种会议，很快掀起了交"抗美援朝粮""翻身粮"的热潮。当年夏征，全县入仓 4215.5 吨，13 天时间超额完成上级分配任务。

五、建立群团组织

（一）农会

新中国成立初期，农会作为党和政府在农村所依靠的基本群众组织再度迅速兴起，主要功能是发动、组织农民进行清匪反霸，减租减息，拥军支前，组织变工队、互助组，开展生产竞赛，发展农业生产。到 1950 年 3 月 20 日，全县已成立农会 314 个，会员总计 126219 人。土改期间，农会是土改的合法执行机构，土改中的重大问题都要经过农会议决，是全县农村进行民主革命的一支强大的阶级队伍。至 1953 年，广四县有 154379 人加入农会，占农业人口的 37.6%。土改全面结束以后，农会又投入镇反运动，肃清在农村流布很广的反动会道门组织，发动农民走合作化道路、带领农民在巩固集体经济、发展农业生产以及发动青年参军，为消灭封建土地所有制，发展农业生产，巩固新生的人民政权，作出了重大贡献。随着农村土地所有制向集体化进一步的发展和农民互助合作运动的兴起，农会完成了历史使命。

（二）工商联

1949年10月，广宁县南街商会成立。商会发动工商业者，做好市场物资供应，协助税务部门完成营业税和政府交办的事项。1951年2月，广宁山货业同业公会成立。3月，广宁县工商业联合会（简称"工商联"）筹备委员会成立，随后，城关、古水、石涧、罗锅、宾亨、石狗等工商联分会以及北市、上林、木格等工商小组陆续成立。工商联筹备委员会成立后，积极响应政府号召，从劳资两利、公私兼顾的原则出发，改善经营模式，活跃物资交流，在抗美援朝、镇反、土改三大运动中，起了不可或缺的重要作用。第一次分县后，1954年8月在县城南街召开广宁县工商联第一次代表会议，正式成立广宁县工商联。1955年3月，广宁县工商界代表会议贯彻"统筹兼顾，全面安排，积极改造"的方针政策，发动私营工商业者主动生产经营，对丰富市场供应发挥了积极作用。县工商联在协助政府做好国家发行新人民币、实行统购统销、开展节约粮食、实行粮食定量供应工作过程中，做了很多配合工作和广泛宣传。1956年，县工商联动员大部分私营工商业户不同程度纳入国家资本主义轨道，原有国家资本主义的初级中级形式过渡到了高级形式，奠定了完成社会主义改造的基础。

（三）工会

1950年10月，广宁县总工会筹备处成立。筹备处把广大工人群众组织起来学习政治，学习文化，学习科学技术，成为一支政治觉悟高、热爱党、热爱社会主义的工人阶级队伍。1954年7月，广宁县总工会正式成立后，有职工10人以上的工矿企业都发展了工会。至 1955 年 6 月，全县工矿企业建立工会 15 个，工会会员 403 人，占当时全县职工总数的 52.7％。此后，工会组织在深入宣传党的过渡时期总路线、协助政府对资本主义工商业进行社会主义改造、继续深入开展增产节约的劳动竞赛活动，为全面地提早完成和超额完成第一个五年计划等方面都发挥了重要作用。

（四）青年团

1950 年 1 月，中国新民主主义青年团广宁县工作委员会（简称"青年团广宁县工委"）成立。土改期间，青年团广宁县工委动员全县青年团员积极投身运动。土改全面结束后，农村的团组织发动青年组成生产队和突击队，大力转入生产运动，在完成查田定产、防洪、取缔反动会道门、扩军、抗旱保苗等重大工作中，起到先锋模范作用，成为全县建设社会主义的有生力量。1956年，全县青年团员发展到 7000 名，占全县青年总数的 12％。1957年 7 月，青年团广宁县工委被改为中国共产主义青年团广宁县委员会（简称"共青团广宁县委"）。

（五）妇女会

截至 1951 年底，全县建立各级妇女会 314 个、有 63060 名妇女入会。县妇委会积极发动和组织城乡妇女参加党的各项中心工作。1953 年后，互助合作运动中涌现出大批女干部和女技术能手，计有妇女社长 10 人，女副社长 25 人，女社委 210 人，女生产组长 148 人，女技术员 215 人。1954 年 7 月，广宁县民主妇女联合会建立。这段时期，全县广大妇女政治觉悟显著提高，在农村各项生产运动中成为不可缺少的重要力量。到 1956 年 10 月，全县有 64194 户的农民共加入 609 个农业社，占全县农户总数97.2％；全县提拔使用了大批女干部，包括女性乡长 4 人、副乡长 30 人。

六、着手土改

新中国成立以后，广大农民迫切要求获得土地。土改是全国人民在中国共产党领导下彻底铲除封建剥削制度的一场深刻的社会革命。1950 年 6 月颁布的《中华人民共和国土地改革法》，明确了对土地的没收和征收，土地的分配，特殊土地问题的处理，土改的执行机关和执行方法等规定。

广宁县从 1951 年初着手，按照上级的统一部署，开始了为期 2 年多的土改运动。广宁县土地改革委员会于 1951 年 2 月成立。开始土改时，上级没有派人领导和指导，广宁是依靠县内自身力量"用老区之兵打新区之仗"，组建 10 个土改队全面铺开土改。9 月，西江地委专函批复基本同意广宁县的土改工作计划。县委在一区蚌溪进行土改工作试点没能成功。

1951 年底，上级派出省委、地委机关干部、南下大军干部、南方大学和岭南大学师生等共 880 多人，广宁本县抽出机关干部和经过培训的农会骨干 270 人，共组成约 1150 人的土改工作队，分到全县各区进行土改。全县初期确定 38 个村为重点村，土改运动以行政村为单位进行。由于设点过多，力量分散，推进缓慢。1952 年春节前后，广宁县根据上级指示进行了第一次土改整队，主要整顿队伍内部的思想、组织和工作。

第二节 广宁四会首次合县完成土改等主要工作

1952 年 5 月，广宁、四会两县合并，改称广四县，县委机关驻四会镇，原中共广宁县委书记欧新改任中共广四县委第二书记。同月，广东省人民政府西江区专员公署委任欧新为广四县县长。12 月，欧新离任。合县后，广四县的土改、经济建设、政权建设、党的建设等各方面工作，按上级要求不断调整并向前推进。

一、全面完成土改

（一）地区土改委否定广宁前期土改

1952 年 2 月下旬，中共西江地委副书记兼地区土改委员会主任王炎光按照地委分工负责广宁县的土改工作。3 月上旬，该主任亲笔书写 1 万多字的长信向西江地委并粤西区党委汇报认为，广宁土改目前情况严重，"恶霸当道，坏人掌权"，运动存在严重问题，游击战争老区中的一半左右地区，老关系老革命老干部的人思想作风毛病很多，原有区、科干部大都是游击战争时期出来的，有培养前途的数量不多，在土改和"三反"中估计将会垮下来不少。该主任代表西江地委对广宁土改初期状况的偏颇评价，直接导致以反地方主义名义对广宁老区性质及一大批本地干部的错误定性，遗留阴影 30 多年，使广宁老区蒙受不白之冤。

面对地委直接领导人的指责，广宁县委 4 月份调整土改部署，将九成以上土改力量集中在五区的妙村、厚溪和一区潭布村。县委主要领导在其他试点蹲点，强调认真依靠南下大军抓土改，本地干部要尊重和接受大军干部的领导，负责提供材料和帮助了解情况。

（二）继续全面土改中过火的反地方主义

1952年5月下旬，广宁地区的土改运动在中共广四县委统一领导下进行。7月底，广四县合并已经近3个月，中共广四县委扩大会议召开后，仍使用"中共广宁县委"的名义向上级作了对地方主义初步检查的报告。广宁县委的检查报告认为，广宁县地方主义的严重，有长期的历史根源和深厚的社会基础，在某种程度上看是超过了地方主义范围的。1950年、1951年的土改，没有依靠南下大军干部，是地方主义思想领导的土改，不可能是真正的、彻底的土改。县委表态认为，首先拥护地委对欧新的（处理）方针，同时希望欧新真正带头解决地方主义问题，完成土改任务。

8月10—13日，中共广四县委召开县委扩大会议，定调广宁老区基本性质是敌我性质，要搬"绊脚石"。地区土改委员会主任在12日晚上讲话，严厉地指出，广四县过去土改局面长期打不开，原因很多，比较特殊的（原因）是老区问题，这问题到了最后解决的时候。

13日晚上，中共广四县委第一书记在会议总结时强调，我们不能依靠站在地主立场维护地主利益的人搞土改。为了50万农民翻身，我们必须在土改中结合整顿队伍纯洁内部，属于敌我问题严重影响土改的，必须坚决处理，该杀的杀，该扣的扣，该交群众斗争的交群众斗争。地委已给我们撑了腰，我们要坚决大胆干下去。

9月20日，中共广四县委印发了《广四县老区及地方主义问题汇编》的小册子，内容包括欧新的错误初步检讨、四区土改改不下去的调查报告等失实甚至捏造的虚假材料，在西江地区各县及县内不同范围广为发放。

9月26—29日，广四县老区农民代表会议暨土改表功大会期间，再次认定广宁老区基本性质是敌我性质。

10月18日，地区土改委员会主任亲自起草西江地委报告送中共中央华南分局和粤西区党委。汇报认为，已基本解决广宁老区和地方主义问题，扭转了过去长时期在群众中存在的"模模糊糊的共产党、过分突出的个人（欧新、陈瑞琮）的信仰"现象。欧新也表示，在广宁秋前完成土改后，要求秋后继续调到别的县去土改，宁愿当一个县委委员兼区委书记，继续改造自己。

从1952年春季至1953年，广宁地区因老区敌我性质和反地方主义问题受牵连被处理178人。49名受处分的国家干部中，副区级以上干部27人，县区一般干部22人，其中受点名批判12人，党内、行政处分16人，清洗回家13人，拘留判刑8人。原乡村干部有129人受牵连，大部分被撤去乡长、村长、农会会长等职务。部分受处理人员于1957年曾提出申诉，却迎来了势头更猛的第二次反地方主义运动，境况自然得不到改变。到1985年全部彻底平反，并妥善解决了一批历史遗留问题。

（三）完成土改复查转入大生产运动

土改运动前，广四县总人口449742人，耕地面积501070亩，人均耕地面积1.11亩，但大部分土地为地主富农所占有。全县地主成分人口占全县总人口5.56%，占有全县耕地面积26%；全县公田面积73969亩，占全县耕地面积14.8%，大部分被地主、恶霸占有；富农成分人口占总人口3.47%，占有全县耕地面积7.2%；贫雇农人口占总人口59.1%，人均耕地面积只有0.45亩。在土改中，全县共斗争地主阶级当权派1369人、不法地主3400人、其他性质敌人269人，共没收征收耕地268250.5亩，除留出

12408亩机动田（作建公路、建基围等用）外，其余全部分配给农民。土改实现了占人口大多数的穷人"耕者有其田"的千年夙愿。经过没收、征收和分配后，全县不同身份的各阶层，人均耕地面积比土改前发生了深刻变化：地主阶层1.1亩，较土改前少4.11亩；富农阶层1.75亩，较土改前少0.55亩；中农阶层1.27亩，较土改前增0.31亩；贫雇农阶层1.83亩，较土改前增1.38亩；其他农户0.69亩，较土改前少0.52亩。贫雇农和中农阶层是土改的最大受益者。

土改运动结束后，从1952年12月开始，全县分两批进行土改复查工作。复查收获主要是：对土改中尚未打垮的地主阶级当权派154人和不法地主328人进行了再斗争；没收70户漏网地主耕地1601亩、房屋416间、耕牛104头、农具1015件、余粮133.7吨；纠正了425户的错划阶级成分；对土改中果实分配不公的现象，按照"大不公大调整，小不公小调整"的办法作了妥善处理。

经过土改复查，全县统一颁发了土地房产所有证，全县40多万农民赖以生存的根本性问题获得解决，广大农民成为土地的主人，改变了农村的生产关系，共产党和人民政府在农村有了主要依靠力量。这是历史性的伟大胜利。

1953年4月中旬至下旬，县委召开为期17天的第五次扩大干部会议，动员转入大生产运动，强调要注意保护农民的私有财产，稳定新的生产关系，发展合作组织解决单家独户劳动力量薄弱的问题。随后分别注意解决了生产秩序比较混乱，勒索、强借、放高利贷和侵犯土改成果等比较普遍的现象，妥善处理山林纠纷等。1953年，全县粮食大丰收。其中，广宁地区粮食总产量58155吨，比1951年增长26％。

二、取缔反动会道门组织和继续镇反

反动会道门是新中国成立前遗留下来的反动封建迷信组织，以烧香、拜佛、念咒、传经等封建迷信方式，诈骗钱财、毒害人民、奸污妇女、欺压百姓、扰乱治安。新中国成立前，广宁的会道门主要有"同善社"和"先天道"两种。这些组织的道首多是地主、恶霸、特务、土匪、汉奸，为反动统治集团和帝国主义分子所掌握和利用。其中，"同善社"政治上一贯反动，1951年有道徒400多人，新中国成立初期曾发动反革命暴乱；"先天道"有道徒80多人，该道在政治上同样反动，新中国成立后坚持与人民为敌。

1953年7月，广四县公安局组织人员同时取缔"同善社"和"先天道"。逮捕了罪恶和民愤都很大的7名为首人员，查封两道财产，"同善社"道徒268人、"先天道"道徒62人接受登记并申明脱离反动会道门组织。中旬，召开公审大会，判处道首1人死刑、7人有期徒刑、3人管制、15人免予刑事处分。查获"神打"刀414把，反动书籍862本，符印24枚，道具一批。坚决取缔反动会道门组织，有效地打击了邪恶势力，确保社会主义革命和建设顺利进行。

1952年7月，广四县在一区排沙召开有5000多人参加的斗霸大会，处决了12名罪大恶极的匪首恶霸。8月，成立广四县清匪镇反委员会，县长欧新任主任委员，继续加大力度肃清各种土匪，镇压破坏社会主义新生政权的现行反革命行为。到1953年底，镇反运动基本结束。全县依法逮捕了各种反革命分子、不法分子1138人，缴获长短枪314支，子弹23810发，火药枪301支，火药376.5千克，雷管18只，炸药20千克，手榴弹37枚，土炮4门，刺刀一批。通过严厉打击各类反革命分子，保证了社会稳定和人民生命财产安全，巩固了新生的人民政权。

三、全力推动工作向前发展

（一）以县委扩大会议和全县扩大干部会议为重要手段推进工作

广宁、四会两县合县以来，县委每年召开若干次扩大会议或全县扩大干部会议，以此作为推动工作的重要手段。1952 年 7 月 21—25 日，召开全县第一次扩大干部会议，会议主要是统一思想，解决土改的基本观点和方法，部署秋前土改任务，明确依靠力量，两路出兵打击敌人。8 月中旬，召开县委第二次扩大会议，主要是针对土改运动中存在的问题，整顿思想，加大措施力度，加快进度。10 月上旬，召开县委第三次扩大会议，主要明确土改进度不同的几种类型乡的工作要求，集中力量打垮顽抗、捉回逃亡的地富分子，消灭地主阶级当权派，分好胜利果实。12 月中旬，召开全县第二次扩大干部会议，主要明确土改复查的基本要求和政策，布置任务。1953 年 1 月 1—3 日，召开县委第一次扩大会议，重点明确土改复查中每个阶段如何衔接的问题。3 月中旬，召开县委第二次扩大会议，通报全县土改复查进度情况，分析存在的主要问题，要求抓紧查田发证，转入生产。4 月下旬，召开县委第五次扩大会议，重点明确转入生产运动的任务是多打粮食，度过春荒夏荒。5 月下旬，召开县委第六次扩大会议，布置 6 月 15 日前全面完成查田定产工作。6 月中旬，召开县委第七次扩大会议，专题研究落实扩征新兵 600 名的任务。7 月中旬，召开县委第八次扩大会议，明确要稳定生产关系，稳定社会秩序，解决山林纠纷，动员搞好夏收、夏种，争取晚造丰收。9 月上旬，召开县委第九次扩大会议，教育各级干部深入抓生产，发动农民按照"自愿互利"原则建立互助组织。11 月 30 日至 12 月 8 日，召开县委第十次扩大会议，布置宣传贯彻党在过渡时期的总路线，落实粮食的统购和计划供应的工作安排。1954 年 2 月中旬，召开县委第十一次扩大会议，动员组织以互助合作增产粮食为中心的大生产运动。2 月下旬，县委召开了第一次农业生产代表会议，发动开展互助合作、增产粮食运动，完成购买公债任务。6 月中旬，县委召开了互助合作代表会议，推动全县互助合作组织在已有 8610 多个的基础上继续发展，并且向半社会主义性质的合作社方向发展。合县期间，这类会议规模少则几百人，多则超过一两千人，时间有长有短。在特定历史条件下，这是促进工作落实、打开事业新局面的有效方法。

（二）大力宣传贯彻党在过渡时期的总路线

1953 年 9 月，中共中央公布了党在过渡时期的总路线。广四县认真学习贯彻总路线，推动"三大改造"在全县轰轰烈烈开展，领导全县人民逐步向社会主义制度过渡。1953 年 11 月至 1954 年 3 月，县委第十次扩大会议、全县党员干部会议均强调，党在过渡时期的总路线是照亮人民前进的灯塔，各级干部必须端正认识，坚决执行，用发展生产的实际行动拥护党的方针。县委认为，互助合作运动是党在农村的根本任务，因而，在农村开展党在过渡时期总路线的宣传工作，应从生产入手，从生活谈起，具体进行新旧两条道路的教育，全县农村 92 个党支部、579 名党员要起核心作用。

四、着手实行"三大改造"

1954 年 2 月下旬，广四县第三次各界人民代表会议后，广四县着手实行"三大改造"。

（一）建立农业互助组

土改后，农村生产力获得解放，促进了农业生产的恢复和发展。但单家独户的小农生产，无力抵御自然灾害，导致少数农民只能把刚分到手的田地又卖掉，对兴修农田水利也有很大的局限性。1953 年 2 月，中共中央下发《关于农业生产互助合作的决议》，提出逐步实现农业的社会主义改造，进一步提高农业生产力，是共产党在农村中最根本的任务。根据中共中央的决议精神，广四县农村从 2 月开始广泛开展互助合作运动，在自愿互利民主的原则下，进行农业的社会主义改造。改造过程经历了互助组、初级农业生产合作社、高级农业生产合作社三个阶段。全县最早建立的常年互助组是八区江布乡的梁选娣、詹荣洪两个临时互助组，1952 年冬耕时组织建立，共 8 户人，初期为季节临时联组互助性质，两组互助期间显示了合作的优越性，又自动组建成一个"自愿结合、互助互利、民主管理"常年互助组，组员劳动生产积极性很高，全组 1953 年农业产值比 1952 年增长了 20％。广四县及时推广这个组的成功做法，带动和促进了全县互助组织的快速建立与发展。据 1954 年 7 月统计，广宁全县建立临时互助组和季节性互助组 1.46 万个，参加农户数占农户总数 82％、参加人口占农业人口 88.6％。随后，全县又建立常年互助组 790 个，参加互助组有 4541 户 16666 人，分别占总农户 6.9％、农业人口的 6.6％。

（二）建立手工业合作组织

1953 年 11 月，全国供销合作总社召开会议，确定从供销环节入手，按照从低级到高级、由小到大的步骤，逐步把个体手工业者组织起来，实现手工业的社会主义改造。1954 年初，广四县开始由下而上尝试和摸索。着手改造初期，由于缺乏引导，改造没有成功。当年 10 月，分设后的广宁县政府设立手工业管理科，加强对全县手工业的管理和改造引导。

（三）建立合作商业与公私合营企业

1950 年，全县社会商品零售额中，私营商业零售占 98％，国营商业零售额仅占 2%。1953 年 6 月，中共中央确定实行通过国家资本主义改造资本主义工商业的社会主义改造方针。改造初期，广四县开始实行加工订货、统购包销、经销代销等国家资本主义初级形式。1954 年 1 月，中共中央提出在条件成熟时将公私合营企业改造为社会主义企业。广四县按上级要求，积极推动合作商业与公私合营企业的创办。

五、第一次人口普查与召开广四县人民代表大会

（一）第一次人口普查

1953 年 4 月，政务院发出进行全国人口调查登记的指示，以当年 6 月 30 日 24 时为准，人口普查结合选民登记同时进行。据普查统计：广宁地区总户数 68700 户、总人口 252877 人（男性 126428 人、女性 126449 人）。农业人口 242679 人，占总人口的 96%；非农业人口 10198 人，占总人口的 4%；0—14 岁人口数 83753 人，占总人口数 33.12%；15—49 岁人口数 129119 人，占总人口数 51.06%；50 岁以上人口数 40005 人，占总人口数 15.82%。[①]

（二）三次召开各界人民代表会议

广宁、四会两县首次合并期间，共召开过三次全县各界人民代表会议。1952 年 11 月 6—9 日，广四县第一次各界人民代表会议，县长欧新作政府工作报告，讨论土改、镇反、春耕度荒、兴修水利、公路建设等工作，对秋征和冬耕生产作了多项决议。1953 年 3 月 18—20 日，广四县第二次各界人民代表会议，听取县长罗汝澄作的政府工作报告，着重解决全面布置查田定产，发土

---

① 中共广宁县委党史研究室著：《中国共产党广东省广宁县历史》(1949—1978)，中共党史出版社 2020 年 9 月第 1 版，第 70—71 页。

地证，反对官僚主义、命令主义、违法乱纪等问题。1954年2月下旬，广四县第三次各界人民代表会议，确定今后工作任务的总要求是贯彻落实国家在过渡时期的总路线，对农业、手工业和私营工商业进行社会主义改造，全县推销国家经济建设公债47.06亿元，完成乡、县两级普选。通过召开各界人民代表会议的方式，逐步确立了人民当家作主的地位，为民主建设奠定了基础。

（三）召开广四县第一届人民代表大会第一次会议

1954年6月24—29日，广四县第一届人民代表大会第一次会议在四会镇召开。会议重点贯彻党的总路线、开展农业合作化运动和以增产粮食为中心的大生产运动等一系列工作。大会选举产生广东省第一届人民代表大会代表5人，其中属原广宁县的代表3人。

第三节 第一次分县初步形成地方计划经济体制

1954 年 7 月 1 日，经中共中央华南分局报中央人民政府政务院批准，撤销广四县，复设广宁、四会两县建制。中共广宁县委书记为梁汉夫，广宁县人民政府县长为陈威。分县后，广宁县委、县政府及其工作机构恢复设置，迅速推动经济和社会事业的各项建设。

一、确立国家主导的流通渠道

（一）建立国营商业网点

国营的广宁县贸易公司于 1950 年成立，当年国营商业零售额占全县商业零售额的 14%。到 1956 年，对私营工商业实行公私合营，国营商业和集体成分占主导地位，发展较快，经营范围从日用品和传统土特产逐步扩大到日用百货、五金交电、石油化工等商品。先后成立水产、药材、医药、食品、蔬菜、花纱布、专卖等国营公司，实行专业经营，并在春水、古水等圩镇设立工业品批发部和食品购销站。对繁荣市场和改善人民生活作出了积极的贡献。

（二）执行粮食统购统销政策

1953 年 11 月，《广东省粮食市场管理暂行办法》颁发，决定在全省范围内实施粮食统购统销。广宁县认真贯彻执行这项政策，实行粮食"定产、定购、定销"（简称"三定"）政策到户。全县计定余粮户 26052 户，定购余粮 4402 吨，缺粮户 39387 户，定销粮 11595 吨，自足户 3899 户。在统购方面主要是向农户收购余粮。1954 年采取随征带购办法征购稻谷 16650 吨。12 月 8 日，全县第一批秋季余粮 2.2 万斤由红星农业生产合作社卖给国家，该合作社的行动很快带动了周围各乡快卖余粮。1955 年 8 月，国务院颁布了《市镇粮食供应暂行办法》，对城镇居民划分 9 个等级，实行按人、按等定量，归户统计，定时定点凭证供应。粮食统购统销政策的实施，在一定时期内，对全县保障供给，稳定粮食市场与物价，发展生产等方面起了积极的作用，而且有利于资本主义工商业的社会主义改造。

（三）棉布实行计划定量供应

1954 年 9 月，政务院发布棉布计划收购与计划供应命令，棉布实行定量供应。广宁县自 1954 年 9 月至 1955 年 8 月，棉布定量为机关工作人员、教职员每人平均 22.5 市尺（1 市尺≈0.33 米，下同），其他各阶层每人平均 19 市尺，鳏寡孤独者按每人以一个半人发证供应。全年各种定量一次发给，划分每 6 个月为一期、分两期购买。

（四）生猪派购与定销

1955 年实行生猪派购办法，1956 年成立广宁县食品公司，开始实行生猪派购，把生猪产销纳入国家计划。1956 年，全县生猪收购 21016 头 1329.4 吨，销售 18623 头 1175.7 吨。

（五）主要林产品指令性购销

1952 年 7 月，广东省木材分公司粤中支公司设广四木材采购站（1954 年被改为广宁县森工支局），在广宁地区设立扶罗、东乡、古水木材收购组和惠爱、雅韶、共联、葵垌 4 个伐木场，负责木材生产购销任务。1956 年，国家开始实施木材统购统销。历年来，广宁县执行"先中央后地方，先上调后地销，先重点后一般"的调材原则,克服困难,努力完成木材产品按计划分类上调到广东省林业厅鱼珠储木场和广州造纸厂的任务,为社会主义建设作出了重要贡献。

二、创办国营工业与兴修水利抵御自然灾害

(一)逐步兴办国营工业

1951年,广宁县人民政府接收中南盒片厂,县内首家国营工业诞生。1954年加快了兴办国营工业的步伐。截至1955年,全县工业总产值占社会总产值的18.9%,比1950年增加14.6%。至1957年,全县先后建成华南松香厂、淀粉厂、造纸厂、印刷厂、农械厂、电机厂、矿冶公司(葵垌钨矿场)等9家国营工业,共有工人692人。

(二)抵御自然灾害

1954年9月到1955年5月,历时8个多月久旱不雨,全县35%的稻田严重龟裂。全县投入35万多人次,奋战数月,修好水利475宗,筑陂头340个,修好水吊270条、水车134架,出动182架水车车水,挖出田头井1117个,解除了2.4万亩水田的严重旱患,缓和了8.5万亩的灌溉用水。1955年7月18—21日,广宁县遭遇百年一遇洪灾,绥江沿岸大部分工厂、商店、稻田受淹,普遍堤围漫顶决堤,其中石涧、罗汉、石基、西林、厚溪等5条较大堤围出现22处缺口,长度共2330米;全县106个乡中有56个乡受灾,其中重灾乡25个,受灾18064户67861人,房屋、水利设施等受到严重的破坏。洪灾发生时,全县出动4.5万人次、船艇115艘,救出被洪水围困群众4743人、耕牛1855头,安全转移粮食1332吨、衣物8.79万件、家私农具103.8万件、木材2.77万件,抢割水稻1.24万亩。灾后,贯彻"生产自救、节约度荒、群众互助、辅以政府"的方针,组织全县3000多劳动力到

石涧等地支援堵口复堤，到 9 月底全面完成。粤中区党委和行署及时派出干部 270 人来广宁灾区帮助恢复生产，重建家园，从各地调来大米 158 万斤，衣物 3 万件，稻种 80 万斤支援灾民。

（三）兴修水利

新中国成立后，全县连年不断兴修水利设施。至 1954 年，新建山塘水库 203 宗，水井 32 宗，修理及新建灌溉圳 4753 宗，排水圳 21 宗、坑基 36 宗、石圳 2 宗、水车 124 宗、堤围 5 条，修复新中国成立前留下来的草木陂和木陂 648 宗，新建 1375 宗，全部被改为永久性陂头。在第一个五年计划期间，全县先后建起一批小型山塘水库和陂头、灌溉圳、排水圳、堤围等水利设施，为防旱、防洪和保障人民生活、生产提供了有利条件，开始改变昔日广宁"一朝下雨水汪汪，十日无雨禾枯黄"的旱涝为害面貌。

三、基本完成"三大改造"

（一）毛泽东赞扬的江布乡红星初级农业生产合作社

1954 年 3 月，新楼区江布乡的梁选娣、詹荣洪两个常年互助组联合 17 户 70 多人，组成了广四县第一个初级农业生产合作社——红星初级农业生产合作社（简称"红星社"）。红星社贯彻"自愿、互利、民主"原则，将土地、耕牛、大型农具折价入股，统一经营，土地和主要生产资料仍然归社员个人所有，实行土地分红和按劳取酬的新颖合作形式，吸引了更多农户参加该合作社。1954 年 10 月，红星社扩大到 120 户 421 人。建社当年，水稻平均亩产 925 斤，比 1953 年增产 42.3％。1955 年，红星社实行转上高级社后，在搞好粮食生产的同时，想方设法发展多种经营，先后办起水力磨粉（碾米）厂、小水电站、石灰窑、腐竹加工厂、竹器编织厂、养猪场、养鸡场、鱼塘等，安排有一技之长的社员外出跑运输、搞建筑，集体经济实力逐步增强，社员生活不断改善。中共广宁县委及时将红星社的办社经验在全县各区、乡作巡回介绍。

同年12月，中共中央主席毛泽东在广州继续主编《中国农村的社会主义高潮》一书，看到粤中区党委内部刊物《粤中通讯》刊载的由中共广宁县委工作组撰写的《广宁江布乡红星农业生产合作社发展多种经营解决了很大的问题》一文，对红星社的做法和经验十分赞赏，写下"这是一个很好的经验，值得各地研究推广"的批语，并把这篇文章收录到《中国农村的社会主义高潮》一书。毛泽东的按语，给了红星社和广宁县全体干部社员新的极大鼓舞和鞭策。

1957年10月，红星社正式成为高级农业生产合作社。1958年12月，红星高级农业生产合作社荣获由周恩来总理署名、国务院颁发的"农业社会主义建设先进单位"的殊荣。此后，红星高级农业生产合作社及后来的红星大队长时间成为广宁县农业生产和农村工作的先行点，接受着各种试验，在一次次先行试验中走过了成败皆有、褒贬共存的过程。

（二）全县农业合作高级化

1954年底，县委成立了广宁县生产合作部（后称农村工作部）负责指导全县各级农业生产合作化工作。经过一年努力，1955年实现了半社会主义性质的合作化，共建立1522个初级合作社。1956年，全县加入合作社农户67011户，占全县农户总数98.6%，实现全县高级合作化，完成了对农业实行社会主义改造的伟大历史任务。全县610个社当年年终分配中，实现农业增产353个、农林副业总产值增收436个。同时，全县的林业生产也同步实现了合作化。1957年，全县粮食总产量比1956年增加1.9%，每户平均收入258元，比1956年增加16%。

（三）完成手工业和商业的社会主义改造

1956年，全县手工业和农业、私营商业的社会主义改造同步进行，全县共改造组成合作社67家；已加入合作社1254人，占手工业从业人数的97.2％。手工业生产获得大发展，90％以上劳动者的工资收入有较大幅度提高，而且全部劳动者实行公费医疗。1958年10月，全县手工业合作社管理体制有较大变动，7个社被并入地方国营工业，2个社划交商业部门管理，1个社转为公私合营，57个社由县手工业联社管理改为加入人民公社。1956年，全县基本完成对资本主义私营商业的社会主义改造，被列入改造的私营商业742户1229人，改为公私合营企业171户、合作商店218户、合作小组353户。1958年的人民公社化运动高潮中，公私合营商店、合作商店、合作小组全部被合并，在农村的被并入供销合作社，在县城的被并入国营商业部门。原来多种所有制形式共存、开始繁荣的流通业，变成了计划经济。

（四）发展流通和信用合作组织

1951年3月，广宁县供销合作总社成立。随后，经过深入乡村发动农民投资入股，逐步创办起大坑（辖排沙、石涧）、江屯（辖江屯、联和、北市、葵垌、螺岗）、坑口（辖上林、赤坑）、新楼、宾亨（辖宾亨、五和、厚溪）、木格（辖木格、石咀）、古水（辖古水、洲仔、清桂）7个区社和社中（辖潭布）1个分社，58个零售档口。1955年底，全县供销社共有职工780人，有入社社员64595户109072股，股金26.26万元。供销合作社在为农业生产服务，沟通城乡物资交流，改造农村私商，支援国营工业化等方面均取得明显成效。1952年8月，厚溪乡创办广宁地区首个信用合作社，接着各乡相继兴办。1956年底，全县发展到103个信用合作社，入社人数54880人（份），基本实现一乡一社。农村信用合作社的发展壮大，打击了高利贷行为，对服务农业生产、农村发展、农民生活起到了积极作用。

第四节 县人大一届二次会议与县第一次党代会

一、广宁县人大一届二次会议

1955 年 8 月 13—16 日，广宁县第一届人民代表大会第二次会议在县城南街镇召开。这是广四县第一届人民代表大会第一次会议的延续。会议决定把发展农业互助合作为中心的农业生产放在第一位。政府工作报告认为，复设广宁县一年来，政府围绕互助合作为中心的农业生产方针开展各项工作，取得了一定的成绩。1954 年比 1953 年，水稻总产增产 10％；地方工业总产值增长 20％，地方税超额 3.9％，农业税超额 12.2％，属中央和省的税收超额 8.1％。今年 7 月，全县大部分地区遭受了历史上所未有的大水灾，县内非灾区农民支援灾区农民，目前灾区已恢复了正常生产生活。文化教育工作取得很大成绩，每区设立中心小学，入学率和教育质量都有提高。

8 月 20 日，广宁县人民委员会召开了第一次全体委员会议。会议议决：一是成立广宁县人民委员会（人民委员会简称人委），由办公室拟通知告知全县人民。过去县府发布一切法令除与宪法有抵触外，宣布继续有效。二是一至七区依次改为排沙、江屯、坑口、新楼、宾亨、木格、古水区。三是决定了乡级人民代表大会内容。

二、中共广宁县第一次代表大会

1956年6月6—12日，中共广宁县第一次代表大会在县城南街召开，历时7天。会议正式代表299人，另有列席代表25人。县委工作总结报告认为，在总路线的光辉照耀下，县委贯彻以农业合作化为中心、大力发展农林业的方针，大力发展为农业经济服务的地方工业，加速对手工业和私营工商业的社会主义改造，并相应加强组织工作、公安工作，保证了各项工作的顺利进行。1955年底，全县有97.2％的农户参加农林业合作社，已完成半社会主义合作化。工业生产上，新建和扩建4家工厂，对6家私营工业全部进行社会主义改造并接收，产值大幅度增加。组建手工业生产合作社64个，入社1084人，占应入社人数93.2％。资本主义工商业改造方面，全县纳入各种形式改造571户，占应改总数的78％。党的组织建设与思想建设、公安工作、知识分子和教育卫生工作都有新的成就。

大会讨论审议了《广宁县发展国民经济七年规划（草案）》（简称《七年规划（草案）》）。《七年规划（草案）》提出：第一，农业生产主要是增产粮食和储积余粮。1956年每亩粮食产量为489斤，到1962年亩产为877斤，农民人平均年有粮食1235斤，逐年积累到人平均拥有600斤（足够一年）的余粮。第二，林业生产主要是造、管、砍、育全面管好。1957年底基本消灭14.77万亩宜林荒山，到1962年共新增高质量造林26万亩，全县240.6万亩有林面积完成6.3万里的防火线布设，每社建立防火瞭望台和地面巡逻站，分年度合理砍伐成熟竹木，抓好就地采种育苗。第三，水利建设主要是消灭水旱灾害。1958—1961年改善灌溉面积12.83万亩，解决旱患面积4.88万亩，加固或新建绥江沿岸石涧、罗汶、石基、厚溪等堤围，达到抵御1955年最高洪水位的能力。1960 年，全面控制县内约 396 平方千米水土流失面积。第四，1961 年地方工业总产值达到 1665.5 万元，比 1957 年增加87.9％。工业方面，新建和扩建一批生产项目，包括新建绥江水力发电站、造纸厂、农具厂、淀粉厂、制酒车间、醋酸厂、茶厂、榨油厂和扩建广宁印刷厂，手工业方面，1962 年调整为 18 个社，6 个社转为机械化生产、9 个社转为半机械化生产，年总产值达到672.6 万元。第五，组织宣传工作方面，壮大党的队伍，抓好农村宣传网和社的政治工作。到 1962 年底，全县党员总数 9284 名；全县宣传员达到总人口 8％。第六，五年内新建公路 5 条，长 218千米，两年内开通春水到北市、县城到木格和坑口的公路；年内建成乡乡通邮网，两年内建立高级社电话网，做到社社队队有报纸，建立俱乐部和图书室流通网、电影放映网、专线化广播网，两年内社社有歌咏队。将广宁中学逐步办成完全中学，1962 年发展到 7 所初级中学，在校生 2850 人，发展小学、幼儿、扫盲教育。七年内基本消灭疟疾、麻风、钩虫病。大力发展农业贷款，1962 年发展到帮助 7 万户 16 万人。大会对《七年规划（草案）》作了必要的修改补充后，予以一致同意并批准。

党内整风、"大跃进" 和人民公社化运动

1957 年 4 月 27 日，中共中央发出《关于整风运动的指示》，决定在全党进行一次普遍深入的整风运动，以适应社会主义改造和社会主义建设的需要。1957 年 5 月，中共广宁县委遵照省委和地委指示，成立整风领导小组，领导全县的整风运动。

整风运动形成了新的政治局面，纯洁了干部队伍，彻底清除地方主义加强了党内团结，克服右倾保守思想，推动了生产工作业务全面推进。

1958 年 5 月，中共八大二次会议正式通过了毛泽东倡议的"鼓足干劲、力争上游、多快好省地建设社会主义"的总路线。接着中央和地方又提出"大跃进"，建立政社合一、工农商学兵一体的人民公社，把总路线、"大跃进"、人民公社称为"三面红旗"。① 作为"左"的指导思想下发展的产物，"三面红旗"是新中国建设史上一次不成功的尝试。广宁县在这场"大跃进"运动中迅速发酵成后来事实证明的重灾区之一。

---

① 1958 年 5 月 5 日—23 日，中共八大二次会议在北京召开，会议制定了总路线，推动了"大跃进"运动的全面展开。1958 年 8 月 17 日—30 日，中共中央政治局在河北秦皇岛北戴河召开扩大会议，会议通过了《关于在农村建立人民公社问题的决议》，正式决定在全国农村中建立人民公社。

第六节 广宁、四会第二次合县后的主要工作

广宁、四会再次合并为广四县的两年半时间里，全县虽然某些行业生产力有所发展，但在探索建设社会主义道路上脱离客观实际、急于求成，社会生产力和人民生活水平不稳定、不真实。

一、广宁、四会再次合县

1958 年 10 月 3 日，广宁、四会两县再次合并为广四县。10 月 8 日，广宁县委、四会县委联合发出关于两县合并为广四县的通知，强调工作上立即实行由县委统一领导，由钢铁生产指挥部、农业生产指挥部统一指挥，各公社党委第一书记职务不变，继续领导好本公社的工作。合县后，县委工作部门从原来 13 个精简为 8 个，县政府工作部门从 33 个精简为 29 个。

合县期间，广宁地区的公社名称和规模曾有调整。1958 年 12 月，跃进人民公社改称上林人民公社，红星公社改称南街公社，红十月公社改称江屯公社，前进公社改称厚溪公社。1959 年 6 月，从江屯公社分拆出螺岗、联和、北市 3 个公社，南街公社被分拆为南街镇公社和新楼公社，从春水公社分拆出潭布公社，人民公社总数从 8 个增加到 13 个。1960 年 1 月，联和、螺岗两个公社被并入江屯公社，南街镇公社、新楼公社又合并变回南街公社，人民公社总数变为 10 个。

二、广四县四届人大一次会议

1960 年 11 月 5—7 日，广四县第四届人民代表大会第一次会议召开。县人民委员会的工作报告认为，第三届人大一次会议以来的两年多时间里，全县社会主义建设取得巨大成就。工业总产值方面，1958 年比 1957 年增长 87.5％、1959 年比 1958 年增长 38.2％，农林牧副渔业特别是农田基本建设取得很大成绩，1958 年，广四县荣获"全国林业生产模范县"称号。财贸工作积极贯彻执行粮油包干制度，保证全县 3793 个食堂不断巩固和发展。文教卫生方面，全县中小学在校生大幅度增长，98％适龄儿童入学，全县青壮年文盲、半文盲 7.67 万人已有 75％脱盲，文艺生活丰富，卫生保健面貌大改观，烈军属和革命残废军人优待照顾、社会救济、度荒救灾得到落实，老区修建了 4 条公路 89 千米。报告同时承认，1958 年以来，粮食管用不当，大规模办工业和水利建设挤占劳动力，对群众关心不够，出现一些水肿病人。

中共广四县委第一书记韩志洲在大会上讲话强调，抓好秋粮分配的原则是"低标准、瓜菜带，多劳多吃、多收多吃，指标到户、节约归己，忙时多吃、闲时少吃，承认差别、反对刮'共产风'"，减产地区每人每月原粮可安排 20～25 斤。这个讲话，实际上是对当时群众生活真实水平的坦率承认。

第七节 经济建设和社会事业的粗放式发展

"大跃进"时期，地方经济建设和谋划社会事业发展的行动，大部分没有经过严格的科学论证，一哄而起，仓促上马，粗糙施工，粗放管理，能形成生产力的部分普遍在产品质量和经济效益上大打折扣，也有一些劳民伤财、中途下马、最后不了了之的项目。这些教训，为后来规范谋求发展提供了借鉴。

一、地方工业交通业阶段性粗放式扩展

广宁县地方国营工业的兴办始于 1951 年，县人民政府接收的中南盒片厂是县内第一家地方国营工业企业，其后通过接管、没收、新建等方式，地方国营工业稍具规模。1958 年起，广宁县地方工业进入了一个新的发展时期。

1958 年 2 月，县委提出 1958 年工业生产跃进计划是工业总产值 154.6 万元，比 1957 年增长 55.2%。8 月上旬，县委工业会议认为，根据中央、省、地委指示，工业发展总的精神是"三个统帅、两个先锋"，即以粮食、钢铁、机械为纲，以农业为重点，工农业同时并举，全面发展。

广宁、四会再次并县初期，原广宁县各工厂选择空地建高炉，干劲冲天、不计成本、不分日夜地投入"全民大炼钢铁"运动高潮。前三季生产正常，第四季遭到大炼钢铁冲击，当年广宁地区国营工业总产值 410 万元，税利 50.3 万元，分别比 1957 年增长

18％和 5％，职工总数达 1082 人，全员劳动生产率 3660 元，比 1957 年 5000 元下降 26.8％。

1959 年 1 月，广四县委下发文件明确，1959 年工业生产继续以钢为纲、要更大更好更全面跃进，各人民公社必须大办同农业生产密切结合、为社员生活服务的工业。县委的号召收到明显效果。当年实行工具改革和改进工艺及技术操作等有 93 项，广宁纸厂研制出日产半吨木质抄纸机 2 台，生产率提高 2 倍。1959 年，全县实现工业总产值 4883 万元，比 1958 年增长 40％。其中广宁地区国营工业实现总产值 566.6 万元，比 1958 年增长 38％。

1960 年 4 月中旬，县委四级干部会议将当年工业总产值调高到 5900 万元，比 1959 年底计划增加 1000 万元，要求公社厂矿企业从 234 家发展到 436 家，整治河道计划增加到 286 千米。工业支援农业方面，1960 年新生产牛马车 5000 部、手推车 4 万部、农用船艇 5000 只，平整修筑大道 15610 千米，提高劳动效率相当于增加 9 万个劳动力。1960 年，广宁地区国营工业发展到 13 家，比 1959 年多 3 家，工业总产值 592.4 万元，比 1959 年增长 4.5％。但是，全县工业支援农业计划大部分没有实现。

二、组织大规模水利建设

"一五"计划时期，广宁县掀起过以引水灌溉防旱为主，引蓄结合和排涝除渍为辅的兴修水利高潮，使农业生产条件大为改善。1956 年 11 月，广宁县水利部门提出了《广宁县水利建设七年规划（1956—1962 年）》，重点是确定了县内绥江两岸的石涧、罗汶、厚溪、新楼、石基、西林等防洪堤围的逐年岁修计划，对防旱工程作出总体安排，使普遍水田抗旱能力从 20 天左右提高到 60 天以上。

1956 年冬季至 1957 年 10 月，全县主要防洪堤围培加土方

3.6 万立方米、石方 500 立方米；蓄水工程完成土方 4.65 万立方米、石方 2620 立方米，修建山塘 436 宗、水陂 2038 宗、渡槽 132 宗，新增受益面积 144880 亩。

1957 年后，广宁县先是贯彻"三为主"（蓄水为主、小型为主、社队自办为主）方针，后是以县为主掀起了大规模的农田水利基本建设高潮，动工兴建的各种水利工程遍及全县乡村，对发展农业生产起到了良好的基础保障作用。

1958 年 4 月，县委提出《广宁县争取提前于三年内全部实现农业发展纲要四十条的十二项措施（草案）》，计划 1958 年根治水旱灾患，全面控制水土流失，确保粮食为基础的农业"大跃进"。稍后，县委召开水利扩大干部会议，决定立即动手兴建相关工程，边勘测、边设计、边施工。要求工程量加码，秋前完成土方 663.8 万立方米，比原计划增加 1 倍。根治洪灾重点抓造林蓄水，挖品字沟、等高沟挡水。品字沟上下种树，等高沟里边种树；开梯田蓄水，达到降雨 200 毫米水不下山、降雨 250 毫米清水下山的要求。到再次合县前，广宁县水利事业有较大发展，新建或加固灌溉工程有 45183 宗（其中山塘 1097 宗、陂圳 44086 宗），堤防 11 宗，堤长 9.3 千米，抗旱能力达到 40 天以上的水田面积占总面积 97.7％。

广宁、四会在 1958 年 10 月第二次并县后，大型水利工程主要集中在原四会县的低水区，广宁地区的劳动力很快被源源不断地抽调到这些水利工地无偿参加大会战。10 月中旬，广四县第一次扩大干部会议决定大旺建基、江谷水库、迳口建基、小峡水库、星湖大运河五宗重点水利工程同时开工。坐落于广宁地区的小峡水库后来成了中途夭折的工程。

1959 年 1 月下旬，广四县委第一次扩大干部会议，宣布全县水利重点工程收缩为 3 个，并要求春节前基本完成。会后，全县抽调大批劳动力，实行大兵团作战，集中兴建江谷水库、迳口水库，以及整治大旺草塘。其中分配抽调广宁地区劳动力6200人。各公社由领导带队，自备工具，自行解决伙食。

1958—1960年，广宁地区水利建设投入规模空前的劳动力多数集中在广宁地区外的重点工程，投入与受益不成正比，无偿平调的付出难以准确计算。广宁地区水利建设虽然取得很大成绩，但也存在不少不足：一是大兵团作战只顾工期，部分工程质量不好，出现蓄水工程漏水、坑基填土没有夯实、堤围经不起洪水考验的现象；二是技术力量不足，缺乏科学态度，不能确保执行工程施工质量标准；三是执行政策有选择，"共产风"的现象边纠边刮。

三、主要流行性疾病的控制与防治

"大跃进"运动以后，由于大规模组织劳动力长时间高强度劳动，加上连年自然灾害引起生活水平下降，同时生产、生活环境卫生条件差，一段时间内人民健康水平明显下降，疾病多发。全县各级党政组织花费大量人力、精力、财力，遏止病情蔓延，到1962年取得决定性的重大成效。

1958年3月，广宁县人委卫生科提出《三年苦战卫生工作"大跃进"方案》。当年，全县310多例麻风病患者100％实行了集中隔离治疗。全县41个乡镇全部设立两个联合诊所或卫生所，边远山区设分诊所，加强地道中药生产和药品采购工作，设置简易病床，便利病人就医，推行24小时随到随诊的门诊制度。12月11日、12日，广四县委连发紧急指示，要求立即开展群众性预防和扑灭流行性疾病的行动。11月1日至12月11日，40多天时间，全县流行性疾病患者达12269人，主要病种是流感、麻疹、白喉、痢疾、水痘等，经过紧急隔离病人，采用土洋结合办法重点救治，全面控制了病情。

1959 年，广四县贯彻预防为主的正确方针，在各季节对容易流行的"四病"（白喉、麻疹、百日咳、流感）做好事前预防工作。查出血吸虫病患者 2000 多人，从春季开展治疗，属晚期的 90 人动了手术，治愈 84 人，达到了当时国际先进的医疗水平。按规范要求单独建成的麻风医院从 5 月开始收纳病人入院治疗，当年接收病人 389 人，对麻风病者家属 8000 多人中经试验易感染的 2670 人接种了预防疫苗。当年，广宁地区接种百日咳、白喉、破伤风（又称百白破）混合制剂 1165 人次、伤寒副伤寒疫苗 6136 人次、白喉类毒素苗 17350 人次。

1960 年，广四县委、县人委将灭病工作列入议事日程，常抓不懈。6 月，广四县委、县人委联合发出指示，强调城镇要整治下水道，全部实现公厕无害化。10 月 25 日，广四县委批转广四县委文教部《对当前卫生工作的报告》，认为多年来卫生工作成绩很大，但当前各种疾病仍很复杂，而且当前药物十分缺乏，秋冬又是多种疾病流行季节，要贯彻预防为主方针，除"四害"（苍蝇、蚊子、老鼠、麻雀）、讲卫生，加强药材收购，恢复制药厂，以食堂为中心搞好饮食卫生工作，发现患者及早集中医防。当年，广宁地区全年接种牛痘疫苗 23106 人次、卡介疫苗 256 人次、百白破混合制剂 2489 人次、伤寒副伤寒疫苗 5836 人次、白喉类毒素苗 20715 人次。

第二次分县调整地方经济社会事业布局

1961 年 4 月，根据中共广东省委、中共江门地委的批复，为适应新形势的需要，广四县再次分设为广宁县和四会县，4 月 10 日正式开始分县办公。分县后，广宁县立即着手健全各级组织和机构，出台各种政策措施，进行新一轮的经济和社会建设。

1961 年 8 月，广宁县的公社规模又一次进行调整，江屯公社分为螺岗、联和两个公社，上林公社析出赤坑公社，南街公社析出新楼公社，春水公社被分为排沙、石涧两个公社，古水公社分为洲仔、湘下两个公社，木格公社析出石咀公社。同年 11 月，增建水运人民公社。

一、中共广宁县第二次代表大会确定再次分县发展目标

1961 年 10 月 20—25 日，中国共产党广宁县第二次代表大会在县城南街召开。会议中心是总结工作经验，吸取历史教训，讨论今后生产任务，选举新的县委和选举出席省党代会的代表。这次大会的开幕式和闭幕式都安排在晚上进行，反映了会风的紧凑。

（一）总结 1958 年以来的成绩与教训

县委工作报告认为："1958 年以来，广宁县与全国各地一样，实现了农村人民公社化，实现了'大跃进'，取得了辉煌的成就。粮食总产量有所增长，工业几年来已发展有冶金、电力、机械铸造和修配、造船、造纸、松香、火柴、食品加工等企业，国营厂

矿新建7间、扩建15间，手工业生产也有一定发展；交通运输基本达到社社通汽车，邮电基本实现了社、队通邮递和电话，形成了全县邮电网；财贸、文教卫生方面也取得了好成绩。几年来也出现了一些缺点和错误。主要是：县委缺乏社会主义建设的经验，犯了'一平二调'的毛病，严重挫伤了群众的生产积极性；连年自然灾害使群众生活水平没有什么提高，甚至下降。"

（二）确定今后任务

县委工作报告提出："今后广宁县的基本任务，就是力争在1963年前恢复或超过解放后最高的1956年生产、生活水平。全县国民经济总收入，在1963年要求达到3513万元，超过1956年的53％，平均每人111元；粮食总产量1.75亿斤，比1956年增长20.3％，平均每人全年口粮480斤。"

（三）选举第二届县委会组成人员及省党代会代表

大会以无记名投票方式等额选举产生了县委委员、候补委员以及出席省党代会的代表和候补代表。随后的广宁县委二届一次全会选举产生了县委常委会。县委常委会共由11名人员组成，吴绩勋为县委第一书记、郭勇等5人为县委书记、邓卓修等5人为县委常委。

二、贯彻落实《紧急指示信》和"八字"方针

1961年1月，中共八届九次全会正式通过了国民经济"调整、巩固、充实、提高"的"八字"方针，通过了《关于农村整风整社运动和若干政策问题的讨论纪要》，决定继续深入贯彻1960年11月中共中央发出的《关于农村人民公社当前政策问题的紧急指示信》（简称《紧急指示信》），分期分批开展整风整社运动，检查和纠正"共产风"、浮夸风、瞎指挥风、特殊化风、强迫命令风；反对贪污、浪费、官僚主义；清算平调账目，坚决

退赔。

根据上级部署，广四县于 1961 年 1 月，在试点的基础上，展开了全县的整风整社运动。

1961 年 5 月上旬，中共广宁县委召开分县以后第一次三级干部大会，会议分析广宁县现存在以下问题：一是在分配上，生产队与生产队之间，社员与社员之间，仍存在着不同程度的平均主义现象，按劳分配、多劳多得的分配原则还未彻底贯彻完成。二是公社、大队和生产队规模过大，不利于领导，不利于生产，不利于团结，不利于安排社员生活。三是公社对生产大队在领导上一般地管得过多过死，生产大队对生产队也一般地管得过多过死。四是公社各级的民主制度不够健全。五是党委包办代替公社各级行政的现象相当严重。会议期间，印发了《关于农村人民公社按劳分配的意见》，明确供给与工资比例从"三七开"调整为"一九开"，扩大按劳分配这一原则；印发了《关于贯彻"三包一奖"生产责任制的意见》，对粮食作物、林业、畜牧渔业、副业各类型的包工、包产、包成本和奖励实物或现金作出了具体规定；印发了《关于鼓励和帮助社员适当发展家庭副业的意见》，明确特别要鼓励发展家庭养猪，明确耕作由公社统一分配的自留地至少 20 年不变，新开荒土地 3 年内由私人耕作，积极发展零星果树、林业及多年生作物；印发了《关于健全生产队劳动组织，改进定额管理，做好评工记分，认真加强生产过程责任制的意见》，强调生产过程细化劳动定额管理，大部分工作实行个人计件；印发了《关于防治疾病和制止病情发展的工作意见》，强调加强领导，摸清病情底子，大办临时医院，高度集中营养物资和药品，土洋结合及时治疗，力争输送更多劳动力投入夏收夏种；印发了《关于当前日用工业品生产的意见》，要求到当年底本县自产自供日用工业品 26 个品种共 252 万件，缓和市场供应紧张状况。

1961 年 6 月，县委成立"压缩城市人口领导小组"。进一步压缩城市人口和节约劳动力，加强农业生产第一线。此后，县委还成立"县委财贸领导小组""县财贸基层单位整风整顿企业领导小组"和"日用品工业生产领导小组"，加强了对财贸、工业战线的领导，确保贯彻"八字"方针顺利进行。

8 月 20 日，县委制订了《关于改进商业工作的试行方案（草案）》。该方案要求调整国营商业体制、恢复供销合作社、恢复合作商店和合作小组、开放农村集市贸易、正确贯彻农产品的采购政策。同日，县委还制订了《关于恢复和发展城乡手工业生产的试行方案》，要求对手工业的体制进行合理调整；实行按劳分配、多劳多得的社会主义分配原则，实行"四定""一奖"，保证产品质量，抓好企业经营管理。

由于贯彻《紧急指示信》、"八字"方针以及《农业人民公社工作条例》，1961 年，广宁县粮食总产、畜牧饲养、造林、塘鱼总产都有不同程度增长，工业总产值、交通运输的货运量、税收等都超计划完成任务，恢复了农贸市场，活跃了农村经济。这为广宁县国民经济调整和恢复发展创下良好的开端。

三、继续纠正和退赔"共产风"

1961 年 5 月，恢复建制的广宁县委在原广四县已有铺排基础上继续抓好结合整风整社运动纠正"共产风"。

广宁县退赔"共产风"的工作在分县前后一直在进行。据不完全统计，截至 1961 年 7 月底，全县平调折价总金额 460.3 万元，已退赔 325.8 万元，占 70.8%。其中，国家平调总金额 242.1 万元，已退赔 131.6 万元，占 54.4%；公社平调总金额 152.3 万元，已退赔 144.2 万元，占 94.7%；大队平调总金额 63.6 万元，已退赔 48.8 万元，占 76.7%；小队平调总金额 2.3

万元，已退赔 1.2 万元，占 52.2%。另有实物退赔部分，折款 30.1 万元，占退赔总额的 65.3%。全县 472 个大队，已有 294 个大队全部完成退赔。

针对各地退赔"共产风"工作进展不够平衡的情况，8 月 20 日全县四级干部会议期间的印发了《县委关于坚决纠正平调错误彻底退赔的规定》，再一次明确重申了纠正"共产风"的范围、原则、处理办法和要求，强调三年基本解决。县、公社两级成立退赔委员会，生产大队成立退赔小组，在上级党委领导下，负责组织各项退赔工作。退赔工作走群众路线，一切有关退赔的事情都交给群众讨论和评议。随后，退赔扫尾工作还在继续。

四、农村经济政策的调整与体制下放

1961 年 6 月，中共中央颁发了《农村人民公社工作条例（修正草案)》（简称"农业六十条"），对恢复农业生产、增添农村活力产生了前所未有的激励作用。

此前，县委根据中共中央 3 月印发的《农村人民公社工作条例（草案）》，于 6 月 5 日作出决定：耕牛、农具所有权可以下放给生产队，解决了耕牛、农具大队所有，生产队管理，社员使用，所有权、管理权、使用权三者不统一而造成的矛盾多的问题。

1961 年的夏收分配，是广宁县贯彻"农业六十条"按劳分配政策的第一次的兑现，不单有大队的分配，还有生产队一级的分配。县委明确要求，正确处理国家、集体、社员三者的关系；保证做到现金、实物三包奖励三兑现；贯彻按劳分配，承认差别，坚决清理三包；结合生产，推动生产。

广宁县于 1961 年春开始调整农村人民公社、大队的规模。根据中共中央文件的指示，结合广宁县的实际情况，到 1961 年 8 月，全县人民公社由原来 10 个调整为 19 个。

11 月下旬至 12 月上旬，县委召开三级干部大会，宣布将以生产大队为基本核算单位调整成以生产队为基本核算单位，使生产上的所有权和使用权、生产权和分配权统一起来，生产队除了完成国家征购任务和向生产大队交纳一定的公积金、公益金、机动粮等外，其余全部归自己分配，自负盈亏。其形式有"大包干""包上交"和全奖全罚三种。会上，总结推广了排沙公社木蚌、新楼公社五一、洲仔公社富源 3 个大队实行以生产队为基本核算单位的试点以及石咀公社岗坪大队实行收益分配包上交的做法和经验。会后，全县生产队从 4083 个调整为 4433 个，平均每队 16 户 29 个劳动力。

实行以生产队为基本核算单位以后，比较好地克服了原来以生产大队为核算单位时生产队之间的平均主义，生产队的生产自主权有了保障，适合当前农民的觉悟程度，经营范围被扩大、农民收入增加较快。

五、贯彻"商业四十条"和"手工业三十五条"

1961 年 6 月 19 日，《中共中央关于改进商业工作的若干规定（试行草案）》（简称"商业四十条"）和《中共中央关于城乡手工业若干政策问题的规定（试行草案）》（简称"手工业三十五条"）印发至公社一级党委。县委认真贯彻执行中央"调整、巩固、充实、提高"的"八字"方针和"商业四十条"以及"手工业三十五条"，展开了调整商业体制、恢复和发展城乡手工业生产的工作。

8 月下旬，县委召开四级干部大会讨论广宁县的《关于改进商业工作的试行方案（草案）》和《关于恢复和发展城乡手工业生产的试行方案》，会后付诸实施。商业工作具体调整为：一是县设商业局，商业局下设百货、中医药、糖果烟酒、贸易、民用器材、食品、饮食服务等 7 个专业公司。国营商业实行"条条为主，条块结合"的双重领导关系。二是恢复农村供销合作社。县成立联社，联社下设土产、农业生产资料、日用杂品 3 个经理部，公社设立基层供销社，以片或几个大队设分销店，没有分销店的大队设代购代销店。县联社、基层供销社实行民主集中制，各级领导机构由社员代表大会选举产生，受当地党政机关和上级社的双重领导。到 1963 年，全县有代购代销店 78 家。农忙季节国营商店和供销社还组织货郎担下乡，既方便群众又促进商品销售，增加营业收入。三是恢复合作商店、合作小组，并把部分原来单个的城乡小商贩分行业恢复成合作商店、合作小组，以补充国营商业和供销合作社的不足。四是开放农村集市贸易作为国家计划市场的必要补充，恢复了耕牛市场。除稻谷、小麦以外的农产品，在完成国家合同收购任务后，可以在农贸市场自由交易，活跃了市场，集体和社员增加了收入。

9 月中旬，县委召开工业（含手工业）、财贸（含商业）两个战线联合的经济工作会议。在 1961 年 4 月已成立广宁县手工业管理局的基础上，手工业调整为：收回原下放给人民公社的 45 家（社）、职工 989 人，恢复原所有制性质。手工业体制恢复后，重整旗鼓，生产日趋正常，以后在发展中不断调整，有分有合。到 1965 年，手工业管理局辖属社（厂）50 家，当年总产值达 379 万元。

六、贯彻"七千人大会"精神促进农林业生产恢复发展

1962 年 1 月 11 日至 2 月 7 日，中共中央召开扩大工作会议（通称"七千人大会"），动员全党贯彻"八字"方针，抓好国民经济的调整工作。广宁县在 1962 年召开年度系列会议，出台具体措施，推动上级指示在广宁县见成效。

（一）克服松劲情绪，落实生活安排，推动生产开局

2月17—21日，先后召开了县委常委和公社书记、县直属机关各部门负责人等会议，主题都是对当前春耕生产和生活安排进行部署。这些会议认为：今后一个长时期内，必须切实加强对落后地区和落后队的领导，帮助这些地区安排好生活，解决当前生产上的各种困难，掀起生产高潮。据当时统计，全县有1167个生产队74763人平均每人每月原粮在20斤以下，县委要求除了发动群众开展生产自救外，县和公社、大队挖潜力，尽量把机动粮下放给困难队、户。会后，全县共下放300万斤粮食照顾口粮低水平地区。

（二）把工作重点转移到发展农林业生产力上来

5月17—23日，县委召开为期7天的扩大干部会议，重点是明确和落实关于恢复和发展农林业生产力、繁荣山区经济的目标任务。县委认为，对于广宁县而言，"稻田是粮仓，山林是银行"，只抓林业会饿肚，只抓农业会贫困，必须农业林业一齐抓好，才是改善生活的出路。会议对调动群众生产积极性，稳定山林所有权30年不变，调减每年上调稻谷700万斤任务，打击投机倒把行为和压缩城镇人口2200人等工作措施进行了明确布置。这次会议对指明广宁县群众生活出路的方向、稳定有效政策的推动力起了积极作用。

（三）强调以阶级斗争开路，用政治观点确定生产方向

10月下旬，县委召开三级干部会议，部署"认清形势，明确方向，鼓足干劲，更高地举起总路线、'大跃进'、人民公社'三面红旗'奋勇前进"的有关工作。会期8天，分为两个阶段。第一阶段主要是分析和认识两个阶级、两条道路的斗争。会议第二阶段研究决定1963年的农业生产计划：农业生产方针仍然是以粮为纲，大办粮、油、猪，大力恢复发展林业生产。计划年产粮食

1.7 亿斤，其中稻谷 1.5 亿斤；尽快恢复和发展生猪生产，争取年饲养量 6 万头以上；大力发展油菜、花生种植；农村纯收入要求达到每户 314 元，每人 82 元，比 1962 年增长 9%。

会议总结认为，这次会议纠正了一些右的东西，是促进全县国民经济全面根本好转、人民公社集体经济走上更加巩固发展道路、争取社会主义建设事业新胜利的转折点。

七、推广实用农业科技

在国民经济的恢复时期，传统农业仍是广宁县基础性和主导性产业。为了使"调整、巩固、充实、提高"的方针在广宁县见效，减少吃返销粮的压力，广宁县加强对实用农业科技的推广，力争取得更大成绩。

（一）把农业放在特别重要位置，一直抓紧不变，尤其注重实用农业技术对促进农业增产的作用

1961 年 5 月，县委第一次三级干部会议强调，要高标准精管、细管早稻，确保当造总产 6500 万斤。1962 年 4 月，县委扩大干部会议强调，恢复农业生产力要抓技术性措施，当年底提出把冬种当作一造来抓，要以技术性措施作为保障。1963 年 2 月，县三级干部会议推广当年粮食增产的措施是改造低产田、早晚造选用不同优良水稻品种、育壮秧、主治负泥虫和三化螟、合理排灌等。1964 年 10 月，县委三级干部会议号召，把通过发展冬种绿肥来改良土壤当作一项战略任务来抓，保证完成 15 万亩种植任务。1965 年 9 月，县委强调依托县农业示范场、林科所和公社农技站为基础，建立一个比较系统的农林牧业科学技术研究网，以贫下中农为核心开展科研活动。当年还聘请广东省潮汕地区老农到县内，实地示范精耕细作技术。

（二）建立和健全农业工作机构和科研机构，及时开展科学实验活动

1961 年 5 月，复设广宁县委农村工作部和县委农业技术改革办公室。6 月，复设广宁县农业局并建立农科所。农科所建所后，立即开展水稻高产栽培、水稻品种比较、番薯抗瘟品种等项目的试验。1964 年，围绕"土、肥、水、种、密、保、管、工"的"农业八字宪法"，在全县普及群众性科学实验活动。到 1965 年，全县绝大部分公社、大队成立了农业科学实验机构，部分生产队建立农业科学实验小组，初步形成一个以样板田为中心、以专业技术队伍和农民土专家为骨干、以科学实验小组为基础的群众性农业科学实验网，抓住增产上易见效的环节，进行试验、示范、普及、推广，促进了农业生产的发展。

（三）推广水稻、杂粮良种

引进水稻品种以矮秆抗倒伏、耐肥抗病性强为着眼点，1960 年从广东省潮汕地区引进木泉、溪南矮、中山红、仙仔种、齐广粘、大骨齐等 11 个水稻品种试种，1961 年扩大种植。良种面积占总插植面积比例逐年提高，1961 年为 67.7%，1962 年为 69.9%，1963 年晚造达 83.6% 以上。这个时期还从广西玉林引进"胞胎红"、从中山县引进"珍珠矮"等良种，都取得不同程度的增产。全县还对引进的良种进行了培选、提纯复壮等工作。1964 年，县农科所与华南农学院（今华南农业大学）挂钩合作，引种木薯"东莞红蕊"和"马来红"（又称面包木薯）两个高产品种，亩产鲜薯比本地青蕊品种增产 3 倍多，显示出强大的高产优势。1965 年，高产品种种植面积达 10 万亩，占全县种植木薯面积的 80%。

（四）普及尼龙薄膜育秧

1963 年春季，县农科所进行尼龙薄膜育秧试验成功。尼龙薄膜覆盖育秧能解决山区早春气温低的难题，可以适当提前培育嫩壮秧，且用种量少、成活率高，保证季节种植。1964 年，经各公社农场及农技站推广，以"冷尾暖头"抢晴为特征的尼龙薄膜覆盖育秧技术在全县普遍应用。

（五）发展冬种绿肥和改造低产田

1962 年在县土肥站试种紫云英、苕子成功后，1963 年在宾亨、木格、新楼、江屯等公社农技站再次引种，绝大部分绿肥长势良好，一般亩产 1000～1500 斤。1964 年冬，全县种植绿肥 10 万多亩。绿肥是改良土壤、提高地力的良好选择。

1963 年，对 460 亩低产山坑田、半山坑田，根据土质情况采取掺沙或掺泥、增有机肥料等措施改造，都收到不同程度的增产效果。1964 年得到大力推广，当年改造低产田 4 万多亩。此后，利用冬春季节改造低产田成为常规工作。

八、主要社会事业的调整发展

1961 年上半年起，广宁县开始对全县国民经济进行"调整、巩固、充实、提高"，重点调整工农业生产比例的同时，对科教文卫体等各项社会事业也及时进行了相应调整。

（一）科教文卫体工作

1961 年 8 月，调整人民公社规模的同时，公社卫生机构作了以下调整：南街、新楼、江屯、螺岗、排沙、石涧、厚溪、北市、潭布、上林、赤坑、联和、古水、木格、宾亨 15 个公社成立卫生院，五和、洲仔、湘下、石咀 4 个公社成立卫生所。

1961 年 12 月，县委发出《关于进一步加强党对文教、卫生工作领导的指示》，强调必须坚决执行党对知识分子的团结、教育、改造的方针，坚持"三不主义"（不戴帽子、不抓辫子、不打棍子），在政治上关心进步，具备条件的吸收入党，生活上与当地干部一视同仁，如数供给副食品、日用品等。12 月一次性给每个教师、医生适当的物质补助，1962 年 1 月前安排全县教师进行一次体格就地普查，结合情况分别给予治疗、休息等。保证教师、学生的教学时间。各中学建立生产劳动基地，改善师生生活，确保学生的粮食供应。切实贯彻《文艺工作条例》《中、小学工作条例》《卫生工作条例》。学校必须以教学为主，全面提高教学质量，实行校务委员会领导下的校长负责制。

科学技术工作方面。1961 年底，县级建立了农业、林业、农具共 3 间专业性科学研究所及中心化验室 1 间，公社级农科站 6 个、畜医制药试验厂 2 间，以大队为主的试验基点 6 个，共有专业研究人员 42 人，试验人员 233 人。全县初步形成了专业研究与群众性试验研究网，开展多种多样科学试验，为本级党委政府领导生产提供了技术措施、技术资料，起到参谋作用，对示范推广起到桥梁作用。1962—1963 年，科研重点项目 12 个，农业重点是改良耕作技术；林业重点是改油茶、竹子低产为高产；畜牧业重点是推广良种猪；卫生主要是加强地方性传染病预防的研究。上林山区作物试验站主要研究杂粮增产，新楼的长塘和仁安分别设立改造低产田试验站和禽畜良种繁殖试验站。

文化艺术工作方面。贯彻文艺工作为工农兵服务，明确为无产阶级政治服务的方向，主要是抓巩固提高。1961 年底，全县有专业剧团 1 个（即粤剧团）、公办文化馆 1 间，电影院 1 间，电影队 6 个（其中民办 4 个），新华书店 1 间，社办书店 4 间，业余文娱组和剧团 65 个，活跃了城乡群众文化生活。至 1965 年，全县有农村文化室 200 多个，文娱组 90 多个，业余创作小组 20 多个，图书发行分销站 19 个，电影放映单位 12 个，14 个公社建立了广播扩大站，安装入户喇叭 7200 只。

教育工作方面。贯彻执行"教育为无产阶级政治服务、教育必须与生产劳动相结合"的方针，具体执行《全日制中学暂行工作条例（草案）》和《全日制小学暂行工作条例（草案）》，调整学校设置，控制教育事业发展速度，支援农业生产。到 1965 年 9 月，全县办起半农半读、半工半读的中学有 24 间、学生 1600 多人，其中，江屯、木格、古水、潭布等 4 间农（林）业中学响应省委号召，把学校搬到山上；宾亨公社山根大队自办农业中学 2 个班，有学生 39 人，新楼公社有 3 间林业中学、6 个班 279 人；办起耕读小学 237 间（班），学生 5200 多人，进一步满足了贫下中农子女入学的要求，也为全县实现半农（工）半读的教育制度奠定了良好基础。1965 年底，适龄儿童入学率 85.7%。专业教育方面：1965 年创办"广宁县农林大学"，有科学实验生产园地 500 亩，当年招收中专生 2 个班近 90 人，大专生 1 个班近 30 人，学制 3 年。

1961 年 5 月，县人委提出 7 年内（1961—1967 年）分期分批地扫除文盲的目标，要求根据"农闲多办，农忙少办，大忙不办"的原则，积极推广注音识字，加速扫盲工作开展。经过几年努力，到 1965 年 11 月，全县有工农业余夜校 450 多间（班）、学员 8000 多人。1966 年上半年，业余夜校普遍被改为共产主义夜校，到当年下半年因为"文化大革命"而停办。

（二）精减干部职工与压缩城镇人口

1961 年 6 月，县委成立"压缩城市人口领导小组"，此后，全县展开了压缩城镇人口各项工作。精简对象是 1958 年 1 月后招收来自农村的雇工、临时工、合同工、工人和学徒等。8 月 20 日，县委发出《关于压缩国家供应中小学生粮食指标的指示》，创造性决定压低口粮标准不减人的办法，改国家供应为集体供应和自带，既完成上级任务又保证了在学人数，不致学生因断粮而失学。10 月 15 日，县委又发出《关于认真执行压缩国家供应学生粮食指标的通知》，再次强调要坚决执行对学生的集体口粮供应标准，以使学生安心学习。至当年底，全县共压缩了4197人回乡充实了农业第一线，减少国家商品粮供应人数4028人，进一步缓和了市场的紧张状况。

1962年2月，中共中央决定上半年全国继续减少城镇人口700万人。4月，广宁县再次成立"压缩城市人口领导小组"。广宁县压减计划分四类：一是压缩全民所有制职工（即压人、压工资、压粮）725人；二是压缩集体所有制职工和家属、居民（即压人、压粮）1507人；三是转集体（即压工资总额）1720人；四是中小学生自带粮食400人。当年全县共压缩城镇人口3758人，其中精减国家职工2705人。总人数中有3740人回到农村。

大力精减职工，压缩城镇人口，是中共中央决心对国民经济进一步大刀阔斧调整的主要措施之一。通过压缩城镇人口，大力支援农业战线，使农业生产增速逐步回升。

（三）落实甄别改正政策

第一，党员干部的甄别改正工作。广宁县的甄别改正工作从1961年下半年开始，到1962年底结束，历时一年半。

从1961年7月到1962年，全县复查甄别了广宁县1958—1961年四年来受处分的党员干部案件1675件1736人（不包括"右派"和地方主义），改正了532人。至此，因右倾性质、新"三反"、整风整社、反右派斗争和日常运动中被处分或批判的党员干部群众，名誉和待遇得到了纠正恢复。通过落实甄别平反政策，初步纠正了反右派斗争扩大化的错误，是中国共产党"有错必纠"原则在广宁县的具体体现，对调动广大干部群众的社会主义积极性、恢复国民经济起了重大作用。

第二，群众的甄别改正工作。1962年6月25日，县委发出《关于加速农村甄别工作的指示》，明确农村的甄别改正工作重点，是 1958—1961 年四年来属于"反右倾"性质的运动中，被错批判错处理的农民群众。凡是错批判、错戴政治帽子、搜查民房、罚劳役等，改正采取了两种形式：一是平事不平人；二是平事又平人。经过几个月的时间，全县共复查甄别几年来受处分、批判的群众（工人、学生、社员等）29980 人，改正 20160 人，占受处分、批判总人数的 67.2％。通过对群众的甄别平反，达到了分清是非，消除怨气，增强团结，密切党群关系的初衷。

九、全力防治特殊时期多发性疾病与重视卫生防疫计划生育工作

（一）接续全力防治特殊时期的多发性疾病

1961 年 5 月 2 日，中共广宁县委向肇庆地委报送了《关于1961 年病人、死亡情况检查报告》。报告陈述，到 4 月底统计，全县有各种疾病患者 11802 人，比 1960 年同期 50729 人下降了76.7％，且死亡人数逐月下降。当前仍然面临的问题是：病人多且病后体弱，各种疾病患者总数占全县总人口 3.9％，其中水肿病者 641 人，干瘦 3367 人；死亡率仍未控制在省委规定的 1％的正常比例；医务人员和中西药品奇缺，不能满足治病需要；副食品和营养品供应不足。县委决定，5 月全面消灭水肿，全面治疗妇科病，防止食物中毒和干瘦死亡，力争更多劳动力投入夏收夏种；凡集中治疗的病人，每天每人吃上 1 斤大米、1 斤蔬菜、1 两或 2 两肉类或蛋品。5 月 6 日，县委下发意见，安排全县开展健康大检查：对病情较重者迅速集中到临时医院治疗，每个点安排80～100 人，做到政治思想教育、派送药物、落实副食品补贴、劝说休息四种服务落实到病人身上；对治疗和休息过程中的病人，劳动安排上做到"四调四不调"（调干不调湿，调近不调远，调轻不调重，调易不调难），高度集中营养物资、药品、救济款供

病人合理使用，健全发放登记和张榜公布制度。1962 年 1 月 10 日，县委除五害消灭疾病领导小组总结 1961 年卫生工作时统计，1961 年全县治好各种主要疾病 21618 人次，其中水肿 2965 人次，瘦弱 10782 人次，子宫下垂 4075 人次，闭经 2966 人次，其他疾病 830 人次。一年来，设立公社或片临时医院 16 个，大队集中治疗点 259 个，接收病人 4979 人，404 个营养饭堂使 3493 名患者得到营养治疗。全县各公社共有干部、医务人员等 943 人专门服务集中治疗病人。

1962 年 10 月 14 日，县卫生部门统计，当年 1—9 月，全县治好水肿病人 299 人，瘦弱 789 人，子宫下垂 478 人，闭经 303 人。

1963 年以后，随着经济生活好转，几种多发病发病率减少，旧患者有相当一部分被治愈。当年发病人数共 947 人，其中水肿病人 58 人，子宫下垂 463 人，闭经 138 人，瘦弱 288 人。到 12 月底止，全县仅剩水肿病人 4 名，瘦弱 122 人。

（二）重视卫生防疫

1961 年 7 月 19 日，中共广宁县委重新成立除害灭病领导小组，各公社也迅速成立了相应机构并配备专人。当年，全县普查查出有肠道传染病病史 6444 人，进行系统治疗 6386 人，健康服药 10726 人；开展了寄生虫病普查善后工作，接受钩虫检查 79865 人，发现有病状 50945 人，100％进行了治疗；蛔虫病治疗人数 88780 人；疟疾病抗复发治疗 6386 人，全部健康服药。

预防接种方面：1961—1962 年，接种牛痘疫苗 339334 人次，百白破混合制剂 35044 人次，霍乱疫苗 31100 人次，伤寒副伤寒疫苗 3895 人次，白喉类毒素苗 14215 人次。通过接种疫苗，有效地控制了传染病的发病率。1962 年，白喉病治愈率 66.6％，狂犬病死亡 1 例，其余各种传染病治愈率 100％。

1963 年 8 月 12 日，县人委颁布施行了《广宁县城市圩镇饮食卫生管理暂行条例实施办法》。积极开展副霍乱预防工作，进一步健全各级疫情报告网和疫情报告制度，重点地区人群注射副霍乱疫苗21162人份，有效地防止了副霍乱的发生。全年共治好麻疹、百日咳、疟疾等各种传染病患者14503人，完成百白（百日咳和白喉）混合疫苗注射3185人次、伤寒副伤寒注射416人次、预防麻疹服药51093人次、预防白喉服药34612人次、预防流感服药8700人次、接种牛痘疫苗12103人次。

1964年，继续贯彻"预防为主，防治结合"的方针，控制了各种季节性传染病暴发流行，麻疹、伤寒等病例比1963年减少。同时，采取"全面普查、重点喷洒、病史与现症根治相结合"的措施，有效降低了疟疾发病率，全年发病人数为865人，比1963年下降了79%。

1965年，开展了以消灭副霍乱为中心的"三改一灭"（改善饮水卫生，改善粪便管理，改善饮食卫生，消灭"四害"）工作。全年有260100人接受过疟疾史的检查；完成麻风病普查工作，受检人数达301409人，占应检人数97%，检出新发麻风病人207人，均已动员其入院治疗或由各公社托医网服务治疗。此外，一些季节性的传染病，如痢疾、伤寒、急性肠胃炎、麻疹等发病率、死亡率均有所降低。

（三）宣传推广计划生育

新中国的人口计划生育政策，于20世纪50年代提出，60年代宣传，70年代推广。1962年12月，中共中央和国务院联合发出《关于认真提倡计划生育的指示》。广宁县的计划生育工作于1963年正式起步。当年4月，成立计划生育指导委员会，全县训练了329名计划生育宣传员，宣传内容以"一个不少，两个正好，三个过多"为核心。1964年，全县施行"四术"（男扎、女扎、上环、人流）723例。1965年，全县共培训2310名计划生育宣传员，全年完成"四术"2200例，比1964年增加2倍。

广宁县的计划生育工作，起步阶段不懈努力，收到成效。1964年人口出生率为42.50‰，比1963年下降了0.94‰；1965年为41.02‰，又比1964年下降了1.48‰。1965年人口净增率为31.02‰，比1964年下降了5‰。

城乡社会主义教育运动和反浪费斗争

1962 年 9 月，中共中央八届十次全会决定在城乡发动一次普遍的社会主义教育运动，开展大规模的阶级斗争。1963 年 2 月，中共中央工作会议决定，在农村进行以清账目、清仓库、清财物、清工分（简称"小四清"）为主要内容的社会主义教育运动，在城市开展以反贪污盗窃、反投机倒把、反铺张浪费、反分散主义、反官僚主义（简称"五反"）为中心的社会主义教育运动。

一、农村"小四清"运动

1962 年 10 月下旬，全县三级干部会议召开，8 天会期用了 5 天时间分析形势，坚定阶级立场。县委认为，当前的社会主义教育的中心是开展两条道路斗争。

1963 年 5 月 10 日至 6 月 5 日，县委召开为期 27 天（原计划 20 天）的三级干部会议，有 740 多人参加。会议中心是集中解决到会全体干部的问题。会议分了五个阶段进行。其中，8 天时间诱导、启发干部放下自己"包袱"。97％的参会干部放下了"包袱"，发现公社干部、大队干部在经济和政治思想两方面共存在 15 个具体问题，涉及贪污国家和集体财物、投机倒把谋利、多吃多占多用以及敌我不分、生活腐化、主持封建迷信活动等方面。会后，对干部经济问题作了退赔处理。

按照上级指示，全县农村社会主义教育运动打算搞两至三年，利用农闲时间分三批进行。新楼公社五一大队是全县社会主义教育运动先行试点，从 6 月 13 日开始，由地、县、公社三级抽调干部 40 人组成工作队搞了 70 天。7 月，部署全县 19 个公社、2 个林场（不含试点公社）分三批铺开，计划整个运动在 1964 年秋收前全部结束。第一批开展运动的公社是五和、宾亨、石涧、排沙，派出工作队员 487 人。第二批在江屯公社铺开，派出 659 人的工作团，县委书记带头，5 名县委常委、57 名正副科局级领导干部参加。

10 月下旬，全县召开为期半个月的三级干部暨贫下中农代表会议，有 2000 多人与会。会议主要解决干部"小四清"和参加集体生产劳动，反对干部损公肥私，端正干部阶级立场，坚决依靠贫下中农的问题。根据统计，公社、大队两级干部参加会议 1369 人，被揭露各种问题 6210 人次。其中贪污盗窃 785 人次，投机倒把 179 人次，借支挪用 919 人次，私分 599 人次，多占多用 854 人次，搞自发 144 人次。会议强调，犯有"四不清"错误的干部，坚决退赔，主动整改，今后勿再犯。

全县农村"小四清"运动进行了两个多月。公社、大队、生产队三级干部交代经济上"四不清"79 万元，大、小队干部砍掉多占工分 466 万分，平均每人 326 分。县委监委对"小四清"运动的案件展开调查核实定案处理，截至 1965 年 4 月底，全县共立案 175 件，查清结案 167 件，给予纪律处分 131 人，其中开除党籍 74 人、留党察看 24 人，撤销党内职务 9 人，涉及国家干部 29 人。

二、城市增产节约和"五反"运动

广宁县从 1963 年 6 月 11 日开始，落实工交、财贸两条战线，由县委书记（当时设第一书记）担任领导小组组长，工交战线分四步走，财贸战线分三步走。据摸底情况，两条战线浪费严重，金额达 122.6 万元，工交战线 37 个单位占 109.7 万元，财贸战线 5 个单位占 12.9 万元，主要是因为管理不善造成商品变坏、原材料损耗等。

10 月下旬至 11 月中旬，县委召开历时 24 天的常委扩大会议，正式启动县级机关"五反"运动。全县正副部长、正副科局长及主办科员、股长以上党员干部共 112 人参加会议。在地委工作组直接领导下，县委领导分层"下水洗手洗澡"：11 月上旬，县委书记经两次自我检查、管"五反"的县委副书记经三次自我检查，会议评定可以"上水"；中旬，县长和另外两位副书记经两上两下已经"上水"；下旬，5 位常委在分管战线带头检查，经群众讨论同意全部"上水"。11 月下旬，县各部委办局开始揭单位和单位领导成员的盖子，提出意见 16435 条，写出大字报 3356 张，安排单位领导成员"下水"检查。12 月中旬，573 名一般干部分三批安排"下水洗澡"。到 12 月底，解决人民内部矛盾阶段结束。

县属工交、财贸、文教、农水系统"五反"和社教运动，原计划在 1964 年共分三批进行。第一批是在县城的财贸、文教卫、工交的森工等单位；第二批是在县城的工厂、交通等单位；第三批是坐落在各公社的财贸单位、地方国营工厂、农水单位和所有中小学校。第一批共 1340 人参加运动，根据统计，暴露出来的官僚主义、铺张浪费、歪风邪气等 26 种问题共 3000 多个。第二批正在进行时，县委根据上级部署决定该批"五反"运动暂停，保留工作架子，做好当前扫尾和今后开展运动的准备，迅速做好专案定案及处理，继续抓紧追赃、退赃工作。因此，广宁县的"五反"运动暂时停止，据至 1964 年 8 月中旬统计，在全县 360 个单位 6250 人中，有 1870 人进行了"洗手洗澡、放下包袱、下楼"

（检讨、退赔、过关），占参加运动人数的三成。

三、调整社教部署

1965 年 1 月 14 日，中共中央印发《农村社会主义教育运动中目前提出的一些问题》（简称"二十三条"），规定此后城市和乡村的社会主义教育运动一律简称"四清"：清政治、清经济、清组织、清思想（后又称"大四清"）。

广宁县认真贯彻中央"二十三条"，调整社教部署。2 月 7—11 日，县委召开四级干部和贫下中农代表大会，号召与会干部带头"洗手洗澡"。会后，全县的"大四清"运动从点到面，分批展开。9 月下旬，县委召开全县贫下中农代表、农业先进单位代表和三级干部会议强调，广宁县作为面上地区，干部也要自觉整改。至 1966 年 10 月，根据本人交代和群众揭发，干部中经济上不清的共 2118 人（其中公社以上干部 422 人，"小四清"时已作处理的，不计入此数），贪污、盗窃、多吃多占、挪用公款 97 万元，退赃 60.6 万元，占应退赔总数的 62.5%。运动期间揭露不少干部队伍存在的政治、经济、组织和思想上不清的问题，但由于"文化大革命"的开展，没来得及查证、落实、处理。

历时三年多的城乡社教运动，对于纠正干部多吃多占、强迫命令、欺压群众等不良作风和集体经济经营管理方面的许多缺点，起了一定的作用；对于打击贪污盗窃、投机倒把和刹住封建迷信活动等也起了一定的作用。但是，许多人民内部矛盾性质的问题被混淆成阶级斗争或者阶级斗争在党内的反映，甚至被当成敌我矛盾来处理，使不少干部和群众错受打击，中共十一届三次全会以后，先后给予了纠正，恢复名誉。

对老区及老区群众的生产生活救济式照顾

从新中国成立后至"文化大革命"前，由于国家财力有限，对老区以及老区群众的生产、生活帮助虽然有单独体现，但一直是以救济式的照顾为主。

广宁、四会第一次分县后，1955年11月，中共广宁县委决定成立广宁县山区建设委员会，由县委第一书记梁汉夫任委员会书记。1956年4月，中共广宁县委成立春江（春水—江屯）公路委员会，统筹兴建县内解放后第一条公路，全长42千米，5月中旬正式动工。1958年竣工通车后，极大改变了沿线老区的生产生活条件。1957年3月，全县革命老根据地人民代表会议召开。11月，广宁县革命老根据地建设委员会成立，由县委书记（时设县委第一书记）陈威担任委员会主任，下设办公室。1958年5月9日，县长郭勇向广宁县第三届人民代表大会第一次会议作报告，1954—1957年，国家解决老区人民生产生活的救济和交通、水利、文教事业的投资共708342元，进一步密切了党和老区人民的关系。革命老区建设围绕解决群众当前生产生活困难与长期建设相结合的方针，在经济上大力扶助。其中追恤了277位烈士，1957年新建了南街、北市、罗汶3座革命烈士纪念碑，成立了广宁县老区建设委员会，配备专职干部抓老区工作。

广宁、四会第二次合县后，1959年5月18—20日，广四县烈军属、荣誉复员退伍军人、老区人民积极分子大会召开，到会代

表280人。6月10日，广四县人委发出通知，要求各公社确保烈军属等优待对象的评定优待工资要正确计算、及时兑现。1960年3月，广四县人委发出通知，对烈军属、残疾军人优待劳动日实行制度化。按略高于一般社员生活水平的标准，每年春耕前评定一次，落实到户，发给证件，定期兑现。11月5日，县长郭勇向广四县第四届人民代表大会第一次会议报告，1958—1959年，落实优待劳动日539559个，修建老区公路4条89千米、新建学校163间、卫生院站所9间。

广宁、四会第二次分县后，1961年，广宁县人委下拨老区救济款6.1万元，安排1.25万元帮助宾亨、春水、江屯三个公社各一个重点老区大队办起了大米加工等小型综合厂，效果良好。1962—1964年，连续几年召开广宁县烈军属、荣誉复员退伍军人、老区人民积极分子大会，评选出县级模范并予以了表彰。1963年9月6日，县长郭勇向广宁县第五届人民代表大会第一次会议报告，1961—1962年，落实优待劳动日62695个，定期补助有困难的孤老烈属、老革命人员、老堡垒户共81户191人；为老区建设电力碾米加工厂12间。修建了一批水利工程。11月，广宁县人委下拨专款帮助江屯、联和、螺岗、上林、新楼、宾亨、五和等公社老区修缮因支持革命被敌人毁坏的房屋。1964年，广宁县烈属养老院设立，接收螺岗公社廖二、江屯公社练二、上林公社伍权运等4名孤老烈属入院集中安度晚年；全年落实对缺乏劳动力的烈军属、革命残疾军人、带病回乡的复员军人优待工分465380分，584户2319人受益。1965年5月，根据县委领导指示，县相关部门组成老区工作调查组，对有代表性的排沙、联和、上林公社进行调查，提出了进一步解决老区群众生产生活困难的建议。1965年底统计，自1956年开始，每年都有100户400人左右的烈军属、堡垒户享受烈军属优待劳动日。

第六章

实行改革开放 老区建设迎新机

第一节 在徘徊中探索前进

1976 年 10 月粉碎江青反革命集团、结束"文革"后，到1978 年 12 月，广宁老区人民在上级领导下以极大的热情投入各项工作，希望在恢复和发展国民经济及社会事业上取得新突破，不断尝试各种新措施、新举动，呈现新变化，取得部分成绩。毕竟百废待兴，是在徘徊中探索、在探索中徘徊，未有冲破旧有体制、旧有思维模式、旧有发展方式的惯性束缚，经济和社会发展局面趋稳但进步不大，前进速度依然缓慢。

1977 年 12 月 1 日，县委印发《关于认真传达、宣讲中央 37号文件，打好揭批"四人帮"第三个战役的意见》，要求广大干部群众要进一步学习好党的十一大文件精神，把被"四人帮"颠倒了的路线是非，理论是非——纠正过来。

一、县委整风与学习运用真理标准讨论成果及着手平反冤假错案

（一）县委 1977 年整风

1977 年 10 月 13—25 日，中共肇庆地委召开了分三个阶段进行的第十六次常委扩大会议。会议围绕全区农业发展慢的问题，进行地委、县委整风。其中县委整风于 19—23 日集中在肇庆进行，广宁县委各常委，县部、委、办、局负责人和公社党委书记共数十人参加。广宁县在此次整风中，与其他兄弟县一样，主要

是明确农业大干快上的目标方向和解决县委领导作风的问题。

10 月 28 日，县委召开常委会议专题研究整风中揭露出来的问题的整改措施。决定今后一段时期不准新建办公楼；逐步解决部分干部宿舍，注重关心干部的工作和生活；县委常委深入基层蹲点要形成制度，定期检查，互相促进；每个县委常委努力完成每年参加集体劳动 100 天的任务。11 月 10 日，县委文件公布了《中共广宁县委关于改进领导作风的几项措施》。

（二）县委 1978 年整风

根据省委、地委的工作部署，1978 年的县委整风分两个阶段进行。第一阶段从 11 月 3—8 日，召开了 6 天的整风会议，县委、县革委会领导成员、各公社党委书记、县直部门负责人等 100 多人参加会议。县委发动到会干部充分发扬民主，分成南片公社、北片公社、财贸、工交、农办和计委、党群和政法、宣传和科教等 7 个组揭发批判县委的错误。第二阶段从 12 月 10—15 日持续了 6 天，县委常委先召开民主生活会，县委综合大家提出的意见，常委集体讨论制订了整改措施，在会上作了检查，并让到会干部讨论了两天半，再听取意见，然后用三天时间讨论研究当前工作。

会后，县委在给地委的专题报告中提出，这次县委整风，在解决三个重点问题上收到一定效果：一是进一步解决了广宁县在第十次路线斗争中成为重灾县、在第十一次路线斗争中"内伤""外伤"也很严重的问题；二是进一步确立了以农业为基础的思想；三是整顿了县委的思想作风。

（三）学习运用真理标准讨论成果

1978 年 5 月 11 日，《光明日报》发表了题为《实践是检验真理的唯一标准》的特约评论员文章后，广宁县按照上级的部署和要求，一是抓了真理标准的理论宣传，方式方法上，先领导个人后领导集体，先上级后下级，逐级传导；二是抓了运用真理标准学习成果扎实开展县委领导班子整风，着力解决县委集体在是非方向、发展思路以及领导班子成员工作作风等方面问题。通过真理标准的学习宣传，县委在明辨是非观念和纠正工作失误两方面都收到了新的成效，为巩固安定团结局面、贯彻中共十一届三次全会精神、实现工作重点转移，奠定了思想基础和群众基础。

1978 年 9 月中旬至 10 月下旬，肇庆地委召开常委（扩大）会议进行地委整风。参加这次会议的广宁县委副书记、广宁县委常委兼县革委会副主任两人在小组发言中，联系广宁县近年发展情形，分别谈了坚持正确真理标准的重要性。

10 月 23 日，广宁县委常委会议重点传达了肇庆地委主要领导在地委整风总结讲话中关于真理标准问题讨论的要点。10 月 28 日，县委常委会议决定，县委整风期间安排一天时间专门学习讨论真理标准问题。12 月 30 日，县委常委会议认为，解放思想是当前重大问题，坚持发扬民主是解放思想的条件。

广宁县分阶段推进的真理标准学习宣传和运用于实践的专题活动，结合并贯彻党的十一届三中全会精神，落实党在农村的各项经济政策，充分调动生产积极性，一直延续到 1979 年下半年。

（四）着手平反冤假错案

1978 年 5 月，调整充实了县委"落实政策领导小组"，由两名县委副书记担任正副组长。随后，全县各级和县直各部门成立了相应的机构，由专人负责，积极开展案件复查工作。在实际工作中，采取上下结合、内查外调的办法，对复查案件认真进行历史的全面分析，按照"全错全改，部分错部分改，不错不改"的原则，遵照先易后难顺序进行处理。

二、经济和社会事业的回稳

（一）农业起伏发展

1976 年 12 月上旬召开的县委常委扩大会议上，县委要求把广大干部群众大干社会主义的劲头鼓得比去年更大、更足，大干、苦干、拼命干，踏踏实实把农业搞上去。1976 年，全县学习外地种植三季稻经验，在早晚两造之间增加种植中季稻，两造变三造，通过提高复种指数增产粮食，当年在部分公社小面积试种获得成功。1977 年开始，全县用行政手段强力大面积推广三季稻，冀望多产粮食。但由于耕作效率、种植技术、管理水平都跟不上等因素，推广没有获得成功。

1978 年 1 月下旬，广宁县农业学大寨先进单位先进生产（工作）者代表会议召开。县委的工作报告指出，1977 年全县农业生产在连续战胜了罕见的干旱、病虫等自然灾害以后，夺得了全面丰收。粮食生产实现了"五超"（春收总产超历史、早造总产超历史、中造总产超历史、全年总产超历史、全县粮食年亩产超历史）。全县 21 个公社（林场）、246 个大队、3700 多个生产队，粮食都获得增产。抓好粮食生产的同时，因地制宜大力发展多种经营，壮大了集体经济，提高了社员的生活水平。县氮肥厂试产成功，为全县农业大上快上提供了有利条件。大会提出 1978 年的农业生产目标是稻谷总产量 2.7 亿斤，平均亩产 1150 斤，比 1977 年增长 12.5％，每人平均分配达到 110 元，实现增产量、增收入、增分配、增积累、增贡献。

5 月上旬，县委召开"三干会"，开展全县早造田间管理大评比，强调下定决心，排除万难，夺取全年农业大丰收，首先要落实措施确保早造大丰收，同时要适时积极开展多种经营，增加集体收入，搞"一年早知道"。5 月下旬，县委召开全县农业机械化会议，按照上级要求部署全县到 1980 年基本实现农业机械化的工作规划。会议认为，广宁县的有利条件很多：一是全县有小水电站 590 多座、装机容量 16350 千瓦，农业机械化电力先行不成问题；二是支农工业有一定基础，机械修造技术力量比较强；三是全县已拥有农业机械总动力 40410 匹马力（1 马力≈735 瓦，下同），630 台农用大型、中型和手扶拖拉机的耕地作业标准量已满足目前需要；四是社队企业发展快，为农业机械化提供了资金来源。会议确定，全县到 1980 年基本实现农业机械化的奋斗目标，重点抓好水利排灌、小水电、农田耕作、畜牧饲料加工和肥料的发展，相应地发展农田基本建设、插播、收获、植保、农副产品加工、林业、运输等机械，农、林、牧、副主要作业机械化水平达到 70%，拥有农业机械总动力 6.5 万至 7 万匹马力。在实践中，随着家庭联产承包责任制等生产经营体制的变革，农业机械化的目标没有实现。

县委在抓农业生产、减轻生产队和农民负担工作的同时，继续开展大规模的农田水利基本建设。

1978 年，全县农业总产值 8734 万元，比 1976 年增长 9.5%；社员人均分配 90 元，比 1976 年增长 13.9%。但由于 5 月份连续 8 天洪涝为害，全年粮食总产量只有 10.59 万吨，比历史最好收成的 1976 年下降了 3%，其中稻谷总产量 9.89 万吨，下降了 4.8%。

（二）地方国营工业边发展边整顿

1977 年 1 月 22 日，县革委会工交办公室对全县工交战线 1976 年的工作进行了总结：1976 年，全县工业总产值完成 3602 万元，比 1977 年增长 6.7%，其中，18 家国营厂矿企业有 13 家超额完成计划，电动机、船用水泵、水泥、铝锭、机制纸、日用陶瓷、胶合板、聚合松香等产品产值增幅较大。

1977 年 6 月 26 日，县委工业学大庆办公室印发题为《革命加拼命，跑步学大庆，奋战三四年，誓要广宁工业翻一番》的广宁县工业学大庆规划，设想五年内把广宁建设成为具有山区特点的支农工业体系，做到电力自给有余；1980 年全县工业总产值 8000 万元，比 1976 年增长一倍；氮肥厂年内投产，1978 年县人民纸厂投产，1979 年新建年产 1 万吨的磷肥厂；1980 年有 37 个企业办成大庆式企业。

8 月 2 日，县委常委会议在县氮肥厂建设现场召开，专门研究加快氮肥厂建设问题。会议强调，氮肥厂建设必须继续争分夺秒，各欠款单位当月底完成筹款任务，保证在 12 月、力争在 11 月建成投产。12 月底，几度筹建、举全县人力、财力耗时两年多建设的广宁县氮肥厂化工试车一次成功，年产合成氨 5000 吨，结束了广宁县不能出产工业氮肥的历史，是当时肇庆地区一间设计较为合理的小型氮肥厂。1978 年 1 月 2 日，县委、县革委会在现场隆重召开 2000 多人规模的大会庆祝广宁县氮肥厂正式投产，县内外兄弟厂家和有关单位发来贺信、贺电 260 多封。至建成时，广宁县氮肥厂共投资 733 万元，除 50 万元上级拨款外，其余都是县内自筹和贷款。

1978 年 4 月后，广宁县认真贯彻中共中央《关于加快工业发展若干问题的决定（草案）》（简称"工业三十条"），开展工业企业的整顿工作，就是整顿领导班子，整党整风，整顿企业。6 月下旬，集中全县工交企业党支委和工人、干部代表 370 人，在人民纸厂办班整顿，时间 8 天。

根据实际，全县国营工业共提拔了 17 名原企业副主任当厂长、1 名技术员当副厂长、5 名群众代表中 3 人继续担任副厂长。

1979 年 1 月 13 日，县革委会工交办公室对 1978 年全县工交工作进行了总结。1978 年，全县实现工业总产值 4860 万元，比

1977 年增长了 8％。其中，国营工业总产值 2266.9 万元，比 1977 年增长了 33％。全县 21 家国营工厂有 20 家超额完成了年度计划。

（三）新一轮农田水利基本建设

县委认为，农田水利基本建设是农业学大寨、普及大寨县的重要内容，是实现农业高产、稳产的根本性措施，所以，以"改土、治水、增肥"为核心，不停地反复抓。

1976 年 11 月下旬，县委召开专题座谈会，要求当年冬次年春农田基本建设成绩更辉煌，秋收冬种结束后至次年春节前集中 60％~70％ 的农业劳动力投入农田基建，所有农田基建工程在 12 月 5 日前都要动工，全县改造低产田 4 万亩，平整土地 2 万亩，扩大耕地 2300 亩，搬动土石 1940 万立方米，平均每劳动力 120 立方米。县直接指挥的坐落宾亨公社的寺湾改河工程要千方百计通新河、平旧河，尽快发挥效益。当年 12 月和 1977 年 1 月，根据县委决定，县属机关、工矿、学校的干部、职工、师生两次参加宾亨寺湾改河工程的平整土地劳动，按在册人数每人 48 立方米分配任务，明确各战线自办伙食、自备劳动工具、按指定地点住宿、按技术要求施工，保证在 1977 年春节前后完成阶段任务。3 月 20 日，县委办公室发文通报表扬了教育战线。春节刚过，1800 多名干部教师积极参加寺湾改河工程的战斗，劳动 10 天完成土方 34475 立方米，造田 83.6 亩，均超过任务 1 倍多，有 735 名教师被评为支农积极分子。

1977 年 8 月，全国农田基本建设会议提出，到 1980 年实现每个农业人口有一亩旱涝保收、高产稳产农田。会后，各地投入大量劳动力搞农田基本建设。8 月 16 日，县委成立广宁县农田基本建设大会战指挥部，县委书记任指挥部总指挥。12 月中旬，在第二次全国农业学大寨会议精神鼓舞下，全县在当年秋冬季迅速掀起了一个以改土、治水、增肥为主要内容的农田水利基本建设新高潮。县委统一组织了县属机关、厂矿、学校 1500 多人会战宾亨寺湾改河和石涧公社大塘垌改造低产田的示范工程，带动各公社大批开展选择河道截弯取直扩大面积、整理土地的工程。新楼公社每天出勤人数由原来 8300 人，增至 1.2 万人。

在新一轮农田水利基本建设过程中，全县各地依然坚持以阶级斗争为纲，把农田基本建设工地作为批判"四人帮"的战场。厚溪公社在 22 个工地上，搞了 96 个革命大批判专栏，写了批判文章 970 多篇，绘制漫画 250 多幅，在工地上召开批斗大会 25 次，批斗破坏农业学大寨的阶级敌人和资本主义代表人物 45 人。木格、南街、清桂等公社也普遍开展斗敌批资活动，以大批促大干。1977 年 12 月底统计，全县当年投入农田基本建设的劳力 10.8 万人，破土动工的大小工程 202 宗，已经完成 112 宗，搬动土、石 1291 万立方米，改造山坑低产田 9895 亩，整治低坑田 2797 亩，平整土地 2690 亩，扩大面积 514 亩。

1978 年 10 月 13 日，县委常委会专题研究了当年冬季的农业基建计划，对一批在建或需动工建设的农业工程进行了资金配套补助。主要有厚溪公社毕陇水库加固、丰崀垌整治，宾亨公社中村水库加固、寺江围加高，排沙公社小罗河改河工程，石咀公社沙埗改河，上林公社赤水围坑造田，螺岗公社群力至马垌引水工程，石涧公社石涧堤围加高工程，江屯公社龙下洞渠道整治等水利工程，以及宾亨的白水带、赤坑的大平、潭布的带下等一批小水电站。

新一轮农田水利基本建设继续改善了农业生产条件。但是，群众运动匆忙建成的工程，施工质量往往不稳定。

（四）教育、卫生、文化事业的恢复和发展

教育事业方面，粉碎"四人帮"以后，广宁县的教育工作正本清源，各学校的教学工作得到恢复和发展。县委把广宁中学、南街镇第一小学作为全县的重点学校,各公社也选择 1～2 所小学为重点,相对集中人力、物力和财力,不断摸索和推广提高教育质量的经验。广宁中学应届高中毕业生参加高考,1977 年无人达到录取分数线,1978 年有 16 人达到了录取分数线。以教学为中心,正确处理"主学"与"兼学"的关系,保证教育时数。教师每周至少有六分之五的时间用于教学工作,学生每周至少有六分之五的时间用于学习。各中小学均执行了中央的教学计划和教学大纲。县成立在职教师函授站,全县共有 300 名教师分别参加语文、政治、数学、物理等学科学习,帮助他们在三年内达到大专水平。县教育局成立落实政策小组,查清和解决了教师队伍的一批错案、假案、冤案,从而把教师的工作积极性进一步调动起来。1978 年,提拔了中小学正副校长,教导处、总务处正副主任共243 人。1978 年底全县统计:共有各级各类学校 299 所,其中普通中学 19 所,小学 253 所;教职工总数 4050 人,教师 3431 人中有中学教师 1226 人、小学教师 2095 人;在校学生 98098 人,其中中学生 29308 人,小学生 66615 人。当年,全县考上大学 46人、中专 155 人,比 1977 年有所增长。

卫生事业方面,主要是把"四人帮"颠倒了的路线、是非纠正过来,把被搞乱的队伍组织起来,把被搞乱的合理规章制度重新建立起来,整顿公社卫生院,巩固提高合作医疗,搞好赤脚医生队伍建设。抓好以除害灭病为中心,以"两管五改"(管水、管粪,改水井、厕所、畜圈、炉灶、环境)为内容的爱国卫生运动。1978 年底,全县卫生医疗机构有 272 个,其中县卫生系统直属 7 个,公社卫生院 18 个,大队卫生站 227 个,各部门 20 个;床位 519 个,其中县一级 160 个,公社一级 359 个;全县卫生人员 1515 人,比 1976 年增加了 97 人。1515 人中,县卫生系统直属208 人,公社卫生院 624 人,大队卫生站 646 人,各部门 37 人,均比 1976 年有所增加。

　　文化广播事业方面，1977 年 3 月 30 日，广东省广播事业管理局革委会批复，同意广宁县在"莫二背"（土名）建一座 50 瓦以下小功率电视差转台。自此，全县有了发展电视的基础条件。1977 年底，全县 252 个大队全部开通有线广播，其中有 199 个大队架有广播专线，线长 1237 千米；3737 个生产队中有 3731 个通有线广播、3660 个架通广播专线共 8647 千米；7.82 万农户广播入户率 70％；共装有线广播喇叭 5.11 万个，比 1976 年增加 7000 多个，其中高音喇叭 772 个。1978 年底，全县有线广播站 20 个，其中县级 1 个，公社级 19 个。1977 年，全县各级电影队放映革命影片 1.15 万场，观影 554.9 万人次，比 1976 年增加了 252.8 万人次。1978 年底，全县有电影院 1 座，电影放映队 64 个，比 1976 年增加 28 个，还有剧团 1 个，文化馆 1 座，新华书店 1 间。

第
二
节 **改革开放的起步**

一、贯彻党的十一届三中全会精神解放思想与工作重点转移

1979 年 2 月 9—15 日，县委召开"三干会"，学习贯彻党的十一届三中全会以及广东省、肇庆地委常委（扩大）会议精神，学习中共中央关于农村工作的三个文件，强调把工作重点转到社会主义现代化建设上来，调动广大干部群众积极性，集中精力夺取当年农业大丰收，争取水稻总产量比历史最高水平增长 5%。2 月 10—11 日，省委第一书记习仲勋在肇庆地委书记许士杰等的陪同下到来广宁县作贯彻党的十一届三中全会精神专项调查研究，在县委常委和公社党委书记座谈会结束前，习仲勋做了总结讲话。他强调："广宁县的中心是把林业搞好。也不是单打一。要以林为主，全面发展，光靠木材、竹子不行，粮产区以粮唯一也不行，林区也是这样，要全面发展，不能以林唯一，养羊、养牛、养蜂等，什么都搞才能富。"[1] 关于贯彻党的十一届三中全会精神，习仲勋强调："主要是领会精神，解决本县、社、队的实际问题，把工作推向前进。我们要有雄心壮志，千方百计把生产搞上去，使经济繁荣起来，把群众生活搞好。"[2]

---

[1] 广宁县档案馆馆藏《中共广宁县委档案 1979 年》
[2] 同上。

4月2—4日，县委召开公社党委书记和县直机关各单位、各工厂、各学校负责人会议，推动深入贯彻党的十一届三中全会精神，夺取早造大丰收。会议认为，全县形势大好，要继续深入贯彻党的十一届三中全会精神，肃清极"左"路线流毒，尊重生产队的自主权，发展集体经济的同时，鼓励社员搞好家庭副业，增加收入，坚持用处理人民内部矛盾的方法解决问题；抓好各项政策的落实，促进安定团结。5月4—8日，全县多种经营会议召开。会议部署进一步巩固和发展茶、药、果基地，把以种养业为主要内容的多种经营搞好，同时以养猪为中心全面发展养殖业。5月22—26日，召开全县林业会议，1000多人参会。会议主题是重新认识发展林业的重要性，认真贯彻党的十一届三中全会精神，贯彻县委提出"以林为主，林粮并重，多种经营，全面发展"的生产方针，全面规划，因地制宜，长短结合，消灭荒山迹地，办好社队林场，走林、副、工综合发展道路，迅速把全县林业生产搞上去。6月17日，县委决定成立县委农村工作部，作为县委管理农业学大寨、农村政治思想工作，调查研究农村经济政策，人民公社经营管理的工作部门，加强党对农村工作的领导。

8月16—18日，县委召开公社党委书记、县直部委办局负责同志会议，强调深入贯彻党的十一届三中全会精神，继续解放思想，进一步发展大好形势，抓好经济工作，保证农村年终分配平均每人100元以上。9月中旬，召开全县林业工作会议，部署保持发展林业生产已经形成的大好形势，掀起秋季抚育高潮，大搞经济收入，要求当年年终农村人均分配比1978年增加10~15元。10月10日，《南方日报》刊登报道《广宁县贯彻三中全会精神成效显著》，并发表了评论员文章《要敢于把山区经济搞活》。报道认为，广宁县实事求是，敢闯禁区，实行林粮副业一齐抓，集体个人一起上，各项生产生机勃勃，社员群众心情舒畅，最强大的动力是党的政策。10 月 17 日，县委印发《关于进一步落实按劳分配政策的意见》（简称《意见》）。《意见》强调，全面实行定额管理，确保分配的兑现，下决心在两三年内清理回收超支款，分配社员口粮应体现多劳多得的原则，一般采取劳动工分粮加基本口粮的办法。

1980 年 1 月 2—4 日，县委常委、县革委会副主任召开民主生活会议，重点是在总结广宁全县贯彻党的十一届三中全会精神一年来工作变化的基础上，组织学习《关于党内政治生活的若干准则》，强调县委常委一班人一定要坚持党内民主集中制原则，与会各人都谈了工作不足，决心采取措施，鼓劲前进。12 月 12 日，县人民政府发出《坚决制止乱砍滥伐保护森林的紧急通知》，规定从发文之日起，坚决实行"三停一清"（停止采伐林木、停止收购、停止调运，清理社会存材、边清查边处理）；全县以公社为单位成立木材联营公司，统一木材经营业务，其他任何单位和个人不得插手；严格木材外运审批手续，加强检查；实行木材采伐批准制、收购合同制；贯彻"谁种谁有"政策，稳定体制，落实林权。12 月 19 日，县人民政府发出《关于进一步制止乱砍滥伐保护森林资源的通知》，要求大张旗鼓宣传国务院和省、市、县的规定，大张旗鼓公开处理典型案件，坚决打击林业违法犯罪活动。

1981 年 8 月 17—22 日，全县"三干会"学习贯彻中共十一届六次全会精神，部署加速农村经济发展、加快农民致富步伐的工作。会议安排秋收前全面落实党的十一届三中全会以来的各项政策，主要是按劳分配的生产责任制、落实自留山政策促进社员家庭副业发展，落实山权林权稳定农村体制。

1982 年 4 月 19 日，县委印发《关于认真学习贯彻执行〈全国农村工作会议纪要〉的通知》，强调《全国农村工作会议纪要》

是党在农村工作的又一纲领性文件，本县各社队大规模进行的生产责任制改革取得显著成绩，但要抓紧解决一批面临的问题，突出宣传农业坚持走社会主义集体化道路、土地等基本生产资料公有制政策长期不变。11月11日，县委、县政府作出《关于坚决贯彻执行中共中央、国务院〈关于制止乱砍滥伐森林的紧急指示〉的决定》，强调全县各级党政部门要果断采取措施，刹住乱砍滥伐林木歪风。11月18日，接着出台了制止乱砍滥伐林木清理范围、处理原则、执行措施的具体细则。12月17—20日，广宁县劳动致富表彰大会召开，会议规模820人，其中生产能手、劳动致富代表320多人。大会交流了经验，重申县委、县政府的扶持政策，鼓励更多重点户、专业户敢富快富，带动大家劳动致富、科学致富。会议向全县农民发出了《劳动致富倡议书》，号召大家理直气壮地劳动致富。

1983年1月3—4日，县党政班子召开联席工作会议。会议强调，1983年全县工作的总要求是，解放思想，清除"左"的影响，大胆革新，闯出新局面，各方面向前推进一步。1月17—18日，县四套班子召开会议，传达学习中共中央《当前农村经济政策的若干问题》文件精神，讨论拟出台的加快本县农村经济发展的若干具体政策。1月20—26日，县委扩大会议召开，贯彻落实中共中央《当前农村经济政策的若干问题》文件精神。会议用3天时间组织参观县内专业户、重点户和新经济联合体的28个典型，增强发展信心。会议确定，全县1983年的工作目标是坚决完成年财政总收入940万元，人口自然增长率降到14‰以下，精神文明建设提高到新水平。2月18—19日，县四套班子召开会议，强调要及时引导群众积极性，争取农业生产新突破，大搞绿化造林，发展多种经营，支持专业户、重点户和新联合体发展生产。会议决定，当年地方财政收入力争达到950万元；另外县内统筹

170万元，主要用于支农、教育、文化、卫生、体育、武装、政法部门的场所建设、干部职工住房和县城市政设施的增加等，共23个项目。会议还统一了认识，积极鼓励县内部门、企业走出广宁，到深圳、广州、江门、肇庆等地搞活经济。3月20日，县委、县政府印发《关于进一步加速发展农村经济的若干具体政策的规定》，明确了涉及专业户、联营、林业、联产承包责任、流通、请工经营、运输等10个方面的鼓励内容。

1984年4月6日，县政府发出《关于对竹子、竹类产品经营进一步放宽的通知》，决定自4月15日起进一步放宽广宁县较大宗的竹制品经营，对原竹购销县内放宽、出县管严，竹制品一律凭证放宽经营，竹织、竹编产品实行税收从优照顾，以有利于搞活农村经济，增加农民收入。7月18日，县委印发《关于落实延长土地承包期工作的意见》，明确土地承包要本着"大稳定、小调整"原则，承包期稳定在15年以上，并对土地投入的补偿等一些具体问题处理提出了原则性意见。7月23日，中共广东省委办公厅《内部通报》登载题为《广宁县把全部山地分包到户群众积极造林》的文章，介绍广宁县从1983年12月到1984年5月，把全县300万亩山地，划成自留山100万亩，责任山200万亩，全部分给群众后，广大群众耕山和造林管林积极性空前高涨。截至1984年5月，已经造林12.5万亩，其中经济林7.9万亩，半年的造林面积就等于过去30年扩种面积的总和。8月8日，肇庆地委办公室根据地委领导同志意见，发出传真电报《转发广宁县委的一个报告》。按语认为，广宁县委最近通过引进资金、技术、设备，逐步建立葡萄糖、彩色油墨、造纸、微粒胶合板、陶瓷、食品加工业等几条生产线，以及开发山区小水电、矿产资源，经营好"两山一田"（责任山、自留山、责任田）等，措施切实可行，前景十分可喜。广宁的做法为"跳出山区，建设山区"指出了方向，要求各县委、市委参阅。8月24日，县委召开四套班子会议，强调要正确理解"以农促工、以工带农"的思路，一定要把山头管好，不要把山顶、山腰作为经济的主要来源，只有依靠山裙解决工业原料、解决生活来源，才能立于不败之地。8月，县政府为了适应广宁县发展蚕桑生产的需要，与华南农学院蚕桑系签订了委托代培5名蚕桑专业本科生的协议，县政府支付代培费用。这是广宁县出钱培养广宁县急需人才做法的开始。

二、落实统一战线与侨务政策调动各方积极性

到改革开放前统计，广宁县共有海外侨胞和港澳台同胞近2万人，这是建设家乡的一支重要队伍。县委、县政府（革委会）为了凝聚各方力量加快广宁各项建设，花大力气重视推进统一战线工作和侨务工作。

1979年6月下旬，广宁县侨务会议和第二次归侨、侨眷代表大会召开，其中归侨代表56人。会议重点贯彻党和政府的侨务政策，鼓励海外华侨和港澳台同胞支持家乡四化建设，部署做好接待工作。

1980年1月30日，县革委会决定成立广宁县对外引进办公室，主要是负责外资引进、补偿贸易、来料加工、华侨和港澳台同胞支持家乡建设等业务的联系、引线、洽谈工作，办公室设在县侨联会。4月4日，县委发出通知：决定成立中共广宁县委统战部。当年，由县委统战部主抓，全县原错划"右派分子"的172名全面完成摘帽改正扫尾工作；完成对原工商业者326人的区别工作，区别为小贩、小商、小业主及小手工业者、工人或店员等劳动者身份有298人；完成查实158名原国民党起义、投诚人员落实政策的工作。

1981年1月1日，县委委托县委统战部等单位联合召开归

侨、侨眷、港澳台同胞家属新年茶话会，150 人参加。当年 12 月，全县落实侨务政策工作完成，共有 238 户华侨（港澳）户获得改变家庭成分通知，并由县革委会发给《华侨（港澳）户改变成分通知书》。

1982 年 9 月 16 日，县委、县政府发出《关于进一步做好知识分子工作的通知》，要求肃清偏见，继续解决好政策遗留问题，合理使用，人尽其才，努力改善知识分子的工作、学习、生活条件，鼓励其安心山区。

1983 年 12 月 27 日，县委向上级汇报广宁县落实统战政策取得的好成绩。一是原错划"右派分子"的 172 人已经全部改正并按政策合理安置，原参加公私合营的工商业者 327 人区别为小商、小贩、小业主及小手工业者 298 人，占总人数 91.1%；二是"文革"中出现的违背政策问题基本解决，冤假错案 45 人已经全部复查改正，9 人被查抄财物全部退还，应补发工资大部分已补发，11 户被占房屋全部退还；三是落实了对台工作政策。四是落实了原国民党起义、投诚人员 158 人的政策；五是党外人士安排使用工作有新铺排。

1984 年 1 月 6 日，县委同意今后由各级党组织的宣传委员兼任统战委员。以利于把统战工作做得更好。广宁县工商联于 4 月 1 日正式恢复了中断 18 年的活动后，首先是落实对工商业者的政策，补发了近 30 人"文化大革命"以来被扣发的工资 5.7 万元，重新进行会员登记，兴办新的经济实体，促进了商贸流通的活跃。9 月上旬，原籍新楼区大迳村的台湾同胞杨树松回乡探亲，为新中国成立后广宁县首个回乡探亲的台湾同胞。9 月 25 日，县政府颁发《关于进一步改善知识分子待遇的若干规定（试行草案）》，强调对知识分子在政治上要充分信任和依靠，允许各单位公开招聘或与其他单位签订借调合同引进科技人员，允许科技人员业余应聘、兼职，支持知识分子知识更新，高、中级知识分子分别享受处、科级干部政治生活待遇，符合条件的助理工程师以上技术职称和大专毕业的知识分子从当年 9 月份起享受上浮 1～2 级工资待遇，对住房、家属随迁、子女入学、医疗保健也作了明确安排。这个规定对调动知识分子安心广宁的积极性起了良好作用。11 月21—23 日，县委、县政府召开全县华侨、港澳台同胞亲属代表会议，会议规模 260 多人。会议主题是交流经验，消除疑虑，相信政策，增强信心，动员在外乡亲共同建设家乡。

三、调整农林产业结构激发民间发展经济活力

1980 年 1 月 25 日，县革委会批转县税务局、农业局、外贸局《关于发展我县茶叶生产的请示报告》。批转意见认为，发展茶叶生产既有钱又有肥，是增加集体收入、促进农业发展、改变山区面貌的重要途径之一，要求提高科学管理水平，坚持生产队办茶园为主，促进更大发展。广宁一直是广东省的茶叶产区重点县之一，历史上最高年产干茶 10860 担，1979 年底全县茶园面积1.3 万亩，1980 年计划扩大种植面积 2780 亩。

1981 年 5 月 23—27 日，全县林业工作会议召开，突出解决林业生产责任制问题，400 多人到会。会议明确，稳定"四权"（山权、林权、砍伐权、产品处理权）归生产队；经济林可以搞"人山挂钩，队有户管，按产记工分"；用材林实行专人管理，不宜到户；自留山划分控制在总面积 15％以内，自留山林木永远归个人所有，可以继承；办好国有和社队林场，一律不准解散、不准下放，继续调整林区生产布局，多种经济林，开展多种经营。会议期间，县委、县政府于 5 月 23 日印发了《关于划给社员自留山的决定》。11 月 21 日，印发《中共广宁县委关于精简、健全大队机构的意见》（简称《意见》）。《意见》对大队干部编制、报酬、

职责分工作了新的明确。全县251个大队，核定干部编制1112名。10月21—26日，县委召开公社党委书记会议，传达贯彻省、市会议精神，组织参观学习，着重研今冬明春生产安排。会议要求千方百计抓好晚稻后期管理，大搞冬种粮食作物，抓好冬季农田基建，抓好农林业生产责任制落实；搞好"一种二养三加工四挖矿五办电"的多种经营，广开致富门路。12月10日，县四套班子召开会议，专题研究广宁县落实林业生产责任制过程中出现的问题及采取的措施。会议认为，当前全县推行的林业生产责任制总的进展顺利，但在大好形势下要清醒头脑，不能边落实责任制边出现乱砍滥伐情况，一定要迅速纠偏。措施主要有：及时划定自留山；迅速落实林权并发证；保护和巩固好社队林场；严格护林制度，县政府发出布告实行行政干预，发动群众制定护林公约；惩办一批林业违法人员。12月11—12日，县委召开公社党委书记会议，专题研究加快全县林业生产责任制的落实，以稳定发展林业的关键因素。会议要求落实山地总面积15%的社员自留山，抓紧发证、稳定山林权，实行队有户管、专业户承包等责任制形式，保护好224个、面积50多万亩的社队林场，严格护林制度、实行必要的行政干预。

1982年2月14—17日，县委"三干会"集中研究了在新形势下突出地把社队企业和集体工副业搞上去的问题。会议提出，振奋革命精神，明确主攻方向，实现1982年社队企业总产值5000万元、农村人均收入300元的目标。3月8日，县政府鉴于随着广宁县农业生产责任制的落实，农业税的交纳对象也由生产队转变为包产（干）农户的实际情况，决定从1982年起全县1001.39万斤（稻谷）的实物农业税负担落实到户，原来的减免政策不变。12月24日，县委印发县委常委会议纪要，指出富县必须发展工业，要全党动员，加强领导，立足发展，开创广宁县工业生产的新局面，县委决心用抓农业的劲头抓工业，主管部门调配力量一抓到底，各企业由"明白人"当家，各部门协同作战、鸣锣开道，各公社迅速改变社队企业被动局面。县经委提出1983—1984 年工业发展的设想，是办好新上葡萄糖车间、化工油漆、综合饲料加工等 8 个项目，7 家国营工厂挖潜扩产，尽快投产水泥厂、塑料厂、瓷砖厂，每年增加产值 3000 多万元，同时带动其他工业发展。12 月 25 日，县委、县政府出台《关于进一步放宽农（林）副产品产购销政策的若干规定》，从 1983 年 1 月 1 日起，放宽竹子及竹类产品、生猪、牛、蔬菜、塘鱼等的产销方式。

10 月 19—20 日，县委常委、副县长联席会议重点讨论了广宁县林业发展的新思路：落实 100 万亩自留山打造经济林的布局调整，发展家庭经济，解决农户收益；痛下决心保护好 200 万亩集体山林，统一封山育林的态度要坚决，措施要有效，保证青山常在、绿水长流。会议还同意石咀公社用 1000 亩水田改种桑养蚕。12 月 15 日，县委、县政府为了加快全县林业生产的恢复和发展，决定建立全县的护林专业队伍。县设大队，区设中队，必要时统一指挥，设 150 人编制，新增招聘人员一年一合同。

1984 年 6 月 7—12 日，肇庆地区第三次山区工作会议在广宁县召开。会议肯定了广宁提出的山区治穷致富的一系列措施，提出山区治穷致富必须要走"一放二小三多四活"的新路子。

四、经济管理部分体制与经济责任制的试行

1980 年 4 月 4 日，县革委会发出通知，经县委研究决定，对各公社 1980 年的工商税收实行增收和超收比例分成。超额完成年任务以上部分提取 30％留成，实际收入超过上一年部分提取 10％留成，留成金额主要用于职工集体福利。8 月 20 日，县革委会发

出通知，为了保证国家松香出口任务的完成，重申了县内松脂必须坚持由县林产化工厂"收购一把秤，加工一口锅，经营一个口"。9月7日，县革委会发出通知，根据上级决定，广宁县原来列为二类产品（计划收购）的竹子及竹类产品（包括青竹、竹篾、篱竹、篙竹、毛竹、杂竹）被改为三类产品，从9月10日起实行议价议销，40多种产品按统一指导价对外销售。从此，原竹及其产品价格走向市场化，但购销渠道和收购对象仍有所限制。9月13日，县革委会发出通知，对全县低产缺粮队减免农业税作出安排。以生产队为单位，以1976年、1977年、1978年三年平均口粮和平均收益分配为依据，全年每人平均口粮400斤以下、人均分配60元以下，全部免征农业税。其他低口粮高收入或高口粮低收入的生产队也有不同程度减免。此项政策一定三年，每年减免农业税（稻谷实物）250万斤，有效减轻了农民负担。11月2—5日，县委召开扩大会议，部署落实中央文件精神，在全县农村推行专业承包、联产计酬等责任制形式。

1981年1月3—4日，县委常委、县革委会副主任联席会议在江屯公社党委会议室召开，江屯、北市、联和三个公社的党委书记列席会议。会议主要汇报全县贯彻中央指示精神的动态情况，探讨大胆实行各种形式的农业生产责任制。会议形成的共识是，不主张、不提倡搞大包干，已经搞了的大包干不硬扭；集体工副业不能散；五保户、军烈属要照顾好；债权债务要处理好；调整生产队规模要经公社党委审批。1月28日，县政府决定由县经委一个口对县财政实行亏损指标包干，一定四年不变。核定17家国营工厂自1981—1984年的亏损额是78万元、50万元、40万元和30万元，超亏损不补，减亏损全留。实行这项措施调动了主管部门、企业和职工的积极性。3月27日，县政府根据省、市的安排，决定广宁县从1981年起调整粮油购销任务，实行包干，一定三年。调整后，全县每年粮食减少征购332万斤、增加定销149.5万斤，花生果减购32.8万斤、茶油减购0.85万斤。实行这项措施，对减轻和稳定农民负担产生了积极作用。5月28日，县委、县政府决定成立广宁县对外经济工作委员会，统一管理对外贸易、外资引进、补偿贸易、来料加工、华侨如港澳台同胞支持家乡建设等业务，办公地点设在县财贸办公室，原广宁县对外引进办公室同时撤销。

1984年7月18日，县委印发《关于落实延长土地承包期工作的意见》，明确土地承包期要稳定在15年以上，并对一些具体问题处理提出了原则意见。

五、商品流通体制开展初步改革

1982年8月12日，县委、县政府出台《关于经济工作若干问题的具体规定》，强调要在党的政策允许范围内和国家计划指导下因地制宜发展生产，多条渠道组织流通，鼓励多方式联营，对竹子、木材、茶叶、桂皮、砂仁、巴戟、生猪、蔬菜、竹制品、纸类、香粉、松香、花茶、矿产、木柴等广宁县大宗地产品的产销作出具体规定，引导有序搞活。

1984年3月14—15日，县委、县政府工作班子召开联席会议。主要内容是：贯彻上级会议精神，研究广宁县利改税、供销社改革和外贸代理出口等事项；确定当年县级自筹收入上半年开支主要投向是县人民医院门诊楼、县广播大楼、机关干部职工宿舍、补贴杂优制种、县城青云桥、赤坑大桥等项目；研究确定广宁县机构改革的上报初步方案。4月6日，县政府决定自4月15日起进一步放宽本县较大宗的竹子产品经营，对原竹购销县内放宽、出县管严，竹制品一律凭证放宽经营，竹织、竹编产品实行税收从优照顾。

六、恢复和整顿教育事业

1984 年 5 月 7 日，县委、县政府决定，全县范围开展多渠道筹集资金，资金专项管理，专款专用，确保如期达到上级要求的 1985 年实现学校"一无两有"（校校无危房，班班有课室，学生人人有课桌凳）的目标。当时全县中小学有危房近 9 万平方米，缺课桌椅 8576 套，缺教室 32 间，需资金 589 万元。7 月 15 日，县委发出通知，要求全县干部队伍 1300 多名未达到高中毕业文化水平的人员中，凡年龄 50 岁以下、文化程度不到高中或中专水平以及 1968—1980 年高中毕业的国家干部，从当年下半年开始，用 4 年时间开展业余学习并达标，以促进干部队伍的革命化、年轻化、知识化和专业化。

七、民主法制建设和党的建设与政治体制改革的初步探索

（一）社会主义民主与法制秩序的恢复

1981 年 10 月 22 日，县委决定并经广东省公安厅政治部批复，为了加强基层公安保卫工作，同意广宁县公安局建立新楼、厚溪、宾亨、排沙、潭布、北市、木格、石咀、洲仔、螺岗、赤坑、上林、石涧、五和、联和 15 个派出所。1982 年 10 月起，全县农村地区户口管理业务由公社移交给所在地派出所，以公安派出所为户口登记机关。

1982 年 2 月 1—2 日，县委召开四套班子会议，学习中共中央国务院《关于国营工业企业进行全面整顿的决定》（中发〔1982〕2 号文件）和传达省委指示精神，强调经济要搞活，党风要端正，政策要放宽，纪律要严明，坚决反对走私贩私、贪污盗窃、投机倒把、行贿索贿、买空卖空、坐地分赃等非法活动，对外交往要不卑不亢。3 月 1—2 日，县委召开常委扩大会议，县人

大、县政府、县政协党员领导成员参加，会议传达地委召开的县委书记会议精神及中央领导同志讲话要点，联系广宁县实际，强调要制裁经济领域的违法犯罪行为，搞好正当贸易，发展集体经济。4月17—18日，县委召开县直机关、厂矿、公社党员干部会议，传达贯彻中央文件和相关会议精神，动员部署广宁县反对资本主义思想腐蚀和打击经济领域严重犯罪活动的斗争，总的指导思想是：态度要坚决，打击要有力，重点要明确，步骤要稳妥，工作要做细。同时，坚持以计划经济为主、市场调节为辅，总结经验，更好地把经济搞活。6月28日，县委发出通知，要求各级党组织发动全民讨论《中华人民共和国宪法修改草案》。12月26日，县委发出《关于认真学习贯彻〈中华人民共和国宪法〉的通知》，要求大力组织宣传，使广大公民了解宪法的基本内容，自觉遵守宪法、维护宪法。

1983年7月7日，县政府颁发《广宁县村镇建房用地管理实施细则》，对全县农村和圩镇建设用地的规划、申请、批准程序，根据国务院的条例和广东省的实施办法做出了细化的规定。11月3日，广宁县城乡建设规划委员会成立，加强全县城乡建设规划工作的领导。这是广宁县依法管理城乡建设的开始。

（二）恢复人大制度和实行人民政协制度

1980年5月8日，县委批转广宁县选举委员会关于第七届县人民代表大会（简称"人代会"）和各公社（镇）人代会代表选举工作的计划，要求各级党组织加强领导，党员干部起模范带头作用，保证选举顺利进行。此前，4月24日，成立了广宁县选举委员会，县委副书记陈威为选举委员会主任。5月1日至6月30日，进行了县第七届人代会代表直接选举和公社（镇）第七届人代会代表选举的系列工作。全县按照"有利生产、有利选民登记、有利于代表产生"的原则划分350个选区，登记选民237962

人，参加选举投票率 95.5%，选出县人代会代表 552 人、公社（镇）人代会代表 4462 人。自此，县、公社（镇）两级人民代表大会制度正式恢复。

1980 年 9 月 26—30 日，广宁县第七届人民代表大会第一次会议在县城南街召开，肇庆地区行政公署副专员代表地委和行署到会祝贺。此届人代会共有代表 552 名。县委书记杨世南致开幕词，县委副书记、县革委会副主任陈威代表县革委会向大会报告工作。报告指出：县革委会成立 12 年来，前 8 年各项生产建设始终未能迈入正确发展轨道，粉碎"四人帮"后开始出现安定团结、生动活泼的大好局面，纠正一大批冤假错案，落实各类人员的政策，工农业生产和其他各项工作取得显著成绩，社员收入有所提高，干部职工生活改善；加快广宁致富步伐的目标是"三年奠基，五年发展，十年大变样"，到 1985 年实现财政总收入 1000 万元、社员人均分配 150～180 元。大会实行直接差额选举办法，选举产生了新设立的广宁县人民代表大会常务委员会，县委书记杨世南当选常委会主任；选举产生了"广宁县革命委员会"更名为"广宁县人民政府"后的正副县长，陈威当选县长。同时，选举产生了县人民法院院长和县人民检察院检察长。会议号召，全县工人、农民、知识分子和一切爱国者，全心全意投入四化（工业、农业、国防、科学技术现代化）建设。1982 年 4 月 26—29 日，县七届人大二次会议提出，当年全县工农业总产值 1.8 亿元、农村人均收入力争达到 300 元、人口自然增长率降到 11‰ 以下。

1984 年 6 月 10—14 日，广宁县召开第八届人民代表大会第一次会议。此届人民代表大会共有代表 269 人。肇庆地区行署副专员吴家仿到会祝贺，县委书记钟德文致开幕词，代县长罗为喜作政府工作报告。大会认为，七届人大召开以来的三年八个月，全县政治安定，生产不断发展，市场活跃，群众生活有改善，治安良好，形势大好。1983 年与 1980 年相比：工农业总产值增长 11.8％，粮食总产量增长 7.8％，财政收入增长 28％，个人储蓄余额增长 18％，人口自然增长率下降到 15.2‰，农村人均分配 252 元，增长 57.6％，城镇职工普遍提高了工资。大会提出，以 1983 年实绩为基数，到 1987 年，工农业总产值增长 22.7％，粮食总产量增长 10.4％，财政收入增长 22.2％，农村人均分配 331 元，增长 31.2％。此次会议先进行预选后进行正式选举，何水兴当选县人大常委会主任，罗为喜当选县长。

1980 年 6 月 20 日，地委批复县委同意广宁县成立县政协筹备小组，标志着中国政治生活中发扬社会主义民主的一种重要形式在广宁县开始正式实施。

1980 年 9 月 25—30 日，中国人民政治协商会议第一届广宁县委员会第一次会议在县城南街召开。此次会议共有 91 名委员参加，分为中国共产党、中国民主同盟、中国共产主义青年团、总工会、贫协、妇联、少数民族、人民解放军、侨联、科学技术、教育、医药卫生、体育、文学艺术、原工商、法律、计划生育、特别邀请人士等界别。县委书记杨世南在会上讲话时，寄语各位政协委员发挥协商、监督、广开才路的作用，共商全县大事，同心同德把广宁的建设事业搞好。会议选举县委副书记邱宁中为县政协主席。县政协的成立，标志着广宁县在政治体制中确立了发扬社会主义民主、实行互相监督的重要形式。1982 年 4 月 25—30 日，中国人民政治协商会议第一届广宁县委员会第二次会议召开。县委副书记詹益良代表中共广宁县委讲话，寄语县政协和政协委员，认识新时期的特殊作用，共同奋斗。

（三）从严打击重大刑事犯罪活动

1982 年 3 月 30 日，县委发出《关于认真加强整顿社会治安秩序工作的通知》，要求各级党组织充分认识当前整顿社会治安工作的艰巨性、紧迫性，继续贯彻依法从重从快方针，严厉打击各种犯罪分子的现行破坏活动，及时发现和解决本地区治安突出问题，抓好青少年教育工作，加强治安防范。1983年7月8日，县委印发《关于坚决打击拐卖、残害妇女的犯罪分子和取缔嫖宿、卖淫活动的意见》，要求广宁县各级党委、政府及其部门把这项工作作为当年整顿社会治安的重要内容全力抓好。8月18日，县四套班子党员领导会议召开。会议传达了中央关于严厉打击刑事犯罪活动的系列指示和省的执行方案，决定广宁县要做好思想准备、力量准备，投入行动，从9月1—10日为第一次行动时间，重点公社是北市、新楼、南街、木格和宾亨。

八、持续解放思想和加强党的建设

（一）持续开展真理标准问题的讨论

1980年10月30—31日，县委、县人大、县政府、县政协四套领导班子第一次联席会议召开。会议主要内容是由县委书记杨世南传达地委扩大会议要点，继续贯彻党的十一届三中全会精神，针对存在问题，认识进行经济体制改革的必要性。会议认为，全县要搞好联产到组或到户的农业生产责任制，要调整农业生产布局、发展2万—3万亩经济作物，鼓励社员大搞家庭副业，帮助扶持贫穷生产队发展经济，依靠内外贸渠道和联营方式打通木材、竹篾、矿产、花茶等产品销路。1981年2月10—11日，县四套班子召开学习会，集中学习邓小平于1980年12月25日在中央工作会议所作的《贯彻调整方针，保证安定团结》的讲话。学习会主要解决与上级党组织保持政治上一致性的认识问题，认为不保持一致就容易产生对党的十一届三中全会精神的怀疑，把"活"看作"乱"，强调要加强党的领导，统一思想意志，不要随便改变政策。2月14—18日，县委召开"三干会"，贯彻中共中央有关文件精神，分析 1980 年全县农村形势，部署 1981 年的农业生产，进行春耕总动员，要求抓好粮食生产，开展多种经营，农林牧副渔协调发展。地区行署领导和地委工作组到会指导。

（二）加强党的建设和领导班子建设

1980 年 4 月 7—10 日，县委召开常委扩大会议，传达、学习和贯彻党的十一届五中全会精神，学习《中国共产党章程》和《关于党内政治生活的若干准则》等文件，研究如何在广宁县落实加强和改善党的集体领导问题，要求普遍深入进行一次政治思想教育，把各级党组织整顿好、建设好，适应四化（干部队伍年轻化、革命化、知识化、专业化）建设的要求。此前，3 月 6 日，县委已向全县各级党组织发出了学习通知。6 月 28 日，县委召开第三届委员会全体会议。第三届县委共有委员 32 名，其中正式委员 28 名、候补委员 4 名。县第三次党代会于 1970 年 12 月中旬召开至 1980 年，县委委员被调离广宁 11 名、病故 1 名，同时根据工作需要上级任免了一批县委常委和委员。会议讨论通过了第三届县委提交给中共广宁县第四次代表大会的工作报告。7 月 5—9 日，中共广宁县第四次代表大会在县城南街召开。此次大会共有正式代表 447 名，候补代表 44 名，实际出席会议正式代表 435 名。肇庆地委常委赵连仲代表地委到会祝贺并讲话，希望广宁以此次党代会为契机，加快四个现代化进程。会上，杨世南代表县委作题为《坚持和改善党的领导，为使我县农村尽快富裕起来而奋斗》的工作报告指出：县第三次党代会召开九年多来，广宁经历了"文化大革命"的巨大创伤，广大党员对极"左"路线也进行了各种形式的抵制和斗争，使工农业生产许多方面减少损失或做出新成绩；粉碎"四人帮"以后，县委迅速落实党的政策，及时处理大批历史遗留问题，促进了拨乱反正，各部门工作重新走上正轨；1979 年，全县农业总产值超过历史最高水平，工业总产值比 1970 年增长 109％；当前有一批社队初步富裕起来；尽快使全县农村富裕起来的规划是"三年奠基，五年发展，十年大变样"；大力抓好党的思想、组织和纪律作风建设，发挥领导核心作用，保证"农业搞快，经济搞活，集体和农民搞富，计划生育搞好"目标实现。经过差额选举，产生第四届县委委员 27 名、候补委员 4 名；杨世南、梁新华、程扬波 3 人为出席省第五次党代会代表。7 月 9 日，县委召开四届一次全体会议，选举产生第四届县委常委会委员 9 名，杨世南当选县委书记，陈威、邱宁中当选县委副书记，会议还选举产生县委纪律检查委员会，由 9 名委员组成，邱宁中当选县委纪检会书记。1981 年 6 月 21—22 日，县委四届二次全会召开。会议主要学习、领会中央文件精神，进一步认识推行生产责任制是一项重大政策，要毫不动摇地从农业推广到各行各业。1982 年 1 月 17 日，县委四届四次全体会议召开。会议总结了县委 1981 年的主要工作，在进行党的十一届三中全会精神再教育、加强思想政治工作、推行生产责任制、推动经济发展、为群众办几件好事、发挥各部门积极性等方面，都有新进步。会议提出 1982 年的工作重点是：农业总产值超 1 亿元、粮食生产达到历史最高水平、造林和畜牧业有更新发展；工业产值达到 3000 万元；社队企业种养加工业产值达到 5000 万元；继续建设 4 万平方米职工宿舍、确保县城五一大桥通车、打通文化路、投入 25 万元扩大自来水供水范围等，为群众多办实事；抓好计划生育，人口自然增长率降至 11‰。

1984 年 9 月 26—29 日，中共广宁县第五次代表大会召开。此届党代会选出代表 344 名；出席此次会议代表 331 名，另有特邀代表 9 名。肇庆地委委员杨茂礼代表地委到会祝贺并讲话。罗为喜、郭昌淦分别致大会开幕词、闭幕词。钟德文代表第四届县委作题为《团结奋斗，加快广宁建设的步伐》的报告。大会全面评价第四届县委的工作，认为发展山区经济的综合治理方针选择正确，工农业发展走到了新起点；认为确定到 1990 年工农业总产值翻一番等目标及其措施符合实际；明确了加强党的建设、尤其是各级班子四化建设的迫切性。经过分代表团预选，大会正式选举产生了县委委员 27 名、候补委员 4 名，县纪律检查委员会委员 9 名。9 月 28 日下午，县委召开五届一次全会，选举钟德文为县委书记，罗为喜、彭传珠、郭昌淦为县委副书记；县纪律检查委员会召开全体会议，选举产生了县纪委常委、县纪委书记、县纪委副书记，彭传珠当选县纪委书记。9 月 30 日，县委召开第四、第五届县委委员座谈会，座谈会上，委员建议搞好搞活 300 万亩山林是广宁的希望所在，一定要把林业搞上去；许多委员表示要克服只想本部门、本单位事情的"职业病"，为县委工作大局着想，加强学习，大胆工作，不错过黄金时代，为广宁发展多做一些工作。县委希望，新老委员增强团结协作、处理好纵横关系，力争各方面支持，努力把工作做好。

第三节 改革开放与社会建设的全面展开

1984 年 10 月 20 日，党的十二届三中全会通过了《中共中央关于经济体制改革的决定》。广宁县进一步贯彻执行对内搞活经济、对外实行开放的方针，开创社会主义现代化建设更好局面的行动进入了一个新阶段。

一、城乡经济管理体制改革与企业经营体制改革的突破

1984 年 10 月 27 日，县委发出《关于认真组织学习〈中共中央关于经济体制改革的决定〉的通知》，要求通过及时学习，弄清改革的性质、标准、任务，联系广宁实际，明白怎样把本地区、本单位经济体制改革搞好。12 月 1 日，县委常委、副县长联席会议决定，成立几个直接对县长负责的、级别为局级的经济实体；广宁县经济开发总公司，归口县外经委；广宁县房地产公司，归口县财办；广宁县林工商总公司、广宁县冶金矿产工业公司，归口县经委。12 月 15 日，县四套班子会议通报了全县地方国营工业和区乡工业当年产值增长、效益增加的情况，会议决定，下一年在地方国营工业各企业大力推广广宁水泵厂的做法，一线生产工人实行计件工资，不吃企业大锅饭；1985 年，全县工业总产值8000 万元，所有工业企业实行利改税，亏损企业实行自负盈亏，抓"八条工业生产线"（葡萄糖、彩印油墨、中密度纤维板、玻化瓷砖、彩色印刷、船用水泵、净水剂等）的引进不动摇，其中

陶瓷生产线争取早上快上。

1985 年 1 月 1 日，广宁人民纸厂从原来由省第一轻工业厅管理下放交广宁县人民政府管理。16 日，办妥交接手续。2 月 6 日，双方联合向省政府和肇庆地区行署递交了移交工作报告。1 月 26 日，县政府作出规定，明确 1985 年木材生产管理和经营实行控制数量凭证砍伐，统一管理收购外销，山上管严、山下放宽，减少收费、让利于林，全县护林专业队伍从 150 人精简为 45 人。2 月 1 日，县委、县政府发布《关于实施南街镇建设总体规划的规定》，主要内容是：计划近期内建成都巷垌新开发区，欢迎各类投资；对旧城区充分利用、合理改造、逐步更新，百货商店今后若被淘汰，改建街心花园，部分路段改建时截弯取直、扩宽路面；规划区范围内的公、私基建项目必须依程序许可。规定从发布之日起实行。12 月 3 日和 25 日，县政府分别决定将投产以来工艺技术落后、产品质量差、继续依赖烧柴且无法改造的宁江陶瓷厂、联和电瓷厂停产下马。

1987 年 3 月 29 日，县委、县政府印发《关于大力发展民办工商企业的意见》，鼓励并支持发挥各种能人"排头兵"作用，放宽经营范围许可、税收、信贷等政策，促进镇（乡）办、村办、户办、联办工商企业在"七五"期间有一个大发展，1990 年产值要达到 2 亿元。8 月初，县委、县政府召开全县深化企业改革"三干会"，强调要以坚决的态度不断深化改革，落实好厂长（经理）任期目标责任制和企业承包经营责任制，增强企业活力，发展山区工业，振兴山区经济。

1988 年 1 月 15 日，县五套班子会议传达地区乡镇委书记会议精神，按照地委"学路线、抓转变、奔小康"的要求，研究广宁县落实扩大开放、深化改革的行动措施。会议认为，要用足用活珠江三角洲的开放政策和山区的优惠政策，建立春水—古水沿绥江的百里工业走廊和竹子走廊，花大力气抓好三资企业，力争全县工农业总产值 1990 年翻一番、1997 年翻三番达到 12.8 亿元。1 月 27—31 日，县委召开"三干会"。县委提出，要以党的十三大精神为动力，认清新形势，把握新机遇，组织新突破，跃上新台阶。具体目标是：1992 年全县工农业总产值实现翻两番的计划，保证在 1990 年、立足在 1989 年实现；农村人均纯收入 800元以上；城镇人均纯收入 1000 元以上。

1989 年 6 月 9 日，县委、县政府发出《关于设置乡镇政府管理区办事处的意见》。意见明确，将现行村民委员会所辖范围改为管理区，设办事处，作为乡（镇）人民政府派出机构；改在土地发包单位（即原来的生产队）或自然村设立村民委员会，同时成立合作经济社，成为名副其实的群众自治组织，协助乡镇政府开展工作；用 15 ~ 20 天时间完成任务。

1990 年 9 月 10 日，县委批转县农委、县委农村部关于完善土地承包责任制的意见，要求把这项调动农民积极性的重大工作抓紧、抓细、抓好。

二、价格改革的进一步"闯关"与完善联产承包责任制

1985 年元旦，全县取消生猪派购政策，实行随行就市、议价购销。11 月 1 日起，全县实行生猪统一集中屠宰制度，各屠宰点凭工商营业执照承担屠宰业务，并要求宰前实行检疫，宰后进行肉质检验。11 月 15 日起，在全县范围内对稻谷、大米实行专营，由粮食部门统一收购和经营，并设定收购最低保护价和销售最高限价。

1989 年 1 月 10 日，县委发出《关于坚持实行土地有偿承包的意见》，明确要健全原有承包合同管理，清理兑现承包欠款；村基层经济组织收回土地重新发包时，要引入竞争机制，实行招

标发包；条件成熟的地方，在群众自愿基础上，可以把山地逐步集中到耕山能人手上。

三、发展山区工业经济的"广宁模式"

1984 年后，珠江三角洲核心区充分发挥毗邻港澳与外来经济往来广泛的优势，大力发展外源型商品经济，改革开放的深度和广度得到了进一步的扩大。地处山区的广宁县，积极接受珠三角核心区经济活力的辐射带动，通过积极引进外来资金技术，改造和新办地方国营工业企业，对本地丰富的自然资源进行深加工，建立起具有较强市场竞争力的山区资源产品的产销体系，蹚出一条发展山区经济的新道路，获得不俗成绩，这种发展模式曾被广东省的农村经济研究学者称为"广宁模式"。

（一）立足自身优势调整经济建设方向

广宁县是典型"八山一水一分田"的山区县。300 万亩山地上，森林资源和非金属矿藏都非常丰富。改革开放前，片面执行以粮为纲的单一经济政策，山林遭到反复破坏，作为传统优势的资源加工业也受到严重的制约，经济发展陷入窘境。党的十一届三中全会后，县委、县政府清醒地认识到，作为山区县，不应当盲目跟着别人跑，应当"靠山吃山""扬长避短"，在不断对发展山区经济的经验进行总结后，县委、县政府明确提出"山顶松杂戴帽，山腰松竹混交，山裙茶果药杂，山下农牧副渔，山水发电加工，地下挖矿取宝"的三十六字山区开发经营方针，决定利用本地丰富的自然资源，发展资源加工工业，走培育资源与引进先进技术开发、利用资源相结合的路子，大力发展工农结合型的产业，使山地蕴藏的资源优势进一步转化为经济优势。

（二）从小型资源初级加工走向资源深加工

1985 年后，县委、县政府通过政策引导，全县开始复苏以竹子加工和造纸加工为主体的传统小型资源初级加工工业，推动乡镇集体企业和家庭手工业壮大。1987 年，全县从事资源加工的乡镇企业达到 460 家，年产值 3600 万元。但乡镇企业和家庭手工业没有实力升级大规模资源深加工的生产能力。县委、县政府决定，通过利用外资等各种办法，引进先进技术设备，以地方国营工业为龙头拓展资源深加工，带动乡镇企业、家庭手工业和农业的发展。从 1984 年开始至 1988 年上半年，全县以补偿贸易和国际间贷款为主要形式，利用外资 923 万美元，引进国外先进水平的技术和设备，办起以开发广宁县资源为重点的 24 个利用外资项目，引进国外先进技术设备 2160 多台套，国内配套投资 4950 万元，建成了以木薯为原料的无水注射葡萄糖生产线、以枝丫材为原料的微粒板生产线、以松脂为原料的彩色油墨生产线、以广宁县的油墨和纸张为原料印制高档彩色包装装潢纸生产线等四大生产线。另有 16 家企业不同程度地利用国内先进技术和设备进行改造，获得良好发展。广宁水泵厂与中船上海研究所联营生产的 982B 型喷水推进泵获国家科学大会、广东省科学大会奖，新型玻璃钢滑行快艇填补了国家的空白。"七五"期间，全县地方国营工业企业共开发新产品 35 个，其中填补国际空白 1 个、国内空白 3 个、省内空白 3 个；获布鲁塞尔世界发明博览会尤里卡银奖 1 个。35 个主要产品中有 16 个进入国际市场。1989 年与 1984 年相比，出口创汇突破 300 万美元，增长 4 倍多；工业总产值 13248 万元，增长 2 倍多；实现税利 1384 万元，增长 3 倍多。

（三）省、市肯定"广宁模式"山区工业体系

全县地方国营工业为主体的资源深加工产业对本地资源的需求迅速增加和持续扩大，不但为本地农林业资源产品找到了就近消化的出路，提高了农民的收入，还为农村富余劳力找到了出路，1985—1991 年，安排农村劳力就业 2500 多人，农民每年向县内工业出售原材料的收入达到了 3200 多万元。同时，为了确保资源型工业有持续足够的原料，工业企业每年拿出一定资金扶持发展原料生产。从 1988 年起，县人民造纸厂连续三年向当地农业银行贷款 350 万元，由县政府贴息预付给农户用于扩大竹子种植面积以及对竹子的抚育、残林更新等，贷款用交售纸竹收入偿还。随着农林业生产与资源深加工产业的紧密结合，原有家庭式的生产模式开始向集中种植的商品基地生产模式过渡，全县先后办起竹子、尾叶桉、松脂、木薯等商品基地，带动整个农林业逐步实现产品优质化、布局区域化、生产专业化、经营集约化、服务系统化，从根本上提高了农林业的商品率和经济效益。曾经的"越砍越穷，越穷越砍"恶性循环，转向生产与生态互相促进的可持续发展的良性循环。以地方国营工业企业为主导，形成造纸、陶瓷、医药三大资源深加工支柱产业集群，兼顾培育和利用自然资源，产供销协调发展，"农工贸"稳定结合的工业经济体系。资源优势转变为经济优势，工业逐步成为全县的经济主体。1990 年同 1980 年相比，全县工农业总产值增长 3 倍多，其中工业总产值增长了 7 倍多，全县人均收入增加到 751 元，增长 5 倍多。

1986 年 4 月 15 日。省委办公厅编发的《内部通报》刊登省委政策研究室、肇庆地委政策研究室联合调查组的文章，以《培育资源，利用资源，外引内联》为题，介绍了广宁县发展山区经济的做法，并加按语认为，做法很好，经验也较为全面，可供各地借鉴。

1987 年 3 月 7 日，中共中央政治局委员、中央书记处书记习仲勋在许士杰（时任中共广东省顾问委员会副主任，曾任中共肇庆地委书记）、张超崇（时任肇庆地区行署专员，曾任中共广宁县委书记）等陪同下再赴广宁，视察了县办"八条工业生产线"之一的广东油墨厂，广宁县委书记吴驹贤、县长罗为喜到厂迎接并伴随考察。吸引习仲勋的是，这间不到 300 人的山区小厂利用国际先进设备加工本地资源，成功研制出国内领先水平的新产品，这是实行改革开放政策给山区经济发展带来可喜变化的见证和缩影。习仲勋还深情地说，1979 年来广宁是思想发动，这一次来是见证成果。

1988 年 6 月 4 日，肇庆市委、市政府印发文件，提出全市学习罗定县的引进精神、云浮县的横联毅力、广宁县资源与技术相结合的路子、高要县农口改革的方向的意见。肯定广宁县以工业为龙头带动农村经济发展，走出了一条"资源—技术—市场"的路子。9 月上旬，省委、省政府在全省第三次山区工作会议上，充分肯定广宁县发展山区经济的经验，并向全省推广。

四、利用政策优惠促进山区全方位开发

（一）农业农村经济

1985 年 1 月 3—4 日，广宁县四套班子召开会议，部署了广宁县农村经济深化改革和加快发展的主攻方向及措施。会议认为，发展好农村多种经营，"八条工业生产线"才有原料保障；"八条工业生产线"已上马三条，其他的要继续抓，纸浆生产线要做好准备于 1986 年上马；水田种植布局要调整，经济作物与粮食种植面积调整到三七开。1986 年 1 月 5—10 日，全县"三干会"确定，当年起要下决心治山兴林，"还我林区、还我竹乡"，保证两年绿化荒山，三年初见成效，五年郁郁葱葱，积极发展"小、短、多"种养项目，稳定粮食生产，正确处理农、工、商关系，外引内联扩大工业生产，把资源优势变为经济优势，争取工农业总产值达到 3 亿元。7 月 13 日，县委扩大会议召开，肇庆地委副书记唐广安出席，县委委员、候补委员和县直部委办局主要负责人参加会议。县委认为"举起龙头，带动农村，朝思暮想，搞富

农民，文明富裕，振兴广宁"，是今后的努力方向。唐广安寄语，广宁要在已经走开的路子上走得更快。8月25—27日，县委常委会议议定组织外出参观学习，回来再鼓劲，大力推行造林种果、绿化荒山；研究县内企业推行厂长经理负责制，先试点，年底推广面覆盖70％企业；议定广宁人民纸厂铜版纸项目选用瑞士设备，试行财政包干到镇。11月11日，县四套班子会议召开，县委书记吴驹贤介绍参观浙江温州发展商品经济的经验，认为广宁县也要冲破僵化思想，充分利用自身条件发展专业性产品，敢于创新。1987年2月8—11日，全县"三干会"明确"七五"期间的主要任务，提出"学温州，赶佛山，提前实现翻两番"的要求，对原来初定的"七五"计划主要目标作了适当修订，提交县人大会议讨论决定。计划工农业总产值1990年达到5.3亿元，争取1992年提前翻两番；1990年农村人均收入600元，基本达到富裕生活水平；财政收入1990年达到2000万元。2月24日，县委召开四套班子会议，主要议题是采取新的措施大力保护和发展林业。一是县人民政府发出布告，绥江两岸竹子区和25度以上坡地不准毁林种植巴戟；二是建立改燃节柴专业队，全县范围内推广柴改煤、柴改气，推广节柴灶；三是当年完成15万亩造林、68万亩疏残林补植任务。

（二）筹划利用资源的大型项目上马

第一，花山水电站。1988年4月8日，县委、县政府决定成立花山水电站筹建领导小组，县长罗为喜任组长，领导小组办公室设在县供电局。11月16日，县政府出具《设计任务委托书》，委托水利电力部中南勘测设计院设计花山水电站。委托内容是设计任务书、初步设计和技术施工图设计，提出了电站上游正常水位在137—155米高程范围内考虑、水库调节要考虑下游9个梯级电站、工程概算包括电站至黄盆变电站35千米110千伏安输电线路投资、1989 年 8 月底完成初步设计等具体要求。同日，花山水电站工程指挥部和水利电力部中南勘测设计院签订了《广东省花山水电站初设阶段勘测设计合同》。1989 年 3 月 26 日，县委召开常委、副县长、县人大常委会主任、县政协主席会议，研究分析花山水电站的 4 个初步设想方案，一致同意第四方案：坝顶高程 247 米、装机 1.95 万千瓦、面板堆石坝、县内自办。

第二，广宁纸浆厂。1988 年 5 月 18 日，县政府办公室发出《关于成立〈广宁县竹浆板厂工程指挥部〉的通知》。《通知》指出，广宁县竹浆板厂项目经国家计委批准立项，为使工程迅速顺利开展，县长办公会议决定成立该工程指挥部并下设办公室，工程总指挥为县长罗为喜。7 月 29—30 日，县委常委、副县长联席会议用一天时间讨论，决心一头解决好原料、一头解决好资金，赞成该项目上马。10 月 5 日，县委书记吴驹贤召集县四套班子主要领导，重点研究纸浆厂项目论证通过后是否马上进入征地和"三通一平"（水通、电通、道路通、场地平整）的问题。与会人员认为，纸浆厂项目关系振兴广宁重大问题，有资源优势和先进技术，有上级支持，一致同意抓上去，同时设立企业主体招标经营。1991 年 7 月 12 日，县四套班子会议专题听取纸浆厂工程进展、规模及采取工艺技术、投资总量及资金来源、建设周期等情况介绍，经过讨论一致同意废水处理场选址定在燕子岗（地名）。

（三）谋求外向型经济的发展

1985 年 2 月，广宁县随肇庆地区赴香港招商团招商签订投资协议 5900 万美元，占全地区签订引资协议总额的六分之一。良好的引资开端调动了广宁县发展外向型经济的积极性。1987 年 9 月 24 日，县四套班子会议重点讨论广宁县实行对外引进的优惠措施。主要是：利用现有厂房办企业，租金优惠；原材料和成品进出，广宁县负责一半运费；用水用电优先供应；外商来广宁洽谈投资业务，其往返交通及食宿费用由广宁县商谈单位负责；属于县级审批权限的项目随到随批等。1988 年 2 月，县政府出台《关于对客商投资实行优惠的规定》，凡前来广宁投资办厂的客商，在执行国家和省的优惠政策基础上，在厂房租金、基建用地、经营管理、货物进出口、用水用电、工缴费、税收、社会负担等方面给予更多优惠。9 月 26 日，全县利用外资会议召开。会议提出，抓住国际市场有利时机，引进外资大搞来料加工，重点发展电子、毛织、制衣、塑料、鞋业、机械等加工业，以县城为中心，建立春水、石涧、东乡、古水等 5 个工业区，办成系列产品生产线，实现全县经济工作继 1984 年从内向型转到外向型之后，又从单纯开发资源型转到开发资源与来料加工相结合的第二个转折上来。

（四）鼓励引导乡镇企业和民营经济异军突起

1987 年 6 月 4—5 日，县五套班子召开会议，重点传达学习广东省第二次山区工作会议推广的开发农业、发展乡镇企业和综合体制改革的先进经验，强调要增强商品经济观念，以流通促生产，选准广宁县突破口，办好经济林、用材林 8 个基地，发展乡镇企业拳头产品，高举龙头，一业带百业，一抓到底，抓出成效。1990 年 10 月 28 日，县政府在赤坑镇召开年产值百万元以上的乡镇企业现场会议。1991 年 5 月 25 日，县委、县政府印发《关于执行〈市委、市政府关于持续稳定发展乡镇企业的意见〉的实施细则》，要求充分认识乡镇企业的重要作用，加强领导，围绕"质量、品种、效益"强化管理，依靠科技和人才提高企业素质和经济效益，用好扶持政策。11 月 27 日，经县委批准，为了适应社会主义初级阶段非公有制经济的存在和发展的需要，成立广宁县民间企业家公会，第一批会员 47 人。民间企业家公会具有民间性、经济性、统战性的特点。全县有雇工 5 人以上的民间私营企业 101 家，吸收就业 1570 多人。

五、基本普及九年制义务教育与教育体制改革起步

1986 年 6 月 27 日，县政府决定设立中等师范性质的广宁县教师进修学校，进一步加强教师队伍能力的培训。7 月 31 日，县委发出《关于开展学习优秀共产党员容维健同志活动的通知》。1987 年 9 月 5 日，县政府出台《广宁县普及九年制义务教育规划（草案）》。规划的总体目标是争取 1990 年基本普及初中教育，初中在校学生人数达到 20332 人。1989 年 5 月 20 日，县委、县政府印发《贯彻落实省委、省政府〈关于普通教育体制改革的决定〉的实施细则》，明确进一步落实中小学分级办学、多方办学体制。广宁中学、教师进修学校、宁城中学、机关幼儿园由县主办；文杰中学由县、镇共办；其他中学和初中由所在乡镇政府主办；南街镇的小学由镇政府主办；各乡镇中心小学由所在地村委会办，乡镇政府给予支持，其余小学由所在村委会主办。广宁师范学校由肇庆市主办，广宁县配合。对推行中小学校长负责制，学校领导实行分级聘任，改革队伍管理办法，提高教师待遇，提高教育质量，经费筹集和投入等方面都做了具体安排，并要求 1990 年全县实现九年制义务教育。

贯彻中共十三大精神进一步加强党的建设与社会建设

一、第二期整党和农村整党的开展

1986 年 2 月 18 日，县委印发《关于我县区级整党工作的实施意见》，部署广宁县区级整党工作从 1986 年春开始，到夏收前结束。整党着重解决对党的根本宗旨的认识、正确认识党在农村的改革和发展经济的各项政策、认真处理极少数犯有严重错误的党员、抓好领导班子建设等四个问题。分学习动员和思想教育、领导班子集体和个人对照检查、组织处理和党员登记三个阶段进行。各区党委要成立整党工作领导小组，党委书记统管整党工作。县委派出 60 名联络员，加强县委对整党的统一领导。到 7 月 11 日，这次整党除新楼区原来已搞试点，其余 20 个区、镇、场有 290 个单位、232 个党支部、2869 名党员参加。整党主要成果是：广大党员增强了党性；纠正了拖欠公款、多占住房、收受红包等新的不正之风；提高了党员的组织纪律观念，保持党组织的纯洁性；健全党内生活制度，提高了党组织的战斗力；促进了"两个文明"建设（社会主义物质文明、精神文明）。8 月 13 日，省委整党工作指导小组办公室主编的《整党简报》介绍了广宁县举办乡级整党骨干学习班的情况。7 月 27 日至 8 月 2 日，广宁县举办了乡级整党骨干学习班，全部 160 个乡共 364 人参加。

二、党的基层组织和干部队伍建设的加强

1986 年 1 月 29 日，印发《中共广宁县委关于建立各级领导班子抓党风责任制的决定》（简称《决定》）。《决定》明确，端正党风必须从领导做起，一级抓一级，党委统一领导，分工负责，建立明确的责任制，经常督促检查，发挥纪检部门在端正党风中的作用。决定同时对县委、县政府领导成员抓党风责任制作了具体分工。2 月 13 日，县纪委印发《关于抓党风工作的意见》，提出全面规划，狠抓两年，实现党风的根本好转。

1989 年 3 月 29 日，县委印发《关于我县党的建设若干问题的决定》（简称《决定》）。《决定》对广宁改革开放 10 年来党的建设工作作了回顾总结，指出必须进一步加强党的建设，从严治党，以思想建设为中心环节，以领导班子建设为重点，以制度为保证，提高党员的素质和党组织的战斗力。3 月 30 日，中共广宁县委党建工作领导小组成立。

1991 年 7 月 13 日，县委印发《关于在全县党员中开展党内法规教育的意见》，决定从当年 7 月下旬到 9 月上旬，用 1 个月左右时间，全体共产党员、重点是镇（乡）以上党员领导干部，主要学习中央纪委自 1988 年以来颁发的有关党纪处分的 8 个规定，同时学习《中国共产党章程》和《关于党内政治生活的若干准则》，通过学习整改，达到提高遵纪守法自觉性，解决一些问题，强化党内监督的效果。

三、中共广宁县第六、第七次代表大会确定新的发展目标

1987 年 5 月 6—9 日，中共广宁县第六次代表大会在县城南街召开。肇庆地委委员、地区纪委书记元柏森代表地委到会祝贺。吴驹贤代表第五届县委向大会作题为《坚持四项基本原则，坚持

改革开放搞活,大力促进两个文明建设的全面发展》的报告。报告认为,县第五次党代会以来的三年,各项工作取得全面进展;今后几年要全力以赴,坚定不移地把改革引向深入,以更快速度发展经济,进一步巩固和发展安定团结的政治局面,抓住根本性问题搞好党的建设,更好发挥核心作用。会议印发了《广宁县"七五"期间社会主义精神文明建设规划》。经过大会选举,中共广宁县第六届委员会由委员 27 名、候补委员 4 名组成;中共广宁县纪律检查委员会由 13 名委员组成。9 日,中共广宁县六届一次全会接着召开,吴驹贤当选县委书记,罗为喜、彭传珠、郭昌淦当选县委副书记;县纪委第一次全会选举江先宁为县纪委书记。

1990 年 6 月 14—17 日,中共广宁县第七次代表大会在县城召开。大会选举产生了新一届县委,由委员 31 名、候补委员 4 名组成;新一届县纪委由委员 13 名组成。县委七届一次全会选举谢天聪为县委书记;梁运尤、彭传珠、郭昌淦为县委副书记。县纪委全会选举产生了县纪委常委、书记、副书记,罗大淦当选县纪委书记,副书记 2 名。1991 年 3 月 5—7 日,县委七届二次全体(扩大)会议,听取和审议县委常委会的工作报告,讨论并原则通过了《广宁县国民经济和社会发展"八五"计划(草案)》,设想到 2000 年县生产总值达到 8 亿元,年递增 10.3%;出口总值达到 2000 万美元,年递增 20%;总人口 57 万人,人口自然增长率 14.4‰。

四、人民代表大会制度、多党合作和政治协商制度的进一步完善

(一) 人民代表大会制度的完善

1987 年 4 月 26—30 日,广宁县九届人大一次会议在县城南街召开。县长罗为喜作政府工作报告。报告认为,八届人大以来的将近三年,全县经济工作越搞越活,生产发展速度越来越快,国

民经济持续增长，各项工作都取得了进展。1986 年与 1983 年相比，工农业总产值增长 50.7％，农村经济商品率从 24％提高到 53％，重建"竹子走廊"、林业开始复苏，工业生产进入新的发展时期、总产值增长 74％，每年实现财政收支平衡、略有结余，城乡储蓄余额增长 1.45 倍，人口出生率控制到 17.95‰，下降 4.3‰；农村人均分配 374 元，增长 48.4％；城镇职工人均收入达到 1080 元；增加 29.3％。报告提出，到 1990 年与 1986 年相比，全县工农业总产值达到 5.3 亿元，增长 93％，粮食总产量增长 9.6％，财政收入 2000 万元、增长 62.86％，农村人均分配 600 元、增长 60.42％。何水兴当选县人大常委会主任，罗为喜当选县长。县委书记吴驹贤在会议闭幕前发表讲话，要求代表们坚持四项基本原则，保证经济建设顺利进行；继续深化改革；进一步加强社会主义精神文明建设，实现大会提出的今后三年奋斗目标，为建设初步繁荣、富裕、文明的新广宁而奋斗。此前，1985 年 6 月 11—13 日，县八届人大二次会议召开。县委书记钟德文到会讲话，要求上下一致，共同努力，在农村首要是把近 300 万亩山头经营好，为振兴全县的经济而奋斗。1986 年 7 月 4—6 日，县八届人大三次会议召开。县委书记钟德文希望与会代表认真讨论研究广宁县的"七五"计划，耕好山、经营好山，以农促工、以工带农、工农业协调发展，进一步发展横向联合经济，抓住重点项目发展系列产品，培育原料基地，实现全县 1990 年工农业总产值达到 4 亿元的目标。广宁县九届人大一次会议提出，"七五"期间平均每年经济增长速度保持 12.6％。1988 年 4 月 27—29 日，县九届人大三次会议召开。县政府向大会报告：全县工农业总产值 1987 年（按 1980 年不变价）达 4 亿元、比 1986 年增长 45.8％，1988 年要求达到 5.2 亿元，实现工业产值大于农业产值；农村人均收入达到 600 元。1989 年 4 月 19—21 日，县九届人大四次会议召开。县政府向大会报告，1988年全县工农业总产值达5.03亿元，比1987年（按可比口径）增长25.7％；财政收入2025.7万元，比1987年增长52.4％；农村人均收入达到623元、增长15.6％；1989年要求全县工农业总产值达到6亿元、财政收入2100万元、农村人均收入达到700元。

1990年6月6—10日，广宁县十届人大一次会议在县城召开。肇庆市副市长吴驹贤代表肇庆市人大常委会和肇庆市人民政府到会祝贺。大会经过选举，产生了新一届县人大常委会组成人员，彭传珠当选县人大常委会主任，梁运尤当选县长。县委书记谢天聪在闭幕大会发表讲话，寄语大家共同抓好经济稳步发展、精神文明建设、廉政建设、社会治安综合治理等工作。1991年4月25—27日，县十届人大二次会议召开。1990年是"七五"计划最后一年，"七五"期间社会总产值增长137.2％，国内生产总值增长49.7％，国民收入增长93.5％，财政收入增长260％。"八五"时期计划国内生产总值年增长10.75％，人口自然增长率控制在15.5‰以内。大会审议批准了系列报告，通过了《广宁县人民代表大会议事规则（试行)》。县委书记谢天聪在大会闭幕式上发表讲话，强调要以高度的革命责任感和时代紧迫感，在促进社会生产力发展上下工夫，保证"八五"计划顺利完成。

（二）多党合作和政治协商制度的进一步完善

1987年4月25—30日，广宁县政协三届一次会议召开。该届政协首次安排港澳人士担任政协委员，共有委员129名。此前，1985年6月10—13日和1986年7月3—6日，广宁县政协二届二次、三次会议分别召开。县委领导到会讲话，希望各位委员利用统一战线这个法宝，发挥优势，吸引港澳台同胞以及侨胞的人员、资金、技术，协助党和政府落实各项统战政策，推动广宁县经济的发展，1990年6月5—9日，广宁县政协四届一次会议在县城举行。该届共有政协委员 134 名。江先宁当选县政协主席。11 月 3 日，县委转发县政协《关于政治协商、民主监督的暂行规定》，要求各级各部门认真开展政治协商，接受民主监督，充分发挥民主党派、人民团体、各界代表人物的参政议政作用。

五、重视社会治安综合治理和"严打"斗争

1985 年 5 月 4 日，县委决定成立广宁县社会治安综合治理领导小组，县委副书记彭传珠任组长。目的是搞好综合治理，实现全县社会治安根本好转。7 月 5 日，县委、县政府发出通知，要求继续深入查禁淫秽录像和全面清查、整顿营业性录像放映点，坚决追查有害音像制品。12 月 13 日，县委、县政府决定建立广宁县社会治安综合治理联席会议制度，由县领导作为会议召集人，联席会议成员 22 个单位履行分工职责，原则上每季度举行一次例会。广宁县自 1981 年起全面开展社会治安综合治理，社会治安有了明显好转，但还没有根本性好转，需要加强对社会治安综合治理工作的领导。原来成立的广宁县社会治安综合治理领导小组被撤销。12 月 21 日，县委、县政府批转县委宣传部、县司法局《关于向全县公民普及法律常识的五年规划》，要求各级加强领导，将其列入重要议事日程，解决实际问题，保证任务圆满完成。规划的总要求是，用五年左右时间基本普及法律常识，使全县公民知法、守法，养成依法办事的习惯。

1989 年 4 月 14—15 日，县委召开全县政法工作会议，部署 1989 年的政法工作，要求各方密切配合，治标治本，争取治安状况进一步好转。

1990 年 1 月 20 日，县委批转县委政法领导小组《关于全面推进社会治安综合治理，进一步稳定城乡治安秩序的意见》，要求各级各部门认识当前社会治安面临的严峻形势，共同努力，齐

抓共管，动员全社会力量，继续严厉打击刑事犯罪活动，推进综合治理，进一步稳定社会治安。

1990 年 8 月 16 日，县委根据省委和市委的文件精神，决定恢复县委政法委员会，下设县委政法委员会办公室，同时撤销县委政法领导小组及领导小组办公室，县委常委朱昌南兼任县委政法委员会书记。

1991 年 5 月 15 日，县委、县政府决定成立广宁县社会治安综合治理委员会，作为常设机构，指导和协调全县社会治安综合治理工作。县委副书记谭成林担任该委员会主任。7 月 10 日，县委、县政府印发《广宁县"八五"期间社会治安综合治理规划要点》，要求坚持打防并举、标本兼治、重在治本的方针，各尽其职，齐抓共管，群防群治，把握主要环节，力争五年内把全县社会治安综合治理推上一个新台阶。

第
五
节

治理整顿过程中坚持改革开放和"两个文明"一齐抓

一、以经济建设为中心和坚持改革开放不动摇

1988 年 8 月 1 日，县委下发意见，从 8 月份开始，安排 3 个月时间，在全县机关党员干部中开展生产力标准的学习讨论，弄清是否有利于发展生产力是考虑一切问题的出发点和检验一切工作的根本标准，增强党员干部坚持改革开放的自觉性和坚定性。10 月 15—18 日，县委召开四套班子成员、担任过县领导班子成员的离退休同志以及部分部委办局主要负责人会议。会议主要内容是学习贯彻党的十三届三中全会文件和党中央、国务院的有关决定精神，认清形势，树立信心，克服困难，在治理经济环境和整顿经济秩序中经受考验，落实推动广宁各项工作新发展的思路和措施。会议认为，要防止思想认识上的片面性，正确认识改革开放与治理环境、整顿秩序与发展经济、开拓创新与统一政令、局部与全局的关系，结合广宁县实际，该抓的抓，该压的压，该加快的加快，该谈判的项目要谈判。会议决定，停建竹园宾馆，放缓三多垌、车背垌开发速度，缓建中药厂，加快电力、邮电、公路、陶瓷三厂、铜版纸等项目建设步伐，纸浆厂项目动手征地。10 月 29 日至 11 月 3 日，全县局级以上单位领导干部会议召开，会期 6 天，有 360 多人参会。会议强调，必须坚决拥护中共十三届三中全会决定，落实治理经济环境、整顿经济秩序的具体任务，

做到令行禁止，该压缩的压缩，该保的保，该搞活的搞活，该转变的及时转变，更好地前进。12 月 12—13 日，县委召开五套班子会议，传达全省农村工作会议精神，分析广宁县农业生产存在的种粮积极性下降、农田设施老化、种植面积减少、土地肥力下降等问题，对照上级要求两年每亩水稻增产 100 斤的要求，计划从水利设施、改造低产田、农业科技等多方面增加投入，农业支出占全县财政总支出的比例要达到 12％～15％，确保粮食生产上新台阶。

1989 年 2—3 月，县四套班子连续召开会议，研究新一年工作在上一年基础上继续大踏步前进、夺取各行各业新胜利的措施。会议确定要突出抓好花山水电站、纸浆板两个大项目；群策群力多渠道筹措资金，解决当前工作的主要矛盾问题；确定 1989 年的财政收支安排；一致同意花山水电站坝顶高程 247 米、装机 1.95 万千瓦、面板堆石坝、县内自办的方案。11 月 16 日，县委常委扩大会议传达学习党的十三届五中全会精神，统一了在治理整顿过程中要有"过几年紧日子"的思想准备，强调脚踏实地做好广宁县抓电力促生产、抓推销保生产、抓资金渡难关的工作。

1990 年 2 月 6—9 日，全县"三干会"召开。会议认为，1989 年全县千方百计保证了经济不滑坡，治理整顿也取得初步成效。会议提出，1990 年要实现全县工农业总产值 5.85 亿元，比 1989 年增长 10.07％，靠大办农业、稳步发展工业、搞活金融和流通、推进党的建设和社会各项事业来保证目标实现。

1991 年 1 月 21—22 日，县四套班子领导成员一齐参加县委中心学习组学习会。会议认为当前处于承前启后十年的关键时期，广宁今后发展的路怎么走，需要大家出谋献策，1991 年的工作要抓早、抓好、抓主动。农业要增加投入，组织上新台阶；工业要提高效益，上规模、上水平；商贸流通要振作精神开拓市场，地方财政要增收。5月16日，县委召开五套班子会议，认为广宁商品经济有发展，但商品量不多，要以解决思想认识为前提，增加商品生产为基础，以优势产品为龙头，围绕生产搞活流通，提供社会化服务，促进新的进步。7月14日，县四套班子会议传达省第六次山区工作会议及全市乡镇党委书记会议精神，议定了广宁县抓落实的措施安排。会议认为，要把握省委多项政策优惠倾斜山区的机遇，增加全县上下的行动紧迫感，开动脑筋，开拓创新，抓好加快脱贫致富的"大合唱"，实现富县、富镇、富民。会议提出，"八五"期末县级财政收入达到5000万元，镇级自有财力8个镇（古水、南街、东乡、木格、洲仔、赤坑、五和、潭布）力争达到100万元、其余镇30万至50万元，农村人均年纯收入最低1200元。9月29日，县委、县政府决定成立广宁县人民纸厂扩建工程领导小组，县长梁运尤担任组长，副县长潘乃康等6人担任副组长，另有小组成员27人。广宁县人民纸厂扩建工程项目经国务院批准上马，是省、市"八五"期间重点项目，对广宁经济发展关系重大。10月3日，县委、县政府作出《关于依靠科技进步推动经济发展的决定》，要求各级领导、各行各业确立依靠科技进步加速广宁经济发展的战略思想，完善管理体制，充分发挥科研单位和科研人员的作用，大力推动企业技术进步，加快山区资源深度开发利用，依靠科技振兴农业，改善待遇，稳定和壮大科技队伍，增加全社会对科技的投入。12月9日，县四套班子会议研究广宁县搞活企业、把经济建设速度搞得更快的具体措施。会议认为，全县1991年的经济形势比年初预料要好，尤其是地方国营工业扭亏为盈，打了个翻身仗，但也存在仍有亏损企业、流动资金紧缺、运用和享受优惠政策不足等问题，1992年的经济工作要审时度势，争取大发展。尤其是第二产业要抓技术改造上规模、抓两头增效益、抓管理上水平，工业总产值比1991年增长

25%左右。

1991年，广宁葡萄糖厂、广宁陶瓷厂、广宁陶瓷二厂被评为省级企业；翠竹牌无水注射葡萄糖、福星牌马赛克、888牌马赛克获部优产品称号；彩色油墨等12个品种被评为广东省优质产品。

二、执行省委"绿化广东"决策取得重大成效

1982年5月12日，全县普降暴雨，绥江古水水文站录得洪峰36.17米，是新中国成立后仅次于1955年7月的第二大水灾。全县受灾稻田9.6万亩，崩塌堤围25条，受浸电排站20个；倒塌房屋5014间，死亡3人，伤665人，经济损失2400多万元。灾后，省委第一书记任仲夷和省长刘田夫率工作组到广宁视察洪水灾情，反复强调广宁当务之急是救灾，要通过这次水灾总结经验教训，很好地研究靠山吃山、治山、改造山的工作，避免今后闹大水灾。

从此，广宁县认真反思本县新中国成立以来在林业方面的政策和做法，正本清源，不断强化措施，引导全县林业真正走上了持续健康发展的道路。

1983年10月19—20日，县委常委、副县长联席会议重点讨论了广宁县林业发展的新思路：落实100万亩自留山营造经济林的布局调整，发展家庭经济，解决农户收益；痛下决心保护好200万亩集体山林，统一封山育林的态度要坚决，措施要有效，保证青山常在、绿水长流。1984年9月30日，县委召开第四届、第五届县委委员座谈会，委员们建议，搞好搞活300万亩山林是广宁的希望所在，一定要把林业搞上去。1985年6月13日，县委书记钟德文在县八届人大二次会议讲话时强调，在农村，首要是把300万亩山头经营好，为振兴全县的经济而奋斗。

1985 年 11 月 19 日，省委、省政府作出《关于加快造林步伐，尽快绿化全省的决定》（简称《决定》）。《决定》要求 5 年消灭荒山，10 年绿化广东大地。广宁县响应省委、省政府号召，加温鼓劲，抓出了新的成效。

1986 年 1 月 5—10 日，全县"三干会"召开。县委强调，1986 年起要下决心治山兴林，"还我林区、还我竹乡"，保证两年绿化荒山，三年初见成效，五年郁郁葱葱，积极发展"小、短、多"种养项目，稳定粮食生产，正确处理农、工、商关系，外引内联扩大工业生产，把资源优势变为经济优势，争取工农业年总产值 3 亿元。9 月 28 日，县委、县政府印发《关于大力兴林种果确保五年绿化广宁大地的决定》，主要内容：一是把造林种果，大力发展竹、果、药、杂作为广宁经济工作的重点，连续抓五年，坚决抓出好成效；二是因地制宜，落实种植计划，两年消灭全部荒山 29 万亩、建立 80 万亩用材林基地，三年新种大头竹 10 万亩、水果 10 万亩、药材 8 万亩；三是级级办点，实行定期目标管理责任制，按照省委规定五条标准，没有完成任务要"黄牌"警告；四是做好资金、种苗、技术服务；五是采取改革措施，减少木材消耗。同日，县委办公室将县直机关 70 个单位造林种果挂钩联系点统一安排到各责任区。

1987 年 1 月 14 日，县政府发出《关于下达两年绿化荒山和建立水果、竹子、桂树、药材、松脂五大基地生产计划的通知》，将 1987—1988 年两年完成绿化现有荒山 29.8 万亩、种竹 6 万亩，1987—1989 年发展水果 9.1 万亩、桂树 3.23 万亩、药材 7.96 万亩、建立松脂基地 40 万亩的任务，分年度下达到各区、场和南街镇。2 月 5 日，县政府提出《关于加速我县竹子生产发展的意见》，鉴于广宁县年产 3.4 万吨竹浆和纸的项目已经报国家计委审批，为确保将来有足够原料供应生产，县委、县政府决定连续三年共贷款 1000 万元以上、贴息 100 万元以上，扶持鼓励农民新种植青竹 45 万亩、大竹 240 万株，建立 51 万亩高产竹子基地。具体做法是，纸厂向银行贷款，由供销部门和农户签订合同，区、乡作担保，先预付货款，后用交售纸竹偿还。为保证上述计划实现，县成立竹子生产领导小组及办公室，县长罗为喜任组长。6 月 4 日，县政府发出《关于扶持农村发展竹子生产几个具体问题的通知》，对预付货款、造林验收、实物偿还中途损耗、收购价调整及税收照顾等具体问题作了明确界定。9 月 14 日，县委、县政府作出决定，强调要坚决贯彻实施中共中央、国务院《关于加强南方集体林区森林资源管理，坚决制止乱砍滥伐的指示》，严格执行年森林采伐限额制度，开展打击破坏森林资源违法犯罪专项行动，整顿流通渠道，完善管理制度，建立统一护林制度，实行领导干部保护发展森林资源任期目标责任制，把发生森林火灾面积控制在 1‰以下。10 月 7 日。县政府统一向各乡镇人民政府分别发出《限期绿化荒山通知书》。根据 1987 年底森林资源档案复查和当年 7 月林业普查核实，全县仍有宜林荒山 90828 亩，要求 1988 年春季消灭所有连片 5 亩以上荒山。对不完成任务的当地政府领导责任人，三年内不提职、不提薪、不调动。11 月 16 日，县政府发出《关于坚决制止毁林开垦、滥伐林木的通知》，强调不准在坡度 25 度以上山地开垦种植作物，坚决查处违反《中华人民共和国森林法》的各种行为。

1988 年 4 月 20 日，县政府决定建立森林火灾保险制度，县森林防火指挥部为投保人和受益人，对全县 1558576 亩用材林按每亩保额 30 元统一向保险公司投保，若有灾后补偿，优先用于灾后造林，投保期先试行一年。

1990 年 5 月 18 日，县委、县政府向市委、市政府呈送《广宁县 1990 年造林绿化自查报告》。1985—1989 年全县造林绿化验收合格面积 69.2 万亩；1990 年继续造林 7.8 万亩。12 月 22 日，县委、县政府为了确保 1992 年全县实现绿化达标，决定成立广宁县绿化达标领导小组，县长任组长，县委副书记、副县长各一名任副组长；同时要求各乡镇成立相应机构，加强对绿化达标各项工作的领导。

1991 年 3 月 15 日，县委、县政府在坑口镇召开造林绿化现场会，再一次明确了 1992 年全面实现绿化达标的要求。9 月 14 日，县四套班子会议专题研究县城南街和县内公路绿化问题。决定县城投入 219 万元重点实现新城区的绿化、美化、净化和硬底化，投入 6 万元绿化县城周围 808 亩山头；全县 839 千米公路限时完成 258 千米两旁绿化补植任务。9 月 24 日，县委、县政府发出《关于落实我县绿化达标和县城整治工作有关措施的通知》，对工程资金筹集等任务作出了具体铺排。

1992 年 5 月 31 日，县委、县政府向市委、市政府呈送《广宁县实现绿化标准自检情况报告》，认为广宁县自 1985 年以来，采取一系列有效措施绿化广宁大地，取得显著成效，按《广东省实现绿化标准自检和验收办法》内容自检，林业用地绿化率 86.8％、省管养道路绿化率和地方管养道路绿化率分别为 96.74％和 86.83％、县城建成区人均占有公共绿地 0.76 平方米、"四旁"（村旁、宅旁、路旁、水旁）绿化、全县土地森林覆盖率 70.19％，均达标，请求市委、市政府核查并向广东省推荐。经广东省的专项验收，8 月 17 日，省委办公厅、省政府办公厅复函省绿委、省林业厅，批准广宁县为 1992 年实现绿化标准县。

广宁县经八年连续努力，提前一年半完成造林绿化任务，捧回了金杯。绿水青山的恢复，也为广宁新一轮发展奠定了生态基础和资源基础。

三、开展社会主义的思想教育活动和精神文明建设

（一）社会主义思想教育活动

1987 年 2 月 6 日。县委常委会议专题分析全县干部群众当前的思想动态。受外来各种思潮的影响，近期广宁县各种似是而非的说法比较多，主要担心政策变、再来一次内乱，影响人心安定。会议认为，要开好"三干会"，认真学习贯彻中央文件精神，坚持四项基本原则，坚决反对资产阶级自由化，坚决把农村改革引向深入，坚决把经济建设搞上去，努力建设繁荣富裕文明的社会主义新广宁。3 月 9 日，县委发出《关于在广大党员、干部中开展坚持四项基本原则教育的通知》（简称《通知》）。《通知》要求，上半年学习文件、批判方励之等资产阶级自由化观点、各级班子开好民主生活会，下半年普及法制教育和纪律教育。4 月 18 日，县委批转县委宣传部《关于组织党员、干部学习马克思主义哲学的意见》，要求各级领导要高度重视、带头学好马克思主义哲学，采取切实可行措施组织好党员、干部的学习，学出新水平。从当年 5 月开始，全县数百名党员领导干部按要求参加了各种形式的学习，学习活动第一阶段到当年年底结束。

1991 年 5 月 21 日，根据中央和省委的部署，县委印发《关于在全县农村开展社会主义思想教育的通知》（简称《通知》），安排从当年 8 月中旬开始到 1992 年 11 月中旬，全县农村分三批开展社会主义思想教育，全面落实党在农村的各项方针政策，加强以党支部为核心的基层组织建设，推动农业生产和农村经济发展。该通知明确了开展农村社会主义思想教育的指导思想、内容、重点和政策，具体部署和工作步骤。5 月 22 日，县委成立广宁县农村社会主义思想教育领导小组，县委书记谢天聪任组长，县委副书记彭传珠、郭昌淦、周沛泉任副组长。7 月 31 日，全县县直

机关 68 个单位抽调 150 名干部（其中副局级以上干部 55 名），参加第一批 7 个乡镇的农村社会主义思想教育工作队。

（二）加强社会主义精神文明建设

1985 年 11 月 16 日，县委下发《关于加强精神文明建设的意见》，要求克服薄弱环节，加强和改进思想政治工作，广泛开展文明创建活动，加强社会文化活动管理，使"两个文明"建设取得更大更好成绩。

1986 年 6 月 10—12 日，省委副书记谢非到广宁视察社会主义精神文明建设情况。10 月 7 日，县委印发《关于学习十二届六中全会决议的通知》，要求全县各级党组织和全体党员，认真学习和贯彻《中共中央关于社会主义精神文明建设指导方针的决议》，采取有力措施，使本地区、本单位的精神文明建设呈现新的面貌。

1987 年 10 月 9—16 日，县委举办领导干部学习班，主要学习社会主义初级阶段的理论，强调贯彻党的十一届三中全会以来的路线方针政策，既不能搞"僵化"，也不允许搞"自由化"，要切实加强党对思想战线的领导。

1991 年 2 月，县委、县政府通报表彰了 1990 年度精神文明建设先进的文明单位 98 个、花园式单位 30 个、农村文明户 228 户，1990 年度"创优评佳"活动先进个人 130 人。

改革开放初期老区获得解困式扶持

1979 年 1 月 7—10 日，全县烈军属、荣誉复退军人、老区群众代表和拥军优属先进单位代表大会召开，出席代表 560 人。会议号召全县老区人民紧跟形势，解放思想，鼓足干劲，在建设社会主义现代化强国中立新功。10 月 8 日，广宁县革委会发出通知，恢复广宁县革命老根据地建设委员会，由县委副书记陈威担任委员会主任，日常办事机构设在县民政局。此后，1982—1993 年作了多次调整充实，均由县长担任委员会主任。1979 年，为全县 355 名烈士的家属全部换发新的"光荣烈属"牌匾。

1980 年 4 月 2 日，中共肇庆地委批复广宁县委，同意县委 3 月 8 日报送《关于"广宁老区性质问题"的复查报告》的复查结论及处理意见。县委在前段调查基础上，正式启动复查程序。8 月 20 日，省增加下拨 3 万元经费维修烈士纪念建筑物。

1981 年 4 月，"第一次国内革命战争时期广宁农民运动文物展览"在县农会旧址——梁家祠（广宁师范学校内）举办。6 月，县政府对广宁县籍的革命烈士名录进行了新一轮核实校对，确认共有烈士 518 名。其中，第一、第二次国内革命战争时期 145 名，全民抗日战争时期 19 名，解放战争时期 254 名，社会主义革命和社会主义建设时期 100 名。

8 月 22 日，《中共广宁县委关于为"广宁老区基本性质是敌我问题"的平反决定》印发。宣布广宁是名副其实的革命老根据地；不存在所谓"冯华基础"，推倒强加在冯华和其他 89 名同志身上的不实之词，予以改正；因"老区性质"和"冯华基础"受株连的 178 人，进行了复查和澄清，全错全改，部分错部分改。

1982 年 8 月 31 日，县政府批转县革命老根据地建设委员会提出的《广宁县老区建设工作计划要点》。

1983 年 11 月，县政府发出通知，对烈军属、残废军人的优待，由乡、村统筹改为由区统筹解决，使优待得到进一步的平衡和落实。

1985 年 1 月 15 日，县委印发《关于开展广宁人民武装起义暨珠江纵队西挺四十周年纪念活动的意见》，要求通过纪念活动调动一切积极性，加速全县四化建设。是月起，对革命烈属等由过去定期定量补助改为定期抚恤。

2 月 6 日，地区纪委通知广宁县委，省纪委批复"同意肇庆地委关于欧新问题的复查处理意见，撤销 1954 年 8 月给予欧新党内撤销工作的处分决定"。欧新在中共广四县委第二书记兼广四县县长任上因所谓"地方主义"受到错误处理。15 日，县政府作出复查纠正决定，宣布谭尧裕、江宏基两人无罪，予以纠正。谭尧裕、江宏基两人均在 1938 年参加抗日先锋队并入党，后受组织指派曾以伪职乡长身份作掩护开展革命运动，新中国成立后同在人民政府机关工作，原判都认定两人在任伪职期间杀害革命群众，1952 年 8 月和 9 月分别被判处死刑。复查认定原判与事实不符，确属错判错杀，应予否定。2 月 26—27 日，县委、县政府举行广宁人民武装起义暨珠江纵队挺进西江 40 周年纪念活动，县外来宾近 500 人。是月，"广宁县人民武装斗争暨珠纵西挺 40 周年图片和文物展览"在县城南街举办，参观者 3 万多人次。是年，县政府决定为新中国成立后家在农村未有子女吃商品粮的革命烈士直系亲属等，每户照顾办理一名子女"农转非"，全县共办理 885 名。

1987年4月5日，县委、县政府在广宁县烈士陵园举行"人民革命战争胜利万岁"纪念铜像揭幕仪式。12月26—28日，广东省老区慰问团到广宁县排沙、潭布、螺岗、坑口、宾亨、五和等乡镇慰问革命老区人民。

1988年2月25日，广宁县举行纪念螺岗暴动60周年活动。中共中央顾问委员会委员刘田夫，中共广东省顾问委员会常委梁威林、杨康华，委员叶向荣、关立以及当年参加螺岗暴动或新中国成立前在广宁进行过革命斗争的部分老同志出席活动。

1989年2月，广宁县老区建设促进研究会成立。7月，周其鉴故居被批准为第三批省级文物保护单位。8月1日，县政府公布，周其鉴故居、彭湃旧居、广宁县农民协会旧址、第十四区农民协会旧址、中国人民解放军粤桂湘边纵队司令部旧址为第一批县级文物保护单位。是年，省政府批准广宁县烈士陵园为广东省重点烈士纪念建筑物保护单位。

1990年1月，广宁县东乡镇、排沙镇共有11个自然村被补划为抗日根据地。2月2日，新楼中学改名为"其鉴纪念中学"，是广宁县第一所以革命烈士名字命名的学校。

1991年1月26日，广宁县老区建设研究促进会更名为广宁县老区建设促进会。11月16日，广宁县扶持老区建设领导小组成立。

7

第七章

开创改革开放新局面 革命老区焕新颜

改革开放新局面与初步建立社会主义市场经济体制

一、贯彻邓小平南方谈话与中共十四大精神形成改革开放新浪潮

1992年2月22日，县四套班子会议召开，要求"解放思想，把握机遇，认清形势，实干快上"，深度开发农业，发展规模工业，延伸乡镇工业，加快发展第三产业；讨论通过改造扩建省道260线的全民集资方案。省道260线广宁县境内段62千米，初步设计三车道，总投资4460万元，县政府总承包建设，缺口1784万元需要自筹，计划集资三年，方法是地方财政安排、各类人员义务建勤、企事业单位赞助、车辆按车型吨位集资、社会捐资等。3月1—2日，县四套班子会议召开，传达省委工作会议精神，重点是学习邓小平南方谈话要点，对照省委要求抓思想统一、抓行动落实。县委要求，具体行动上组织好"五子登科"（解放思想壮胆子、把握机遇迈出新步子、抓基础设施通路子、实干快上增票子、加强思想作风建设强班子）。3月15—17日，县委召开工作会议，中心议题是学习贯彻邓小平的重要谈话和省委工作会议精神，进一步解放思想，抓住时机，加劲加速，加快广宁县经济发展步伐，明确"八五"期末再上新台阶的目标任务。5月11日，县四套班子扩大会议召开，研究广宁县发展大好形势、经济上新台阶的落实措施。县委提出，要开阔视野、拓宽发展门路，

"多条田基睇牛"，"三箭齐发促发展、四路广开上规模、五轮共转求速度"，抓大项目和高科技项目、抓多渠道解决资金、抓人才的引进招聘和培养、抓筑巢引凤的小区开发、抓改善投资环境的基础设施建设，建立和完善各种激励机制，调动积极性。8月8日，省道四连线公路建设广宁段第一期第一阶段工程动工。自此，拉开了省管及地方公路硬底化建设的序幕。8月28日，县五套班子会议讨论广宁县城总体规划，同意先向西后向南两翼延伸，逐步开发首约峒，城区骨架道路按40米规划，划出红线，先按30米施工。11月10—11日，县四套班子扩大会议召开。会议主要传达党的十四大和省委六届八次（扩大）全会精神，组织讨论深化认识，确定广宁县贯彻落实的行动是"一抓三促"（抓上级文件精神学习，促思想解放和观念更新，促进一步扩大开放和深化改革，促生产力进一步解放和发展），明确十年赶上珠江三角洲、二十年实现基本现代化的目标。11月10日，县政府与省林业厅签订《执行国际开发协会"国家造林项目"协议书》，项目总投资216.8万元。广宁县负责在广宁县营造速生丰产桉树1000公顷、到1996年内完成造林和幼林抚育，基地累计生产木材11.34万立方米；省林业厅贷给县政府21.87万个特别提款权（简称SDR，其中部分折算成人民币）；资金有偿使用，依期偿还。这是广宁县利用国际资金发展本地林业的尝试。11月26—28日，广宁县召开"三干会"，研究加快改革开放和现代化建设步伐、加快脱贫致富的措施，力争十年内赶上珠江三角洲发达地区现在的经济发展水平，二十年基本实现现代化。会议认为，要发挥广宁县优势，优化第一产业，强化第二产业，大力发展第三产业，依靠科技进步，走既有速度又有效益的路子。

1993年1月7日，县召开四套班子会议，确定当年工作思路是"优化第一产业、助攻第二产业、发展第三产业"，抓长攻短，机关办实业要有大发展。2月5—6日，全县工作会议召开。会议提出，1993年要把握经济发展态势，主动出击，敢于竞争，努力保持高速增长势头，把大好形势发展下去，计划县生产总值13亿元，比1992年增长54.4％，财政收入4800万元，比1992年增长21.2％，农村人均纯收入1350元，比1992年增长18.8％。全年工作总的要求是：以"奔康赶龙"为目标，扭住中心，抓住重点，全面推进。2月9日，肇庆市人民政府批复，原则同意《广宁县城总体规划（1992—2011）》，并强调：一是南街镇在珠江三角洲的大三角范围内，既享受沿海地区的开放政策，又享受山区的优惠政策，要发展成以造纸、建筑材料、食品和林产加工工业为主的竹乡新城，以经济的繁荣带动城市建设。二是新区建设要按照先地下、后地上的程序，搞好城市基础设施建设；旧城区改造应实行连片改造，使各种市政基础设施得以配套完善。三是做好一河两岸街景规划，搞好两岸绿化美化。5月3日，县政府印发《广宁县鼓励外商投资的优惠办法》，重申外商到广宁投资办企业，除切实执行国家、省、市有关政策外，在用地、用水、用电、用工、产品内销、税收等方面给予更多优惠，并由县外商投资企业服务公司和县对外加工装配服务公司会同有关部门为企业提供"一条龙"服务。10月11日，肇庆市人民政府批复，同意成立广宁县建材企业集团总公司，以广宁县陶瓷厂、广东华宁股份有限公司为核心层，以广宁县陶瓷二厂、广宁县丰宁陶瓷厂、广宁县水泥厂、广宁县玻璃马赛克厂、金宁石业有限公司为紧密层。这是广宁县形成集团优势拓展地产工业品市场的新尝试。

1994年10月29日，县委、县政府决定成立广宁县国有资产管理委员会，加强国有资产管理，保证国有资产保值增值；成立广宁县工业现代企业制度改革领导小组，负责组织、规划、协调、指导国有工业企业改革工作。

　　1995年1月14日，县四套班子召开联席会议，确定全县1995年的主要经济指标安排是：国内生产总值18亿元，国民收入16亿元，地方财政收入9038万元，出口总值3000万美元，利用外资2500万美元，农村人均收入1945元，人口自然增长率12‰以内。2月11—13日，全县"三干会"召开。会议认为，1995年是广宁县力争实现农村小康水平的一年，是全市的"百镇亿元冲线"最后一年和实施"一个中心区两条走廊"第一年，各项任务非常繁重，要厘清思路，处理好改革发展与稳定、速度与效益两个重大关系，抓住重点任务，全面推动各项事业向前发展。2月22日，县政府与市政府签订《1995年承包责任书》，明确广宁县1995年承包完成实际利用外资2130万美元、出口总值2600万美元，出口收汇890万美元的任务，并接受奖惩考核。3月11日，县四套班子召开联席会议，传达肇庆市委、市政府领导同志到广宁指导工作时的指示精神。当月5—6日，市长陈均伦，市委副书记吴家仿，市委常委谢天聪，副市长杨茂礼、蔡仁秀一同到广宁，重点考察纸浆厂建设工程，协调落实肇庆市承诺解决的3000万元资金，了解公路建设进度缓慢问题，并对广宁的全面工作提出了具体要求。联席会议认为，要正视当前发展中碰到的困难，树立信心，尽快把纸浆厂和公路建设搞上去。6月7—8日，县几套班子召开联席会议，主要围绕市委对广宁工作的要求，统一思想认识，冷静反思，加温鼓劲。会议提出：广宁经济发展面临严峻形势，是对党政班子战斗力的考验，要在困难中杀出一条血路来；要突出工作重点，主要领导集中主要精力把一厂一路一效益搞上去；派出工作组到企业帮助扭亏为盈，时间至少3个月；要采取措施保持农业和农村大头稳定。6月下旬，全县工作会议明确提出，认清当前经济工作和社会治安两大严峻形势，保持清醒头脑，形成共识，采取非常规措施，协调联动，奋力拼搏，全面完成当年各项计划任务。11 月 15—16 日，中国银行广东省分行、广东华侨信托投资公司和肇庆市政府联合在广宁县召开现场办公会议，专题研究广宁纸浆厂在建工程后期资金缺口 1 亿多元的解决方案，承诺年底前全部到位，保障了在建项目不停工。

1996 年 3 月 5 日，县委召开常委会议，专题研究加快纸浆厂工程进度问题。会议决定，县委书记、县长每天花半天时间在纸浆厂工作；设立筹资办、设备安装办、生产准备办、土建工程办、全面推进各项进度。3 月 24 日，全县经济工作分析会议认为：广宁的经济形势比外界议论的要好得多，特别是农村这一头；当前压力之大非比寻常，纸浆厂要在当年第三季度投料试产；要恢复自信，努力自强。6 月 10—11 日，全县乡镇企业工作会议召开，目的是增强信心，鼓劲加温，工业立镇，攻破难点、热点，协调纵横关系，提高管理水平，要求全县乡镇企业实现年营业收入 19.7 亿元、税金 4.99 亿元、利润 5100 万元，再创新的佳绩。8 月 15 日，省委常委、常务副省长张高丽率领省计委、省经委、省建委、中国银行广东省分行、广东华侨信托投资公司、中国建设银行广东省分行及肇庆市党政负责人到广宁纸浆厂现场办公，专题研究帮助解决生产流动资金总需 8000 万元问题。会议决定广东省解决 4000 万元，1997 年 6 月前注入完毕。省经委还对纸浆厂用电给予优惠。12 月，实际投资 6.6 亿元、年产能力 5.1 万吨的广宁纸浆厂全面顺利进入试产。投产后，预计年产值 5 亿元、创税利 1.2 亿元。

1997 年 2 月 28 日，县政府出台《广宁县鼓励外商投资优惠政策》，对用地、用电、用水、税收以及工缴费等方面明确了新的优惠幅度。3 月 10—12 日，县十一届人大五次会议召开。会议确定，1996 年实现县生产总值 19.55 亿元，比 1995 年增长 17.8%，一、二、三产业结构进一步优化，产值比例为 28∶43∶29。

1997 年的工作思路是以政德教育为突破口，逐步把广宁建设成纸城、陶都、水电县、新竹乡，国内生产总值、地方财政收入、农民人均收入都保持两位数以上增长。4 月 11 日，县委、县政府召开广宁县外来投资者表彰大会，县政府表彰了为广宁经济和社会发展作出突出贡献的 26 位外来投资者及海外乡亲。到 1996 年底统计，通过引进办起了三资企业"三来一补"（来料加工、来件装配、来样加工、补偿贸易）企业 129 家、就业 1.5 万人，通过接受捐资兴办了大批公益事业，有 41 所学校、11 间卫生院受益。

二、如期实现肇庆市委农村脱贫奔小康目标要求

1993 年 6 月 22 日，县委办、县府办印发《关于继续做好挂钩扶持贫困经联社工作的通知》，对年纯收入仍在 3 万元以下的 192 个经联社继续做好挂钩扶贫工作，县直和乡镇机关单位保持 1989 年定下来的扶持关系，坚持"不脱贫不脱钩"原则及各项工作机制不变。7 月 3 日，县委、县政府印发《关于巩固发展镇区林场的意见》，认为镇区林场是实现林业基地化、林木速生丰产化、经营集约化、专业化、生产商品化的有效形式，要稳定山林权属，尊重林场经营自主权，落实管理体制，完善生产责任制，落实生产方针和收益分配政策，抓好科技兴林，多方扶持，使镇区林场在繁荣山区经济中发挥更大作用。7 月，全县开展了"93 扶贫年活动"，重点是以系统为单位开展党团员带头、个人力所能及的募捐和赞助，专款专用于县内贫困经联社发展经济。10 月 19 日，县委、县政府决定，成立广宁县减轻农民负担监督管理领导小组，县委副书记周沛泉任组长。

1994 年 12 月 20 日，中共广宁县委农村基层组织建设工作领导小组成立，县委副书记周沛泉任组长，县委副书记朱昌南、副县长林志强任副组长。

1995 年 1 月 15 日，县委印发《关于农村基层组织建设工作安排的意见》，明确农村基层组织建设的总目标是"五个一"：建设一个团结、坚强、群众拥护的领导班子；培养锻炼一支富有战斗力的好队伍；选准一条适合当地加快经济发展的好路子；完善一个好的经营体制；健全一套体现民主管理、保证工作有效运转的好管理制度。要求全县区级集体经济年收入 1 万元以下的 7 个管理区、3 万元以下的 66 个管理区，通过帮扶，分别在 1996 年、1997 年达到 3 万元以上。3 月 1 日，县委、县政府印发《关于在农村基层组织建设中实行县领导办点和机关单位扶持贫困管理区责任制的通知》，由省下派 4 个、市下派 5 个、县派出 41 个、乡镇安排 23 个共 73 个工作组，用两年时间定点扶持集体年纯收入 3 万元以下的管理区，扶持时间到 1997 年底，并实行奖惩制度。4 月 24 日，县委、县政府印发《关于发展"三高"农业的奖励办法》，决定对种植业的粮食和经济作物，养殖业的猪、"三鸟"和鱼，林业的森林资源保护和发展、种植大竹，分别实行年度指标考核和达标奖励，促进农村致富奔康。6 月 22 日，县委、县政府印发《广宁县扶贫和农村基层组织建设工作考评办法》，明确了考评对象、全面达标标准、考评办法和奖惩办法。10 月 5 日，县委、县政府批转县委农村部、县农委《关于稳定和完善土地承包关系的意见》，强调维护政策的严肃性和连贯性，对确需调整的耕地坚持"大不动，小调整"原则，作适当调整后再延长承包期 30 年不变。11 月 20 日，县委、县政府印发《关于加大力度加快我县农村实现小康的通知》，根据市委、市政府的目标要求，落实广宁县加快农村奔康进程的工作安排，计划全县在 1997 年通过省的小康达标验收。12 月 26 日，广宁县农村小康达标领导小组成立，县委副书记周沛泉任组长，推动广宁县农村奔小康进程，迎接省从当年开始的每年一次的农村小康达标验收。

　　1996 年 3 月 8 日，县委印发《1996 年农村基层组织建设工作安排意见》，强调按照省委"三个不能少"（领导力量、工作力度、组派工作队不能少）的要求，坚决实现剩下的 15 个贫困管理区全部脱贫，并有一批管理区集体经济再上新台阶。7 月 6 日，县委、县政府为确保广宁县农村小康当年达标，调整充实了广宁县农村小康达标工作领导小组成员。10 月 17—18 日，全县农村小康达标工作汇报会召开，通过参观宾亨镇示范现场和部分乡镇表态发言，重申县的要求，部署冲刺阶段具体工作，为确保全县农村小康当年全面达标再鼓劲。

　　1997 年 1 月 21 日，省委办公厅、省政府办公厅印发通报，1995 年达到省规定的"四个层次、五项指标"脱贫标准的是：广宁县等 12 个山区县（市、区）；1995 年实现脱贫达标的广宁县、怀集县、龙门县同时摘掉贫困县帽子。5 月 23 日，全县农村工作会议召开，重点是推进乡镇企业和民营企业再上新台阶，同时强调抓好当前农村奔小康达标验收准备、乡镇公路建设、纸浆厂原料收购等主要工作。12 月 5 日，省政府通报，根据《广东农村小康标准指标》，经自下而上的现场验收和严格评定，广宁县等 7 个县（区）为第三批广东农村小康达标县（区）。

三、加大公路建设和城乡建设力度

（一）公路建设

　　1995 年 7 月 11 日，广宁县"九五"公路建设达标工作领导小组成立，县委书记任组长。1996 年 4 月，省道四连线广宁路段 62 千米二级水泥路改造全面建成通车。1997 年 3 月 31 日，全县公路建设工作会议在横山镇召开，部署落实全年公路建设计划。与会人员在会前参加了位于古水镇牛岐路段的肇庆市 500 千米大环市路唯一隧道——省道四连线广宁隧道开通仪式。11 月 4 日，全县公路建设现场会在坑口镇召开，主要推进公路建设进度，确保当年专项任务完成。

（二）城乡建设

1996 年 11 月 11 日，广宁县城乡建设工作会议在江屯镇召开。自 1994 年全省开展城镇规划、建设、管理"南粤杯""岭南杯"达标竞赛活动以来，广宁县加大建设和整治力度，城镇面貌和环境质量有了明显提高。会议要求全县按照"一个中心，两翼延伸，三个重镇，四面辐射，梯度推进"的发展战略，抓高起点规划、高质量建设、高效能管理的关键环节，确保 1997 年通过省的验收。1997 年 12 月 15 日，全县村镇建设工作会议在宾亨镇召开，强调村镇建设要确立现代意识，按照生态、效能、节约的原则，高起点规划、高标准建设、高效能管理，到 2010 年，半数以上旧村得到改造，80％村镇成为各具特色的现代文明村镇。

四、国有企业转换经营机制和股份制改造

1995 年 6 月，县委、县政府决定成立广宁县国有工业企业扭亏增盈工作领导小组，县委副书记、副县长彭锦泉任组长，并派出工作组到丰宁陶瓷厂、葡萄糖厂、华宁陶瓷股份有限公司、陶瓷一厂、油墨厂开展工作，帮助企业提高经济增长效益和质量。

1996 年 4 月，广宁县农业银行接收丰宁陶瓷厂固定资产重新组织生产。广宁县农业银行以抵偿债务形式接收丰宁陶瓷厂 80％固定资产，并接收全部正式职工，剥离其他原有债权债务，5 月 1 日开始组织复产。9 月 16 日，县四套班子联席会议专题研究国有企业改革。会议提出，广宁县国有企业改革要以产权为核心，以注资经营责任制为主要形式。年底前，县国有工业相关企业组建造纸、陶瓷、水电三大集团，县电机厂、环保设备厂、水泵厂试点注资经营责任制，葡萄糖厂、油墨厂既搞注资又搞中外合资合

作；商贸企业中的商业制药厂、农业生产资料公司、糖烟酒公司试点注资经营责任制，其他各企业按合适形式积极改革。会议决定，成立广宁县企业改革领导小组，由县长卓水华任组长。12 月 15 日，省经济体制改革委员会批复，同意广东华宁陶瓷股份有限公司股本结构调整，总股本 1300 万股不变，其中国家股 653.1 万股不变，占总股本 50.24%；法人股和内部职工股作调整。

1997 年 1 月 13 日，市政府批复县政府，原则同意以广东油墨厂、广东油墨有限公司、广宁县林产化工厂、广宁县造漆厂为成员企业，组建广东美宁油墨集团有限公司。4 月 22 日，县政府批复县水利电力局，同意组建广东省广宁县水电集团有限公司：以广宁县花山水电站为核心企业；牛岐、扶落口、湘门、塘村、白水碃、贺田、风竹坪、大良、红旗水电站和地方水电开发总公司、水电工程公司、水电服务公司、水电砂石开发公司等 14 家企业为控股成员企业；赤坑等 12 个镇水利站为关联成员企业。6 月 4 日，县政府批复县经委，同意组建广东省广宁纸业集团有限公司：以广宁纸浆厂、广宁人民造纸厂、广宁县造纸厂为主要成员企业；以广宁县五和造纸厂、广宁县宾亨造纸厂、广宁县宾亨包装材料厂、广宁县排沙造纸厂、广宁县螺岗造纸综合厂、广宁县丰洲包装材料厂、广宁县南街纸箱厂为关联成员企业。7 月 23 日，县政府批复县工业局，同意组建广东省广宁县陶瓷集团有限公司：以广东华宁陶瓷股份有限公司为核心企业；广宁县陶瓷厂、广宁县陶瓷二厂为主要成员企业；广宁县银鹰建筑陶瓷厂、广宁县华达陶瓷厂、广宁县横山福利陶瓷厂为关联企业。

1998 年 1 月 9 日，广宁纸浆厂解困联席会议在广东华侨信托投资公司总部（广州）召开，省相关部门负责人、肇庆市委书记、市长，广宁县委书记、县长及广宁纸浆厂厂长等参加会议。会议认为，解决广宁纸浆厂目前问题主要思路是恢复生产、资产重组、妥善处理债务，未恢复生产前要做好机械保养、加强安全保卫、稳定技术队伍。

五、教育、妇女儿童和卫生事业的发展

（一）教育

1993 年 6 月 8 日，县政府印发《广宁县普及九年义务教育规划》，到 1994 年全县 21 个乡镇分两批完成普及九年义务教育工作，其中南街、石涧、宾亨、横山 4 个镇于 1993 年完成。基本要求是小学毕业生升学率 95％以上，初中学生巩固率 97％以上、毕业率 90％以上，办学条件达到省规定验收标准，学校师资数量足够、学科基本配套、学历和专业合格教师达 60％以上，新增加教育经费投入 3100 万元以上。7 月 15 日，县政府与省政府（委托省教育厅）签订了《广东省普及九年制义务教育合同书》，省补助 468.9 万元。1994 年 12 月，广宁县普及九年义务教育工作通过了省的验收。这是广宁县教育发展史上的一件大事。1995 年 8 月 2 日，县政府与省政府（委托省教育厅）签订了《广东省解决中小学教师住房困难问题合同书》，承诺到 1998 年共新建教师住宅 2308 套 184560 平方米，省补助 767 万元，县自筹 10005 万元。1996 年 9 月 1 日，广宁县人民政府被国家教育委员会、财政部授予"全国扫除文盲工作先进单位"，是全省当年获得该称号的 4 个县（市）区之一。1997 年 5 月 9 日，省政府通报表彰全省"两基"（基本普及九年义务教育、基本扫除青壮年文盲）工作先进县（市、区）、乡镇和单位 385 个，广宁县古水镇、南街镇、排沙镇、江屯镇在列。8 月 28 日，县委办、县府办发出通知，从当年 7 月开始到下一年 1 月底，全县范围举行一次规模盛大的教育基金百万行活动，动员社会力量增加对教育的投入，进一步振兴教育事业。9 月 10 日，广宁县庆祝教师节表彰优秀教师暨县教育

基金百万行动员大会在县影剧院举行。

（二）妇女儿童

1993 年 7 月 1 日，县政府印发《广宁县儿童少年事业"八五"发展计划（1991—1995）》，对全县 11 万多名 14 岁以下儿童少年的卫生保健、教育体育、文化艺术、生活服务以及权益保护等，都明确了主要目标。1995 年 11 月 22—25 日，省初级卫生保健审评小组经抽查等环节，通过了对广宁县的农村实现 2000 年人人享有卫生保健普及阶段目标的审评。广宁县一次达标，也是全市首先实现初保达标县。1996 年 3 月 22 日，县政府印发《广宁县儿童发展"九五"规划》，以优生、优育、优教为主要内容，对 1996—2000 年全县儿童的生存、保护和发展作出整体安排。9 月 30 日，县政府印发《广宁县 1996—2000 年妇女发展规划》（简称《规划》），《规划》对大力培养女干部，提高妇女就业率和劳动保护水平、科学文化水平、健康水平，保障妇女享有计划生育、人身、财产和婚姻家庭权利等方面，都有明确的数量或质量要求。《规划》由县妇女儿童工作委员会组织实施。1997 年 3 月 18 日，省政府发出通报表彰全省 51 个农村初级卫生保健达标县、市、区，广宁县名列其中。5 月 20 日，国务院妇女儿童工作委员会表彰全国 100 个儿童工作先进市（区）、县，广宁县是全省 4 个获得表彰的市（区）、县之一。

（三）卫生

1997 年 12 月 13 日，县委、县政府印发实施《中共广东省委、广东省人民政府贯彻〈中共中央、国务院关于卫生改革与发展的决定〉的意见》的办法，提出要全面贯彻"以农村为重点，预防为主，中西医并重，依靠科技与教育，动员全社会参与，为人民健康服务，为社会主义现代化建设服务"的新时期卫生工作方针，全县卫生事业"九五"时期发展总体水平进入全市先进行列，2000 年基本实现人人享有卫生保健，2010 年基本实现卫生事业现代化。

六、抓好市场经济条件下党的建设

（一）中共广宁县第八次代表大会及第八届县委六次全会

1993 年 3 月 28—30 日，中共广宁县第八次代表大会召开。中共广宁县第七届委员会向大会报告工作认为，该届县委经历了不平凡的三年，始终坚持党的"一个中心、两个基本点"的基本路线，真抓实干，开拓前进，把全县各项工作推向新的阶段。1992 年与 1989 年相比，全县工农业总产值从 8.388 亿元增加到 14 亿元，财政收入从 2674 万元增加到 3959 万元，农村人均纯收入从 658 元提高到 1136 元，职工人均年工资从 1981 元提高到 3105 元。今后全县经济发展的总体目标是 1995 年基本实现小康，各项主要经济指标十年翻两番，二十年基本实现现代化。经过代表团差额预选、大会集中等额选举，产生了中共广宁县第八届委员会和新一届中共广宁县纪律检查委员会。30 日，县委八届一次全会选举产生了县委常委会组成人员、县委书记和副书记；新一届县纪委第一次全会选举产生了县纪委常委、县纪委书记和副书记。

中共广宁县第八届委员会期间，共召开了六次县委全会。其中，1995 年 12 月 19—21 日，县委八届四次全体（扩大）会议通过了《中共广宁县委关于制定我县国民经济与社会发展"九五"计划和 2010 年远景目标的建议》（简称《建议》）。根据《建议》，到 20 世纪末经济总量比 1995 年翻一番以上，人民过上充实的小康生活；2010 年达到当年全省经济发展平均水平。1996 年 12 月 9—10 日，中共广宁县八届五次全会审议通过了《中共广宁县委关于加强社会主义精神文明建设的实施办法》。全会要求，加强社会主义精神文明建设，要以提高人的素质为根本目标，以邓小平建设有中国特色社会主义理论为指导，突出抓好思想道德建设，培育有理想、有道德、有文化、有纪律的社会主义公民。全县各级党组织和全体共产党员，要解决"位子""点子""路子"问题，真抓实干，开创"两个文明"建设新局面。1997 年 11 月 13 日，中共广宁县八届六次全体（扩大）会议召开。会议主要内容是，贯彻落实党的十五大精神，动员全县党员和干部群众，高举邓小平理论伟大旗帜，继续解放思想，不断深化改革和扩大开放，推动经济和社会事业进一步全面发展；通过了关于召开中共广宁县第九次代表大会的决议。

（二）中共广宁县第九次代表大会

1998 年 2 月 26—28 日，中共广宁县第九次代表大会在县城召开。大会主题是抓住机遇，开拓进取，推动广宁经济和社会事业进一步全面发展。大会提出了今后五年全县经济发展的战略、经济体制改革、推进依法治县、加强社会主义精神文明建设以及加强党的建设的设想，未来五年要推动第一、第二、第三产业协调发展，使人民生活进入宽裕小康，推进依法治县，加强社会主义精神文明建设，加强党的建设和改善党的领导，建设富裕、文明的新竹乡。大会选举产生了县委委员 33 名、候补委员 6 名，县纪委委员 13 名，出席中共肇庆市第八次代表大会代表 33 名（含肇庆市委提名 2 名）。28 日，县委九届一次全会选举产生县委常委会组成人员 10 名，并审查批准了县纪委全会选举结果。

（三）党风廉政建设责任制的实行

1992 年 1 月 2 日，县委将原来的广宁县廉政建设领导小组改为广宁县党风和廉政建设领导小组，并调整了部分领导成员，设立办公室。9 月 19 日，县委、县政府印发《关于领导班子反腐保廉的基本措施》，要求各领导成员严格执行，经受起执政、改革开放和反"和平演变"的考验。9 月 28 日，县委印发《关于进一步健全落实各级领导班子抓党风责任制的通知》（简称《通知》），强调从县到乡镇、系统，党委统一领导，分工负责，建立明确责任制，切实把党风搞好。《通知》对县委、县政府领导成员抓党风责任确定了具体分工。

1993年9月14—15日，县委召开全县现职副处以上干部会议，传达学习省委常委扩大会议精神，研究广宁县开展反腐败斗争的部署。会议经过分组讨论发言，统一认识到党中央反腐败的决策非常及时，得党心、顺民意，一定要标本兼治；广宁县要按照中央和省委的要求去做，领导干部带头自律，态度坚决地抓好几项专项工作，拿出实际行动解决当前突出问题。9月23—25日，县委召开常委扩大会议，动员和部署全县进一步开展反腐败斗争。会议要求，抓好扫黄禁赌打黑、狠刹乱收费等行业不正之风、禁止公费出国出境旅游、查处一批以权谋私案件等专项行动，务求全县反腐败斗争如期取得阶段性成果。

1995年4月17日，县委、县政府根据上级部署，为了深入扎实开展反腐败斗争，决定成立6个专项清理小组，清理违反规定集资建房、建私房，清理违反规定使用军警车号牌和外籍车号牌，企业领导干部廉洁自律，清理公路乱设卡、乱收费、乱罚款，清理中小学乱收费，清理向农民乱摊派、乱收费。5月31日，县委、县政府印发《关于领导干部反腐保廉的几条具体规定》，重申各级领导干部必须坚决执行中央和中央纪委的有关规定和指示，一把手负总责，带头维护党纪国法，严格执行建设工程的招标、议标、投标制度，带头执行车辆配备和使用管理规定，不准违反规定建私房和参加集资建房，带头勤政廉政，坚决维护民主集中制。7月20日，全县清理党政机关县处级以上领导干部工作用车及违反规定使用特种车号牌工作，经过一年多的整改，已经符合规定。县党政主要领导换乘符合规定工作用车；党政机关其他领导成员取消相对固定用车、实行统一安排用车；原来违反规定使用的 29 副特种车号牌已全部上缴；完善了机关车辆管理制度。

1996 年 3 月 21—22 日，广宁县纪检监察会议召开。会议强调，1996 年的反腐败任务，是继续狠抓领导干部廉洁自律各项规定和制度的落实，加大力度查处案件，继续纠正部门和行业不正之风。6 月 26 日，县委、县政府班子召开民主生活会议，主要检查与党中央保持一致、遵守纪律杜绝以权谋私、执行民主集中制，以及住房和用车等方面的情况，班子成员对个人执行廉洁自律规定的情况逐个作了发言。会议强调，每个班子成员都要管好自己、管好所管部门、管好身边工作人员和家属，不能失管失控。8 月 22—23 日，县委常委扩大会议召开，中心议题是反腐保廉，依法治县。会议认为，经过几年努力，全县反腐保廉工作发展健康，取得明显的阶段性成果，但有些消极腐败现象还比较严重，群众还不满意，要继续下决心抓出成效，标本兼治，严肃查案，落实好治理"三乱"（乱收费、乱罚款、乱摊派）、建设工程招投标、单位财务管理等专项清理工作；依法治县重点是把一切工作纳入法制化的轨道，依法行政，依法办事，加强监督。

（四）党员干部纪律教育学习活动

1992 年 1 月 2 日，县委印发文件，按照省委、市委要求，部署全县共产党员、干部和职工运用典型案例开展反腐蚀教育，突出重点，有针对性地解决存在问题。7 月 10 日，中共广宁县委党内法规教育领导小组成立。这次党内法规教育活动，当年 5 月已先在南街镇和县税务局搞试点，7 月底全县铺开，10 月中旬基本结束。通过教育，全县共产党员增长了党内法规知识，增强了纪律观念，促进了党风廉政建设和各项工作开展。1997 年 5 月 22 日，县委印发《1996—2000 年广宁县干部教育培训规划》，对党员干部加强党性锻炼，对领导干部进行群众观点、群众路线和廉洁奉公、艰苦奋斗传统教育，对广大干部加强爱国主义、集体主义和社会主义教育。规划到 2000 年，全县 45 岁以下的科级干部达到大专以上文化水平。1998 年 1 月 13 日，县委、县政府作出决定，号召全县党员、干部、公职人员向伍于汤学习。共产党员伍于汤是县公安局南街派出所户籍民警，36 年如一日，默默耕耘，全心全意为人民服务，在平凡的岗位上体现了崇高的思想境界、高尚的职业道德，为党旗增添了光彩，为保一方平安作出了贡献。3 月 20 日，县委、县政府决定授予伍于汤"优秀民警"称号，县委决定授予伍于汤"优秀共产党员"称号。

（五）农村基层组织党建工作的初步探索

1992 年 4 月中旬，县委决定从当年开始，开展"农村管理区党支部达标升级"和"评选优秀农村党支部书记"两项活动，并实行奖励。通过活动促进党的路线、方针、政策在农村贯彻落实。党支部分为先进、一类、二类、三类四个档次，按指标 100 分制考核，达标或升级党支部分别奖励；连续三年评为优秀支部书记、符合招干年龄者，优先录用或聘用为乡镇干部。1993 年 10 月 11 日，县委印发《关于深入开展农村管理区党支部"创先进支部"的意见》，将 1992 年开展的农村管理区党支部"达标升级"活动改为"创先进支部"活动，活动内容与奖励不做大变动。1997 年 4 月 10 日，县委印发《广宁县 1997 年农村基层组织建设工作意见》，要求突出抓好已脱贫和达标的 73 个管理区的巩固提高和再上档次工作，抓先进样板示范和后进改变面貌两头，保证各项任务落到实处。

增创新优势谋划跨世纪发展目标

1998 年 3 月，中共中央总书记、国家主席江泽民参加九届全国人大一次会议广东代表团全体会议时对广东提出了"增创新优势，更上一层楼"的总体要求。根据省委要求，广宁县迅速行动，认真贯彻落实。

1998 年 3 月 3—7 日，县十二届人大一次会议提出跨世纪的展望：到 2002 年国内生产总值（按 1990 年不变价）达到 45 亿元。为了保证全县经济抓住重点、突破难点，实现有效增长，县委、县政府 3 月成立国有企业生产改革、纸浆厂复产转制、财政税收、"双引进"与发展民营企业、发展"三高"（高产、高质、高经济效益）农业、政策信息研究 6 个工作小组，由县有关主管领导牵头开展相关工作。10 月 23—24 日，县委工作会议作出部署，解放思想促发展、增创广宁新优势，落实增创新优势的农业、工业、第三产业、对外开放的重点，靠好的队伍、好的机制、好的精神状态作保证，狠抓落实。此后，按照既定思路，各项重点工作有序推进。到 2003 年 3 月县十三届人大一次会议召开期间的五年，全县经济出现全面恢复性增长势头，总体目标完成良好。2002 年与 1997 年相比，本级财政收入增长 83.57%，农民人均纯收入增长 19.78%。

一、国有企业产权改革的起步

1998 年 5 月，县政府批复同意将广宁药业有限公司整体资产以 800 万元人民币的价格出售给深圳万基制药有限公司。这是县内第一宗国有资产整体转让处理。

1998 年 7 月，县委、县政府调整充实广宁纸浆厂转制工作领导小组，县长任组长。8 月，肇庆市委、市政府成立肇庆市广宁纸浆厂资产重组协调领导小组，指导、督促和协调广宁纸浆厂积极实施省政府同意的解决广宁纸浆厂项目问题的资产重组方案。2000 年 5 月 9 日，省委常委、常务副省长王岐山在广州主持召开会议，听取肇庆市政府和广宁县委、县政府关于广宁纸浆厂资产重组有关问题的情况汇报，并研究有关工作。6 月 9 日，副省长钟启权根据常务副省长王岐山批示精神主持召开会议，听取肇庆市政府和广宁县委、县政府关于广宁纸浆厂资产重组工作进展情况的汇报，并研究有关工作。6 月 13 日，副省长钟启权在肇庆市市长、副市长陪同下到广宁纸浆厂考察并座谈，重点是按照省政府 5 月 9 日和 6 月 9 日两次专题会议确定的原则，推动解决广宁纸浆厂转制中的难点。2000 年 7 月 3 日，广宁纸浆厂以 3.03 亿元人民币出让给台湾中华纸浆股份有限公司和永丰余公司。产权买卖成功后，外资方短时间内使企业步入了正常生产。2001 年 5 月 23 日，县委、县政府向省委、省政府报送《关于广宁纸浆厂的情况报告》，回应和澄清有关新闻媒体分别刊登的有关广宁纸浆厂问题的报道，如实说明纸浆厂有效资产 5.79 亿元以 3.03 亿元成交的转制过程依法规范，转制后效果良好。2002 年 10 月，由原广宁纸浆厂转制而成的广东鼎丰纸业公司获得质量和环境管理体系两项国际认证。

2000 年 8 月，全县国有企业改革工作会议部署了国有企业改革的重点。2002 年 10—11 月，广宁县木材厂、广宁县水泥厂、广宁县船用水泵厂、广宁人民造纸厂等 4 家地方工业企业以整体破产重组或整体资产出让方式实现了转制。

二、在解决历史性困难中谋求主体经济突围前进

1999 年 5 月底，肇庆市委、市政府在广宁召开现场办公会议。市委书记陈均伦、市长梁伟发、市人大常委会主任吴家仿、市政协主席杜鉴波共同带领市几套班子领导和有关部门负责人，专程到现场商量解决广宁在发展中碰到的财政保支出、企业保运转、债务到期还、纸浆厂转制等历史性特殊困难，要求不埋怨、不争论，认真解决好。同时，敲定了一批帮助广宁的具体措施。6 月 1 日，县召开五套班子扩大会议并作了传达，强调不埋怨、不失志、不等待，提出增强"发展广宁我有责，振兴广宁我出力"的使命感，勇闯难关。6 月 8 日，县委、县政府成立保稳定防范化解矛盾协调领导小组和纸浆厂转制、财政税收、国有工业、项目申报跟踪、发展"三高"农业、发展个体私营经济 6 个专责小组，全面落实市委、市政府广宁现场办公会的各项要求。12 月 9 日，县委召开九届三次全体（扩大）会议。会议确定广宁县国有企业改革和发展的具体措施，重点是在五个方面加快步伐：抓大放小、公司制改造、完善国有资产监管和营运体系、企业技术创新、以社会保险为重点的配套改革。

2000 年 12 月底，肇庆市委、市政府再次在广宁县召开现场办公会议，帮助广宁县解决当前经济工作中遇到的困难和问题及确立今后的发展思路、措施。市委书记陈均伦、市长江海燕分别讲话。市委、市政府其他领导和市直有关部门负责人，广宁县几套班子领导成员、各乡镇党委书记和县直有关部门主要负责人参加会议。会议认为，自 1999 年市现场办公会议以来，广宁县迎难

而上，各项工作基本保持正常运转，取得了来之不易的成绩。当前面临债务上、财政运作上、发展上的三方面较大压力，要理清思路，坚持以发展促解困，以解困求发展，立足自身努力，突出抓好推进工业化和农业产业化两个重点。肇庆市委、市政府对广宁县继续高看一眼，厚爱一层，出钱出力，特事特办。会议议定了一批共同帮助广宁解困发展的具体措施，涉及拨、借金额数亿元。

2001年3月，县政府向县十二届人大四次会议报告，"九五"时期，广宁县国民经济保持稳步增长，2000年与1995年相比，县生产总值预计25.58亿元，增长54.1%，本级财政收入7740万元，增长72.7%，第一、第二、第三产业比例从30∶42∶28转变为27∶42∶31；以产权为核心的各项改革取得重大突破；农业和农村工作稳中有进；基础设施建设不断完善；财税、金融、内外贸易稳健运行；民主法治和社会主义精神文明建设不断加强；社会各项事业取得新成就。"十五"计划主要预期目标是国内生产总值年均递增10%，财政收入年均递增11%，农民人均纯收入年均递增3.5%。实现预期目标的主要措施是以经济建设为中心，抓农村大头、抓产权改革、抓非公有制经济的新增长点、抓"双引进"，增强全县整体经济实力。

在肇庆市委、市政府的正确领导和指引下，广宁县的主体经济发展逐步找准了突围方向，2001年5月，全县经济工作会议明确，广宁经济腾飞主要靠两个"翅膀"：一是国有企业改革和发展；二是大力发展非公有制经济。县一级要营造"一轮明月"，各部门和各镇（乡）营造"满天星星"，努力形成"众星拱月"的经济态势。重点抓好企业产权改革、招商引资、调整优化农业结构、加强财税征管、加大固定资产投资力度、加快开发旅游资源6项工作。7月初，县委、县政府组织学习参观团赴广东省信宜、高州、阳江等地，学习竹子加工、市政建设、"三高"农业基地等"两个文明"建设的成功做法和先进经验。

2002年3月和6月，投资1.9亿元的广宁县绥江春水水电站和投资1.7亿元的广宁县绥江东乡水电站分别筹建，拉开新一轮吸引固定资产投资的序幕。

三、保持农村稳定与推广"三高"农业

1998年10月，县委、县政府印发《关于理顺我县农村基层管理体制的通知》，根据《中华人民共和国村民委员会组织法（试行）》和上级的部署，决定撤销广宁县管理区办事处，设立村民委员会，要求按照管辖范围不变、农村集体经济权属关系不变、农村基层干部队伍相对稳定的原则，坚持依法办事，真正实行民主选举，使村民委员会真正成为农村基层群众的自治组织。全部工作分认真摸底、搞好试点、全面铺开、总结验收四个步骤进行，安排于1999年3月底前完成。

1999年7月，县委办、县府办印发《关于进一步稳定和完善农村土地承包关系的意见》，明确了严格、全面掌握延长土地承包期的有关政策。第一轮土地承包期满后，再延长30年；在再延长30年的前提下，可5年作一次小调整；建立和健全土地使用权流转制度。8月，县委、县政府印发《关于发展"三高"农业推进农业产业化的意见》，部署工作重点是因地制宜建设茶竹、甜竹、菜篮子、速生丰产林等一批具有地方特色的商品基地，培育一批农业支柱产业和主导产品，发展一批牵动面广的龙头企业，扶持产业化流通组织，造就一代具有较高素质的新型农民，并从政策措施上予以鼓励。12月，县委、县政府印发《广宁县1999—2003年农业综合开发规划》，设想用5年左右时间，建设一批"三高"农业基地，形成10个主导产业和8个农业名牌产品，增

加投入，加强扶持，使农业综合开发跃上新水平。

2000 年，主要抓了"两大会战"。6 月上旬，县委、县政府成立广宁县村级"四通"（通机动车、通电、通邮、通广播电视）大会战指挥部，县委书记任总指挥，确立了当年底实现"四通"的目标。6 月底，县委、县政府又成立广宁县扶贫"两大会战"指挥部，亦由县委书记任总指挥，确立了当年底实现以行政村通机动车为重点的"四通"和以解决贫困农户人均半亩"保命田"为主的"四个一"（拥有半亩"保命田"、挂上一个农业龙头企业、输出一个劳动力、掌握一门实用技术）两大会战的目标。7 月初，对县领导同志挂钩乡镇、包干路段作出具体安排，按时按质完成任务。9 月上旬，全县扶贫攻坚"两大会战"现场会在木格镇召开。12 月下旬，广宁县扶贫攻坚"两大会战"通过省检查组验收。2001 年 1 月 8 日，广东省扶贫攻坚"两大会战"祝捷首场大型慰问演出"情系老区"安排在广宁县城附近的冬闲田野上举行。

四、大力发展民营企业

1998 年 4 月，县政府印发《关于促进个体私营经济发展的通知》，鼓励扶持企业下岗工人从事个体、私营企业经营，鼓励农村富余人员进城经商办实业，鼓励外商、外地人员到广宁经商办实业。同月 20 日，广宁县个体私营经济工作暨表彰会召开。会议提出，对新时期的个体私营经济，要统一正确认识，全方位、全力扶持发展。会议表彰了优秀私营企业 8 家、优秀个体工商业者 66 户、纳税大户 6 个。

2000 年 6 月，县委、县政府出台《关于大力发展个体私营经济的决定》，发展目标是当年打基础，三年较大发展，五年内个体私营经济占全县经济总量 50％以上。

2001 年 5 月，县政府通报表彰奖励 2000 年发展个体私营经济的先进集体。2000 年，全县新引进私营企业 101 家、总投资额 1.89 亿元，新发展个体私营工商户 1506 家，新发展投资规模 10 万元以上"三高"农业企业 37 家。

2002 年 1 月，县委、县政府举行发展非公有制经济茶话会，县委、县政府主要领导与 60 位个体工商企业老板共商广宁非公有制经济发展良策。

第三节

用科学发展观统领经济社会均衡发展

2003 年 3 月 7—9 日，中共广宁县第十次代表大会在县城召开。大会认为，第九届县委处于广宁改革攻坚阶段和发展关键时期，狠抓发展第一要务不动摇，全县经济呈现全面恢复性增长的良好态势，城乡面貌发生巨大变化，社会政治大局保持稳定，党的建设全面加强。今后五年全县工作发展的主要目标是县生产总值年均增长 10％以上，2010 年县生产总值比 2002 年翻一番以上，为实现富民强县、全面建设小康社会奠定坚实的基础；要按党的十六大提出的"发展要有新思路，改革要有新突破，开放要有新局面，工作要有新举措"的要求，突出工业化、农业产业化、城镇化三个重点，把县域的经济和社会发展向前推进。

2006 年 10 月 25—27 日，中共广宁县第十一次代表大会召开，大会动员全县党员干部和人民群众，进一步树立和落实科学发展观，增强发展紧迫感，抢抓机遇，创新图强，为实现广宁经济社会跨越发展、建设和谐广宁而努力奋斗。大会认为，2003 年 3 月县第十次党代会以来，以科学发展观统揽全县经济社会发展大局，一手抓发展，一手抓稳定，全面完成了"十五"计划和县第十次党代会确定的各项任务。今后五年工作的总体要求是以科学发展观统揽全局，以发展为第一要务，以经济建设为中心，全力打造"工业强县、生态竹乡、和谐广宁"；努力实现全县生产总值接近翻一番，工业生产总值、地方财政一般预算收入和国税、地税收入实现翻一番，县域经济综合实力位于全省山区县前列，人民生活有较大改善，社会各项事业有较大发展。

2003—2011 年，按照两次县党代会和人民代表大会的决定部署，抢抓机遇，奋力赶超，取得了不俗的成绩。

一、县域经济快速增长，综合实力明显增强

（一）坚持建设资源型生态型山区工业强县的目标，加快工业发展，经济总量不断扩大

2003 年 4 月，市政府在广宁主持召开广东鼎丰纸业有限公司用材林基地规划建设工作会议，要求各县（市）配合鼎丰公司扩大生产规模，共同抓好营造 150 万亩速生丰产林基地建设任务。10 月，县党政班子召开会议，专题审议县政府与鼎丰公司签订的《广东鼎丰纸业有限公司 10 亿美元投资项目合同书》，就政府对用地、税收优惠等方面形成确定意见。2005 年 8 月，广东鼎丰纸业有限公司年扩产至 70 万吨纸浆环境污染治理工程可行性研究报告通过省级专家评审，一致同意该扩产项目。2005 年，改制为外资企业的广东鼎丰纸业有限公司成为肇庆市各县（市、区）创税最大的企业。同时，以广东鼎丰纸业有限公司为龙头，吸引了江南、中盛等一批制纸企业集聚发展。

2004 年 6 月，县委召开常委（扩大）会议，决定花山水电站整体转让，公开拍卖，同意转让底价 1.28 亿元；成交半年内交清所有价款。到当年底，广宁县积极抓好国有企业改革后续工作，花山水电站、广东油墨厂完成转制，丰宁陶瓷厂和广宁汽修厂等企业成功拍卖。广宁县以产权为核心的国有企业改革工作全面完成。

（二）民营经济蓬勃发展

2003 年 4 月，县委、县政府下达《2003 年广宁县发展非公有

制经济目标任务》，要求全县新发展固定资产投资规模300万元以上的非公有制企业33个，将招商引资任务落实到17个镇和15个县直部门，并实行层级考核和激励机制。同时，县委、县政府印发《关于为培育重点骨干企业营造良好发展环境的通知》，对依照标准认定的38家重点企业和骨干企业，加强企业合法权益保护，尊重外商生活习惯。连续多年召开促进非公有制经济发展座谈会，实行重奖。

（三）产业园区建设规模不断扩大，招商引资成果日渐丰硕

从2002年开始，通过县内设立产业园、用"请进来"与"走出去"的方式介绍优惠条件、以持续举办"竹子节"等平台大力招商，设立了3个面积超千亩以上的产业园，吸引了众多外来投资落户广宁县。2003年7月，组建广宁县工业园区管理委员会、广宁县招商局和广宁县企业服务中心，负责对全县工业园开发、建设、招商引资、服务跟踪等工作。2003年招商会签约投资额10.36亿元，以后逐年攀升，到2010年当年两场招商推介会共吸引投资110.1亿元。外来投资的强势进入，有力助推了广宁县经济的快速发展。

（四）特色产业发展壮大，成为县域经济的支柱

坚持产业推动，打造特色产业品牌，培育了纸业、竹业、果业、养殖业四大特色产业。纸业、竹业成为县域经济发展的支柱。广宁县积极发挥广东鼎丰纸业有限公司龙头带动作用，林浆纸一体化及产业链逐步形成，2005年被评为"广东省造纸产业基地"。竹资源培育、竹子加工、竹产品研发和流通等方面取得新进展，形成了东乡至古水竹子加工区。果业、养殖业成为农民致富的主导产业。2005年，广宁县被评为"中国砂糖橘之乡"，标志着果业成为县域特色经济的又一品牌。全县柑橘种植总面积20多万亩，形成了规模并向标准化生产发展。引进穗深公司、广三保公

司等农业龙头企业，推广和完善"公司＋基地＋农户"模式，大力发展山地鸡、生猪等养殖，养殖业正朝着规模化、产业化方向迈进，广宁县成为肇庆市最大的养殖县。多年连续实现农业增效、农民增收。2010年，全县实现农业总产值26.12亿元，是2005年的1.47倍；农村居民人均纯收入5992元，比2005年增长38％。

（五）水力、旅游资源开发力度加大

春水水电站、东乡水电站建成发电。建成了竹海大观、宝锭山等景区，填补了广宁县旅游景区的空白，绿色生态之旅、"红色之旅"成为广宁县特色旅游品牌。

（六）支柱产业不断壮大，特色产业不断发展，资源开发不断深入，县域经济综合实力得到进一步增强

2005年，全县实现国内生产总值33.99亿元，比2002年（下同）增长50.4％；地方财政一般预算收入1.65亿元，增长62％；城乡居民储蓄存款余额24.3亿元，增长52.4％。2009年进入全省县域经济综合发展力进位最快前十名，排名第八；2010年全县完成国内生产总值71.02亿元，比2005年翻了一番，地方财政一般预算收入4.39亿元，是2005年的2.7倍，连续3年单年增收超亿元，连续2年增速排在全市前列。

（七）基础设施建设实现历史性突破，交通、供电、通信、市政等基础设施建设更加完善，城乡面貌大为改观

在此期间，省道、县道全面实现硬底化，提前四年完成镇通行政村道路硬底化改造任务，在全省率先实现县域农村客运公交化的经验获全省推广。二广高速公路投入使用，贵广快速铁路加快建设。2008年，县城城南大道建成通车，省道、县道、村道的建设和改造有序推进，公路的通达能力全面提升。城区、农村电网改造全面铺开。固定电话、移动电话和广播电视普及千家万户。城区道路改造和城区防洪二期工程、全民健身广场建设等相继完

工,城市功能配套设施不断完善,市容市貌逐步实现绿化、亮化和美化。城区人口不断增加,中心镇建设迈出新步伐,城镇化水平逐年提高,城乡居民的居住环境和条件有了很大改善。

二、精神文明建设成果丰硕,社会各项事业全面进步

进一步加强理想信念教育,以"八荣八耻"为主要内容的社会主义荣辱观教育活动、以"爱国、守法、诚信、知礼"为主要内容的现代公民教育活动广泛开展,"坚韧务实、创新图强"的广宁人精神得到进一步弘扬。以关注民生、为民谋利为出发点,让广大群众共享改革成果。切实解决农村"一保五难"问题,全面实施农村九年义务教育免收学杂费,农村税费改革全面完成,稳步推进生态文明村和社会主义新农村建设。国有企业转制的遗留问题逐步得到解决,社会保障体系不断完善,就业和再就业取得新成效。优先发展教育事业,教育改革深化,教育资源有效整合,学校布局调整有序推进,广宁中学东校区等一批学校扩建、改建工作顺利完成,教学环境日趋优化,教学质量逐年上升。医疗卫生设施得到完善,新型农村合作医疗覆盖面不断扩大,医疗保健水平明显提高。群众性体育活动蓬勃开展,竞技体育取得了优异成绩。文化先进县建设力度加大,竹子、武术、红色、广绿玉四大特色文化和广场文化成为品牌,林业生态建设成效显著,2006年荣获全国"绿化模范县"。连续四次荣获广东省"双拥模范县"称号。2009年获得"全国新农村建设示范县"称号,"万干帮千村,创建卫生村"的"广宁模式"成为全省典型。

依法治县方略全面实施,民主法制建设进一步加强。坚持发展社会主义民主政治,严格依法行政和公正司法,以增强依法办事、依法行政能力为重点的依法治县工作取得新成效。坚持和完善各级人民代表大会制度、中国共产党领导的多党合作和政治协

商制度，人大、政协工作进一步加强，人大、政协的职能进一步发挥。爱国统一战线进一步巩固和发展，宗教、外事侨务和知识分子工作取得新的进展。工会、共青团、妇联等群众团体的工作扎实活跃，在"三个文明"（物质文明、精神文明、政治文明）建设中发挥了重要作用。政务公开和村务公开取得新成效，基层民主政治建设不断加强。以打造平安广宁、构建和谐社会为目标，立足预防，突出"严打"，着眼群防群治，社会治安环境进一步改善。坚持"两手抓，两手都要硬"的方针，从解决群众实际问题出发，集中精力调处了一批影响社会稳定的矛盾纠纷，进一步规范了信访秩序，全县社会政治大局持续稳定。

党的建设全面加强，党建工作卓有成效。坚持党要管党、从严治党，围绕提高党的执政水平、提高拒腐防变和抵御风险能力这两大历史性课题，大力推进党的建设新的伟大工程。坚持和健全民主集中制，县委不断提高决策的科学化、民主化水平，有效发挥了总揽全局、协调各方的领导核心作用。深入开展保持共产党员先进性教育活动、"排头兵"实践活动、机关作风建设年和纪律教育学习月等学习教育活动，各级领导班子和领导干部队伍的素质有了新的提高。认真实施固本强基工程，抓好党的基层组织建设，合并行政村工作走在全省前列，创业致富工程成效明显。全县党员队伍不断壮大，党员素质有新的提高，涌现了以全国优秀共产党员、全国劳动模范、广东省模范军队复员干部贾东亮，全国模范公务员、全国"三八"红旗手、全国计生系统"新时期最可爱的人"、抗洪英雄马红梅为代表的先进典型，党的基层基础工作得到进一步加强。

第四节 跨世纪时期老区获得全面扶持

1992 年 3 月 23 日，县委决定成立广宁县评划老区工作领导小组，县长任领导小组组长。5 月 5—7 日，《粤桂湘边纵队独立团团史》定稿会议在广宁召开，原粤桂湘边纵队政委兼司令员梁嘉等 30 多位老干部参加。

1993 年 4 月 3 日，广宁县举行大会纪念周其鉴诞辰 100 周年，宣布周其鉴纪念馆、周其鉴铜像揭幕和其鉴纪念中学正式落成，宣布周其鉴故居对外开放参观。广东省原省长刘田夫，中科院广州分院原院长梁嘉，老干部马奔、叶向荣、陈威等出席纪念活动。6 月 18 日，县政府转发肇庆市政府 3 月 26 日批复，广宁县的排沙、联和、东乡、宾亨、坑口、江屯、赤坑、潭布、北市、石涧、螺岗、五和、古水、横山、清桂、木格、洲仔、石咀、葵垌、南街镇和深坑乡共有 71 个完整管理区及部分自然村共 628 个村庄评为解放战争时期游击根据地。8 月 12 日。县政府决定成立老区人民饮水工程领导小组，尽快解决老区人民饮水难问题。

11 月 29 日，《中国人民解放军粤桂湘边纵队史》审稿汇报会在广宁举行。原粤桂湘边纵队政委兼司令员梁嘉、原政治部主任李殷丹，原珠江纵队副司令员谢斌，广东省军区原司令员黄业等共 120 多人参加。11 月，经肇庆市政府核准，全县有革命老区村庄（自然村）1010 个，含 7.24 万户 32.88 万人，占全县人口总数的 65.28%。12 月 22 日，肇庆市政府批复同意，广宁县螺岗镇竹园坪、车坪、文村、螺岗街、黄坭坑、江根、侧田、香粉厂、黄坳等 9 个自然村补划为第二次国内革命战争时期的老区村庄，江屯镇马路头，东乡镇仁安、社坪、巷口，古水镇下塝、古台，南街镇城内等 7 个自然村补划为抗日战争时期的老区村庄。1994 年 2 月 23 日，县政府转发了该批复。

1994 年 8 月 29 日，县政府转发肇庆市政府办公室通知，省民政厅批复，广宁县排沙、联和、南街（含合并前的东乡）、宾亨、坑口、赤坑、潭布、石涧、螺岗、五和、古水、清桂、石咀、葵垌、木格、江屯镇和深坑乡等 17 个镇、乡被批准为革命老区乡镇。

1995 年 1 月 12 日，县委、县政府召开广东人民抗日游击队珠江纵队挺进西江 50 周年暨广宁人民抗日武装起义 50 周年纪念会。

1996 年 3 月，经过三年努力，各级共投入资金 408.46 万元，义务投劳 25.28 万工，261 个老区村庄饮水难问题全面得到解决，惠及 10569 户 49648 人。

1997 年 4 月 22 日，县政府决定从当年 1 月 1 日起，烈军属、伤残军人的优待金由镇（乡）统筹改为县统筹，更好确保优待政策的落实。12 月，广宁县向上级反映广宁县坑口、赤坑、古水三镇沿古水河两岸有 12 个管理区、1.48 万人口渡河依靠 19 座总长共 1815 米的铁索桥，生产生活极不方便，行人往来也不安全，要求拨款支持全部改建水泥平板桥。

1998 年 8 月 3 日，县府办发出《关于抓好古水河沿岸老区铁索桥改造工作的通知》，规划分三年完成 19 座水泥桥改造。10 月 26 日，广宁县革命老区公路交通建设工作领导小组成立，负责肇庆市九届人大一次会议专门议案的落实实施。

2000 年 1 月 14 日，县政府发出通知，决定从当年 1 月 1 日起施行优抚对象抚恤补助标准自然增长机制，每年增长 5％。9 月，广宁县烈士陵园、广宁县博物馆、广宁县农民协会旧址被肇庆市精神文明建设委员会、中共肇庆市委宣传部命名为首批肇庆市爱国主义教育基地。

2001 年 5 月 23 日，省老区建设促进会（简称"老促会"）在广宁召开老区发展现状和存在问题专题座谈会。5 月 25 日，广宁县老促会向省老促会反映广宁县小水电上网电价偏低、上网难、电费回收慢、库区优惠用电遗留问题较多、农网改造进度慢，请求上级予以重视。6 月 14 日，广东省纪念建党 80 周年百名记者深入广宁采访，探寻中国共产党在革命老区的光辉足迹。10 月 10 日，广宁县人民政府向肇庆市人民政府报告，广宁县列入市人大议案的 7 个镇 13 个村委会，13 条老区公路，里程 61 千米，经过三年努力，按照四级公路标准已经全部开通。11 月 26 日，县委、县政府决定成立广宁县铁索桥改建水泥桥领导小组，加快全县铁索桥改建水泥桥的步伐，用 1～2 年时间彻底解决老区群众渡河难问题。该小组由县委书记任组长。

2002 年 5 月 21 日，县政府召开会议，研究部署示范学校建设和老区农村小学改造工作。8 月 25 日，广宁县农民协会旧址和中国人民解放军粤桂湘边纵队司令部旧址被省人民政府公布为第四批广东省文物保护单位。

2003 年 7 月 16 日，地处偏僻老区的北市镇深坑村接通国家电网供电。至此，全县所有自然村实现大电网供电。

2005 年 2 月 23 日，肇庆市委书记带领市四套班子领导成员到广宁开展支部党日活动，参观周其鉴故居并瞻仰周其鉴烈士铜像，重温入党誓词。2 月 28 日，广宁县隆重集会纪念广宁人民抗日武装起义暨珠江纵队西挺 60 周年。原粤桂湘边纵队老战士、广东省原副省长匡吉等出席活动。

2006 年 4 月 3 日，县几套领导班子全体成员、县直副科级以上单位负责人、南街镇党政干部以及驻军官兵到广宁县烈士陵园祭奠革命先烈。

2007 年 4 月 9 日，省林业局在革命老根据地坑口镇上林村开展"送珍贵树苗下乡、增农民绿色财富"活动。

2008 年 8 月 13 日，解放军总参谋部军事科学国防教育研究室主任到广宁考察革命斗争历史。同日，副省长李容根到革命老区坑口镇视察社会主义新农村建设工作情况。10 月 4 日，肇庆市委书记覃卫东到广宁县博物馆现场了解粤桂湘边纵队纪念馆建设进展情况，并拍板解决资金不足问题。

2009 年 7 月 23 日，中国人民解放军粤桂湘边纵队成立 60 周年纪念大会在广宁县会议中心召开。中共中央政治局委员、广东省委书记汪洋专门发来贺信，原副省长匡吉、中共肇庆市委书记覃卫东，大批粤桂湘边纵老战士，粤桂湘三省区有关县（市、区）代表共 500 多人出席。同日，设在广宁县的中国人民解放军粤桂湘边纵队纪念馆开馆。

2010 年 8 月 29 日，中央政治局委员、广东省委书记汪洋在省委常委、宣传部部长林雄，省委常委、秘书长徐少华，副省长李容根等陪同下，到广宁县调研扶贫开发"规划到户，责任到人"工作，专门考察革命老区坑口镇。9 月 6 日，县委、县政府主要领导专程到宾亨镇罗溪村委会探望抗战老战士，并送上慰问品和慰问金。11 月 2 日，革命老区排沙镇南石咀村通过验收，成为肇庆市第一个所辖自然村全部成功创建生态文明村的行政村。

广宁县革命老区的认定，经过 1957 年、1989—1990 年、1991—1993 年的三轮评划（补划）和上级批复，全县共有老区自然村 1656 个，覆盖所有乡镇及 80％行政村的区域。其中，大革命和土地革命时期 240 个，抗日战争时期 400 个，解放战争时期

1016 个；大部分是改革开放后补划或评划的。因之，全县老区较大范围的解困式扶持和建设，实际上从 20 世纪 90 年代开始。广宁县老区建设研究促进会于 1989 年 2 月成立，1991 年 1 月更名为广宁县老区建设促进会。该社会团体设立以后，一大批热心老区建设的老干部及各界人士参与其中，一茬接一茬共同不懈努力，深入调研，积极呼吁，为改变广宁老区的现状，不辞劳苦，奉献了能力。这一时期，全县老区获得的主要扶持是：

第一，住房修缮和解决饮水难。1979—1989 年，省、市两级革命老根据地建设委员会拨款 408.4 万元，支持广宁县老区建设。其中，无偿支持兴办福利事业的资金 107.61 万元。为群众新建房屋 109 间，修缮房屋 125 间；兴建生活用水工程 95 宗，铺设引水管道 39.5 千米。1994—1996 年，全县投入资金 428 万元（其中市、县投入 188 万元），首批解决 261 个老区村 1.06 万户 4.96 万人的饮水问题。到 1996 年 3 月，经过三年努力，各级共投入资金 408.46 万元，义务投工 25.28 万人，这批老区村饮水难的问题得到全面解决。1997 年后，投入资金 253 万元，完成石涧镇沙心管理区涅田村和仁尚里管理区耀岭村两个边远分散老区村 26 户 86 人的搬迁，解决长期困扰老区人民生活、生产等实际问题。

第二，兴修了大批道路、桥梁、学校。1979—1989 年，修建老区村、乡道路 70 处，总长 183 千米，新建桥梁 74 座，总长 1870 米。购置渡船 3 艘。扩建学校 2 间，投资建设卫生院 1 个。1990—1996 年，扶持老区生产、生活基础设施建设资金共 37 万元，其中修建公路、乡道、村道 7 条，投入资金 16 万元；新建桥梁 6 座，总长 139 米，投入资金 18 万元；投入资金 3 万元为宾亨中学修建校舍。1997 年，投入 11.85 万元为赤坑镇花山管理区、坑口镇禾仓管理区小坑村等修建村道，解决行路难问题。1997 年 12 月，广宁县向上级反映本县坑口、赤坑、古水三镇沿古水河边有 12 个管理区、1.48 万人口渡河依靠 19 座铁索桥，生产生活极不方便，行人往来也不安全，要求拨款 407 万元，将总长 1815 米的铁索桥全部改建水泥平板桥。1998 年，对全县老区村的 24 条铁索桥进行勘查，制定铁索桥改造为水泥桥的实施方案，并组织实施，到 2000 年共投入资金 420 万元（其中省、市补贴 102 万元），完成坑口、赤坑和古水 3 个镇老区村铁索桥改造为钢筋水泥桥 13 座，解决当地群众过河难问题。1999 年，落实市人大代表议案，实施老区村通公路建设，投入资金 112 万元（其中市、县拨款 60 万元），帮助联和镇梅垌、流窝村，木格镇石台村，宾亨镇都委和山根村修建公路，改善交通条件，受益群众 1.23 万人。2000 年，投入 229.5 万元修通镇到村委会的 12 条公路共 61 千米。

第三，发展了一批经济项目。1979—1989 年，省、市革命老根据地建设委员会共拨出生产建设资金 220.9 万元，为老区乡镇、管理区、村兴办加工业、养殖业、种植业 118 宗。扶持老区贫困户发展生产 930 户。兴办加工厂 42 家，其中竹木加工厂 19 家、爆竹厂 3 家、茶叶加工厂 1 家、竹笋及凉茶杂料加工厂 3 家、榨油厂 1 家、建筑石料厂 5 家、机械制砖厂 3 家、玻璃马赛克厂 2 家、香粉香厂 2 家、防火阻燃原料厂 1 家、藤织厂 2 家。兴建小水电站 6 座。种植柑橘、沙田柚等水果 4600 亩，种植砂仁、巴戟、佛手等药材 4080 亩，桂枝 6650 亩，茶叶 322 亩。养牛 150头，生猪 2200 头，"三鸟" 4.8 万只，养鱼 380 多亩，养蜂 730群。上述产业年均产值共 800 多万元，利润 120 多万元。1989 年，老区村群众人均年收入 600～682 元，基本达到全县农村人均年收入 658 元的水平。1990 年，支持老区发展生产资金 30 万元，重点发展种养业及为种养业服务的农副产品加工、饲料加工等短、平、快项目。1992 年，省、市老区建设促进会共投入生产资金 32 万元，支持排沙、坑口、江屯、螺岗、联和、宾亨、东乡等镇老区村建立青梅、桂枝、沙田柚、茶秆竹等生产基地，兴办养殖场、凉果加工厂等项目。1994—1995 年，补助联和镇 27 万元兴建水电站项目 3 个，补助江屯镇锦波管理区 3 万元增加隔热砖厂设备，扩大生产规模。1997 年，扶持 22 万元帮助石咀、联和、宾亨镇兴建小水电站、榨油厂等项目；扶持 8 万元帮助江屯镇国合林场、坑口镇塘村管理区建立沙田柚种植基地。1998 年，投资 135 万元办起装机容量 125 千瓦的五和镇金鸡电站。1999 年，省、市、县投入老区生产建设资金 122 万元，扶持兴办"三高"农林业基地、综合经营基地等项目 17 个。1990—2000 年，扶持老区生产建设项目共 95 个，累计投入扶持老区生产建设资金 650 万元。老区村人均纯收入基本达到全县农村人均纯收入 3511 元的水平。

1992—2011 年，县委、县政府重视老区的主要做法是：

（一）重视老区建设

广宁县从 1998 年开始更加重视老区建设。当年 8 月，县府办发出《关于抓好古水河沿岸老区铁索桥改造工作的通知》，规划分三年完成 19 座水泥桥改造；10 月，成立广宁县革命老区公路交通建设工作领导小组，副县长任组长，领导小组负责推进老区公路加快建设。当年，投入 82 万元完成了石涧镇耀岭、涅田两个边远老区村共 26 户 86 人的异地搬迁工作，帮助他们建起人均居住面积 24.5 平方米的楼房，解决了生产难、生活难、入学难、用电难、治病难的"五难"问题；对全县老区村沿河 24 条铁索桥进行勘查，拟定改造成水泥桥的实施方案；投入 105 万元改建赤坑、坑口、古水 3 个镇的 5 座铁索桥并投入使用。

（二）新一轮老区建设从解决历史性难题入手

革命老区往往与地处边远、山路崎岖、交通不畅、生存生产条件差、生活水平不高等自然劣势和发展落差相伴。解决历史性难题，弥补上历史的欠账，是老区能与其他地区同步发展的先决条件。广宁县以全面解决老区群众用电难、入学难、行路难、饮水难、就医难等方面为切入口，每个阶段有侧重点，每年有年度推进计划。经过十几年持续努力，率先全面解决好用电、入学、行路、饮水、就医等民生基本问题，改善了生产生活环境，凝聚了民心，提高了人们的文化素质和生活水平，增添了幸福感，为全县实现全面小康打下了坚实的基础。

1999 年，继续投入资金 125 万元改造了赤坑、坑口两镇老区 4 条铁索桥，解决了 5000 多名群众过河难问题。投入资金 69.5 万元帮助木格镇杨梅尾和石涧镇大洼村共 21 户 91 人搬迁并建起新楼房，户均居住面积 70 平方米。老区村公路建设方面，扶持资金 60 万元帮助联和、木格、宾亨镇 5 个老区村开通公路，使老区资源得到有效开发。

2001 年 10 月，经过三年努力，广宁县列入肇庆市人大议案的 7 个镇 13 个村委会的 13 条老区公路共 61 千米，按照四级公路标准已经全部开通。

2002 年，开始部署老区破危农村小学改造工作，历时三年，全县共投入资金 2396 万元，其中获得省、市资金扶持 2250 万元。县政府出台专门文件，对涉及老区破危农村小学改造工程要收取的各种规费，在事权范围内减收 10 项、免收 10 项，平均每所学校节约投资近万元。同时，每间改造学校都按"五统一"和"五明确"（统一建设标准，统一设计图纸，统一进行议标，统一设计标准，统一安排资金；明确校舍改造面积，明确建筑造价，明确拨款程序，明确建档要求，明确相关事项）要求抓好施工质量和进度，共改造老区破危学校 84 所，新建、改建教学楼 48855 平方米，受益学生 2 万多人。是肇庆市范围内改造学校间数、改造面积和受益学生最多的县。

2003 年 7 月，地处崎岖深山的北市镇深坑村终于用上电网电。之前，该村是全县唯一一个新中国成立后至当时还没有用上供电部门电网的自然村，村民家家户户用电只能靠用马达拆装组成的简易发电机。

2004 年 2 月，县委、县政府召开全县镇通行政村水泥公路建设动员大会，要求各镇确保用一到两年时间完成全县镇通行政村水泥公路建设任务。2006 年 1 月，广宁县累计投入建设资金 1.2 亿元，比肇庆市提出的计划提前两年全面完成 526.8 千米的镇通行政村公路硬底化建设任务。

到 2006 年，古水河流域原有 33 座铁索桥被改建为 34 座水泥桥，工程总投资 2200 多万元，结束了沿河两岸 8 万多名群众渡河难的历史。

到 21 世纪初，全县仍有 20 多万群众处在饮水难、饮水不安全的状况。2006 年开始实施农村饮水工程，解决了 6.8 万老区人口饮水难的问题。

（三）帮助脱贫与帮助致富相结合注重产业发展

2002 年 6 月，中共广宁县委决定实行县、镇机关、行政事业单位挂钩帮扶年经济纯收入 3 万元以下村委会的工作责任制，除省、市部门挂钩帮扶 11 个村，指定县直 89 个单位帮扶 71 个村，各镇帮扶 36 个村，帮扶时间为 2002—2004 年，明确工作要求是不脱贫、不脱钩。

2003 年 10 月，县委、县政府认真落实中共中央政治局委员、广东省委书记张德江对广宁县工作的批示精神，确保全县人民无饥寒，决定在全县迅速掀起扶贫济困工作新高潮，主要内容包括帮扶贫困学生就学、帮助特困群众就业和破危房改造、建设残疾人康复中心、解决农村群众饮水难问题、落实五保户等优抚对象待遇、村道硬底化改造等，要求分工负责，全面推动，各项工作指定责任人和牵头办理部门，在限定时间内取得明显成效。

2004年9月，县委办、县府办印发《关于实施"百干扶百户"扶贫工程的通知》，安排全县副科级以上实职干部对574户特困户开展"四个一"（帮助改造一间危房、帮助选准一条发展路子、帮助输出一名劳动力、帮助解决一些困难）的挂钩帮扶活动，一名干部帮扶一户，直接分配到户主，要求2005年底前完成改造危房和脱贫任务。2005年1月，广宁县按全省统一部署启动"十百千万"干部下基层驻村工作，全县487名干部奔赴各驻点村。同年12月，300多名干部组成第二批工作组进驻全县178个村（居）委会开展工作。

从2005年开始，中共广宁县委树立全国劳动模范、广东省模范军队复员干部、广宁县八一生态农场场长贾东亮为创业典型，印发《关于开展向贾东亮同志学习的决定》，号召全县广大干部群众，以贾东亮为榜样，掀起全民创业热潮。2008年，联合金融部门推出"东亮"式党员创业贴息贷款，鼓励全县农村共产党员带头创业致富。该项贷款每一轮三年，施行了两轮，政府每年贴息贷款额度5000万元。数以千计的农村创业党员通过免抵押贷款1万~5万元的扶持，成为老区农村产业致富的"领头雁"。贾东亮，出生并成长在河南商丘，副团职复员，自主选择来到只有一面之缘的广宁县艰苦创业，其先进事迹被各级广泛宣传，先后当选党的十七大、十八大代表。2015年9月，受邀出席在北京举行的纪念抗战胜利70周年大阅兵活动。

从2006年开始，广宁县部署全县性的加快推进社会主义新农村建设工作，要求统一思想、形成合力，明确目标、要求和措施，有重点、显特色、见成效。全县以创建卫生村为抓手的山区社会主义新农村的建设成效和做法，先后被肇庆市、广东省作为经验推广。2009年7月，广宁县荣获"中国新农村建设示范县"称号。

（四）聚拢各方面力量倾情老区

第一，争取上级了解和支持。省老区建设促进会成立以来、紧紧围绕解决全省老区普遍存在的读书难、行路难、看病难、运作难、发展慢等突出问题，逐个项目帮助落实，逐个方面建议呼吁，艰苦付出取得显著成效。广宁老区也是其中的受益者。广宁县老区建设促进会自1989年成立后，积极当好县委、县政府老区建设发展的参谋，历任会长均由县委副书记担任，保持和加强了上下沟通，省老区建设促进会两任会长林若、陈开枝分别连年到广宁实地调研和鼓励。由于有上级的支持，老区面广、困难多的广宁，获得了与全省老区同步发展的成效。

第二，用好慈善款项与社会各界捐助钱物。从2006年开始，县委、县政府每年都用适当的方式发动，把筹得善款用于老区建设和扶贫济困。2007年元旦，广宁县慈善会成立晚会筹得善款700多万元；10月，老区石涧镇中心小学获得香港王锦辉慈善基金会捐资23万元；11月，省儿童福利会援助广宁县助残工作资金13.8万元。2009年8月，广宁县建设房地产发展公司资助全县21名优秀贫困大学生助学金7.1万元，此后每年资助一批；9月，老区赤坑镇成立广宁县第一个镇级扶贫助学促进会；11月，肇庆市台商协会"心手相连"爱心助学活动资助广宁贫困生186人，助学金额10.83万元；12月，广宁县心连心助孤扶贫慈善会成立并筹得善款206万元，该会每年一次的慈善晚会筹款数量年年上升。

第八章

走进新时代　老区发展踏上新征程

第一节 **贯彻新发展理念　踏上全面建成小康社会新征程**

2011 年 9 月中共广宁县第十二次代表大会召开后，特别是党的十八大以来，广宁全县干部群众在县委的坚强领导下，面对宏观经济下行的巨大压力，攻坚克难、爬坡越坎、探索前进，大力实施工业强县、中心城镇带动、绿色崛起等发展战略，创新实干，扎实推进各方面建设，到 2016 年 10 月中共广宁县第十三次代表大会召开时，圆满完成第十二次党代会确定的各项目标任务。

一、综合实力跃上新台阶

全县上下形成共识，牢牢抓住发展这个第一要务，狠抓项目促发展，综合经济实力不断壮大。2013 年，如期实现生产总值超百亿元的目标。经济总量明显提升，2015 年，全县供电量突破 10 亿千瓦时，比 2010 年翻一番；地区生产总值、人均地区生产总值分别达到 130.74 亿元、30014 元，"十二五"期间（下同）年均增长分别为 11.17％、10.93％。财政实力不断增强，五年完成财政总收入 102.54 亿元，年均增长 18.17％。工业基础不断夯实，工业总产值由 2010 年的 82 亿元提升到 2015 年的 218 亿元，年均增长 16.87％。固定资产投资持续增长，五年累计完成 227.62 亿元，年均增长 21.79％。收入水平稳步提高，城镇居民人均可支配收入、农村居民人均纯收入大幅增长。第一、第二、第三产业结构比例由 2010 年的 26.2∶27.1∶46.7 改善到 2015 年的

23. 3∶33. 8∶42. 9，其中工业经济比例明显提高。

二、创新驱动实现新突破

县委、县政府围绕"工业园区化、园区产业化、产业集聚化"发展思路，大力实施创新驱动战略，着力推进产业转型升级，力促经济加快发展。五年间，全县劈山平地新增工业园区2个、面积4300亩、入园企业32家，累计有工业园区6个、总面积9400多亩、入园企业59家，林浆纸、再生资源、环保建材、先进装备制造四大支柱产业初步形成，入驻企业效益逐步彰显。广东裕丰威禾电子科技股份有限公司于"新三板"成功挂牌上市；"广东省林浆纸一体化产业集群区域品牌建设试点"项目获省经信委批准；"依托肇庆大旺产业转移工业园集聚发展"项目获省支持一次性启动资金5000万元；被定为广东省首个"国家循环经济示范县"建设地区。2011—2015年，每年举办一次以上招商推介会，促成了大批项目落户广宁，累计引进投资额539.7亿元。

三、城乡发展和生态保护开创新局面

县城实施"再造一城"战略，完成总规修编、控规和专项规划编制共10个，控规率达65%，城东新城和城西新区两大城市综合体建设日益成熟；城南新区开发建设加快谋划，体育中心、民营学校以及星级酒店等公共服务配套设施项目正加快谋划、务实推进。房地产业蓬勃发展，2011年以来开发投资、施工面积、销售面积、创税均实现两位数增长。基础设施日趋完善，贵广快速铁路建成通车开启了广宁县"高铁时代"，广宁大道动工建设，城市道路重点建设工程有序推进。城市管理全市领先，城区"六乱"（乱搭建、乱扔吐、乱堆放、乱摆卖、乱贴画、乱拉挂）现象专项整治行动深入开展，城市管理痼疾有效根治。城乡垃圾管理体系不断完善。电子商务迈出新步伐，阿里巴巴农村淘宝项目、京东广宁特色馆成功进驻，发展迅速，广宁县被评为"肇庆市农村电子商务示范县"。旅游产业的竹文化游、红色游等特色旅游彰显魅力，宝锭山景区成为国家 4A 级景区和全国科普教育基地，广宁智慧精品农业和生态旅游度假项目成功落地。农业产业结构不断优化，食用油茶、大肉山楂等特色农业发展壮大，广宁县获得"全国油茶产业发展重点县"和"珠江三角洲现代林业示范县"称号，"丛生竹牌"饮料系列产品被评为"中国绿色优质食品"，"西贝牌"生猪荣获国家质检总局颁发的"生态原产地产品保护证书"，惠骏山茶油荣获"广东省名牌产品"称号，瑞丰砂糖橘等农产品被评为"广东省名特优新农产品"。"一镇一业""一村一品"发展模式逐步形成。累计投入水利建设资金 5.13 亿元，完成了全国小型农田水利重点县、高标准基本农田建设、农村饮水安全等一大批民生水利工程建设任务。城乡建设用地增减挂钩工作全面推进，解决用地指标 4600 亩。广宁县成为全省首个省级卫生镇全覆盖的山区县；成为第三批省级新农村连片示范建设工程创建县，工程选址以位于绥江两岸的本策村、丰源村、厚溪村、罗锅村为主体核心区，覆盖 7 个村委会、58 个自然村，总面积约 44.8 平方千米，获得扶持资金 1 亿元。

严守生态环保底线，全力推动绿色发展，全县生态环境不断优化。全面开展新一轮绿化广东大行动，森林绿化覆盖率达82.8%，先后获"全国造林绿化先进集体""中国最佳绿色生态县""珠三角现代林业示范县"等称号；全县水环境质量持续保持稳定；节能减排达到省、市要求；空气质量优良率95%；全面完成地质灾害防治"十有县"（有制度、有机构、有经费、有监测、有预警、有评估、有避让、有宣传、有演练、有效果）建设，消除地质灾害隐患 125 处；完成县生活垃圾无害化处理场建设，城乡生活垃圾管理体系不断完善；大力推进省级生态示范镇村、市级生态村建设，农村生态环境得到有效改善。

四、社会事业取得新进步

2011 年以来，广宁县以保障和改善民生为重点，统筹兼顾社会各项事业，坚持办好惠民实事。民生方面累计投入 61.3 亿元，人民群众生活水平有效提升。教育方面，成功创建教育强县，实现省级教育强镇全覆盖，国家义务教育基本均衡县顺利通过国家级验收，省教育现代化先进县建设工作取得阶段性成效。文化强县建设上新台阶，四大特色文化品牌不断被擦亮，广宁县被广东省评为"珠江文化星座"，县图书馆、县文化馆被评为国家一级馆，县博物馆被评为省达标馆，实现全县行政村文化站（室）全覆盖。体育事业蓬勃发展，积极参加全国、省、市的武术、舞狮等比赛，成绩斐然。精神文明建设亮点纷呈，坑口镇上林村和排沙镇先后被评为"全国文明村镇"，县水务局被评为"广东省文明单位"。新农村建设成绩突出，创卫工作全省领先，实现省级卫生镇全覆盖，创建省级文明县城和卫生县城工作加快推进。人口计划生育工作上新水平，广宁县被授予"全国计划生育优质服务先进单位"。创业带动就业工作稳步推进，公共就业服务体系基本成型，职业技能培训成效明显。食品药品管理工作成绩优异，创建成为全省首批 2 个国家级餐饮服务食品安全示范县之一和"广东省药品安全示范县"，是全省唯一实现"双创"的示范县。投资 1000 多万元兴建了全新的县档案馆。新时期精准扶贫工作有序推进，底线民生保障水平不断提高，低保、五保标准达到了全省前十名水平标准。2015 年度群众安全感和政法工作满意度测评获全市第一名。

五、党的建设和政府职能转变呈现新气象

县委坚持全面从严治党，不断提高领导班子执政能力和拒腐防变能力，党的建设水平明显提高。干部队伍建设不断加强，干部选拔任用制度不断完善，一大批德才兼备的年轻干部充实到各级领导班子，领导班子结构进一步优化。人才工作取得新突破，人才服务管理体系进一步完善，油茶产业和竹产业人才项目入选省、市人才项目。基层组织建设扎实推进，实行县、镇、村和县直机关党委书记抓基层党建工作述职评议。广宁县被评为全省党员干部现代远程教育"领导带学"活动先进单位；全面整顿软弱涣散党组织，"一村一策"做法在全市推广；"东亮式"党员创业贴息贷款活动入选全省组织工作"十大品牌"；贾东亮继当选党的十七大代表后再次当选党的十八大代表；马建业先进事迹电教片获"2015年全国党员教育电视片观摩交流活动"二等奖。村级"五全"（服务对象全覆盖、村务信息全公开、村民危难全受理、矛盾纠纷全程跟、工作力量全集中）公共服务站建设实现全覆盖，驻点直接联系群众工作持续深化；县委权力公开透明运行工作得到省纪委的充分肯定。通过明察暗访和创办"聚焦政风"电视问政、"懒政怠政"行为得到有效遏制；以"零容忍"态度惩治腐败，五年来立案查处违纪违法案件330多件330多人。

县政府加快职能转变，深化行政体制改革，逐步形成多领域广覆盖的政务服务格局。"一门式一网式"政府服务模式改革稳步实施；建立了县、镇、村三级政务服务平台和省网上办事大厅广宁分厅；完成公务用车改革各项工作；文化体制改革稳步推进；完善政府法律顾问制度，充分发挥法律顾问在事前防范、事中控制法律风险和事后法律补救的作用；健全政府部门行政问责、行政过错责任追究、责任倒查制度；全县各镇、村"6＋1"项管理

工作有效落实；落实政府投资重大项目的廉政风险防控。严格控制"三公"经费［因公出国（境）经费、公务车购置及运行费、公务招待费］开支，持之以恒纠正"四风"（形式主义、官僚主义、享乐主义、奢靡之风）。认真落实中央八项规定精神，机关作风不断向好。

第二节 倾情发力新扶持　老区同步奔小康

　　党的十八大以来，各级党委政府实施了新一轮不忘老区、厚爱老区、加快建设老区的专项行动计划，帮助老区摆脱贫穷困境，实现从输血型解困转向造血型帮扶的升级，使老区各方面的面貌发生了翻天覆地的变化。近20年间，广宁加快全县老区发展的思路从还欠账转为补短板，具有普惠性、兜底性的特点，受益群体广，受益层次高，是新中国成立以来变化最深刻、最全面、最长效、最实惠的时期。主要表现在：

　　2012年11月，全县农村客运实现了100％镇有站场、100％符合通车条件的行政村通车和100％有候车亭的"三个100％"目标。

　　2009年开始启动的饮水安全工程，解决约12万人饮水不安全的问题。到2016年底，解决饮水难、饮用安全水的攻坚任务已基本完成。

　　加强基层卫生院建设，解决老区群众看病难问题。到2015年，全县原有17个镇当中有15间基层卫生院利用扶持老区政策改造扩建门诊楼、住院部、医技人员住房和添置医疗设备等，投入资金3000多万元，稳定队伍，提高镇级诊疗水平，有效地促进了老区群众健康保障水平的提高。

　　全面完成县内边远老区"两不具备"自然村整村搬迁工程。2000年以来，按缓急程度逐年实施，到2015年底先后完成螺岗镇东方红村委会黎索村、大塘村委会联石村和螺源村委会门楼村、横山镇大诚村委会大塘坑村、宾亨镇寺湾村委会中下寨、木格镇九应村委会册石村等 15 条自然村的异地搬迁，受益 304 户 1076 人。

2015 年，实现移动通信 4G 网络全县覆盖、电信网络光纤到户、有线电视村村通（行政村）。

老区用电难问题彻底解决。原有的老区农村电网，供电半径过长、设备残旧老化、线路重过载，导致电压偏低、供电可靠性差，严重制约群众生活生产发展。从 2012 年开始，县供电部门连年加大力度改造农村低压电网，通过数亿元投入完善网络、更新线路设备后，用户末端电压稳定在 220 伏左右，所有老区村庄用上了可靠电、放心电。从 2016 年开始，又着手对中压线路配套升级。

从 2010 年开始，广宁县的扶贫开发工作实行"规划到户，责任到人"，当年推广了坑口镇坑口社区、上林村和赤坑镇赤坑社区等扶贫示范点。2011 年 5 月，县委强调要集中力量打好攻坚战，确保全县扶贫开发"双到"工作三年任务两年基本完成。此后，扶贫开发"双到"工作按照新的标准要求不断进行。2016 年，成立精准扶贫精准脱贫领导机构和督导检查小组，出台新时期精准扶贫工作三年攻坚方案，完成 9076 户 20553 人贫困人口精准识别公示和系统录入工作，当年累计投入资金 9700 多万元，落实贫困村脱贫项目 79 个、贫困户脱贫项目 30299 个，当年 4830 人相对贫困人口脱贫。

2013 年 12 月，主要流经老区江屯镇的广宁县漫水河小流域综合治理工程动工，总投资 6230 万元，建设内容包括桥梁、道路、污水处理厂、圩镇截污管网、市政设施、美化绿化工程等。老区石咀镇的小流域河流综合治理项目，投入 2500 多万元，整治了 13 千米河道，根治水害，实现了人水和谐，1.7 万多名老区群众受益。

2015 年 12 月，广宁县入选第三批省级新农村连片示范工程创建县。从 2016 年 10 月开始，该建设工程在县境绥江中游两岸的南街镇和横山镇展开，总面积 44.8 平方千米，涵盖 7 个村委会、58 个自然村，其中木策村、丰源村、厚溪村、罗锅村为主体核心区，首约、罗帏、荔垌村为辐射区，围绕"一村一品一韵"，高标准建设 5 个特色村，形成示范工程、精品村、辐射 50 多个自然村，整体打造一个具有岭南特色、活力创新、绿色生态、和谐平安的省级新农村示范片，带动新农村建设上新水平。

2016 年 1 月，发展改革委、财政部、住建部等三部委联合发文，广宁县被确定为国家循环经济示范县，是广东省 3 个获批的城市（县）之一。10 月，广宁县被列入 2016—2018 年广东省国家农业综合开发县，这是广东省对广宁县多年来积极打造农业优势特色产业的认可。

从 2012 年开始，用好每年"广东扶贫济困日"募集资金。2010 年 5 月，交通银行香港分行"希望小学"探访团为赤坑镇汶通希望小学和慧通希望小学捐资 23 万元用于学校改造。2014 年 6 月 1 日，广东狮子会举行情系革命老区助学活动，捐赠电教设备和学习用品给广宁县横山镇中心小学，价值 30 多万元。2016 年 8 月，广宁县举行 2016 年澳门（广宁）同乡会阮玉荣博士捐赠 47.58 万元助学金发放仪式。阮玉荣连续数年支持广宁县教育事业发展。县委、县政府向澳门（广宁）同乡会回赠了纪念品。

2016 年 10 月，中共广宁县第十三次代表大会和广宁县第十六次人民代表大会第一次会议相继召开。两个会议一致认为，全县上下要认清新形势，适应新常态，进一步解放思想，抢抓机遇，凝心聚力，攻坚克难，创新实干，加快追赶，确保广宁县与全省、全市同步率先全面建成小康社会。这是历史赋予的光荣使命，也是广宁全县人民的共同心愿。会议确定了广宁县未来五年的经济社会发展的总体目标：加快融入珠三角核心区一体化发展，综合实力显著增强，产业结构显著优化，创新能力显著提升，城乡统筹显著改善，生态建设显著加强，社会建设显著进步，生活质量显著提高，党建水平显著提升，促进广宁县成为开放创新的魅力之城、宜居宜业的绿色之乡。到 2021 年，全县地区生产总值达到 230 亿元左右，年均增长 10％，总量比 2016 年增加 100 亿元；人均生产总值达到 58820 元，比 2016 年增加 20935 元，年均增长 10％；一般公共预算收入总量达到 9.31 亿元，年均增长 3％。

附　录

附录一 大事记

1919 年

7 月　广宁籍留省学生周其鉴、罗国杰等回到广宁，向元恺学堂和文治学堂学生宣传反帝爱国思想，在县城组织 500 多人的游行示威，声援北京的五四运动。

9 月　广宁县学生联合会成立，陈伯忠、孔令淦、谭鸿翔等11 人为执行委员。该会向全省青年学生发出通电，呼吁团结一致，把反帝反封建斗争进行到底。

1921 年

秋　中国共产党广东支部成立，周其鉴成为支部首批党员，是为数不多的广东早期党员之一。不久，周其鉴又介绍同乡同学罗国杰、谭鸿机加入中国共产党。

1922 年

夏　中共广东区委派人到广宁开展革命运动。

秋　共产党员罗国杰从广州回到广宁，在家乡带垌、罗汶、扶罗等地对纸厂工人进行革命启蒙教育。

1923 年

夏　罗国杰再次回到广宁，发动纸业工人为改善生活举行罢工，斗争取得胜利。成立广宁纸业工会联合会，会员 400 多人，为广宁党组织的建立打下了良好阶级基础。

11 月　中国社会主义青年团广东区直辖广宁支部成立，是当时全省 5 个直辖农村支部之一。支部书记周其鉴，成员罗国杰、谭鸿机，三人已经是共产党员。

12 月　周其鉴利用工作机会动员广宁县籍油业工人胡超、薛六等 20 多人离开广州回到广宁，从事组织农会的宣传发动工作。

1924 年

年初　周其鉴被任命为中共广东区委农民运动委员会委员，兼任国民党中央农民部特派员，受遣回广宁县领导农民运动。

3 月　国民党中央执行委员会第十五次会议决定把广宁县列为广东全省 7 个农民运动重点地区之一。

4 月 10 日　周其鉴、罗国杰、胡超从广州回到广宁江屯设立了广宁县农会筹备处。十多天后，荷木咀、石咀（今潭布中华）、江屯、潭布、竹园坪 5 个乡农会成立，共 3000 多农户入会，是广宁县最早一批农会。

5 月　广宁农民加入农会已经有 8000 多户。但国民党广宁县县长无视省署电饬刁难农会立案。国民党中央农民部秘书彭湃奉命前来调查。

6 月　广宁六区地方民团进攻江屯、扶溪农会，殴打农会会员、捣毁会所。获报后，国民党中央执委会致函广东省署，要求从严究办广宁县劣绅摧残农会之罪。

7 月　广东省省长廖仲恺发出保护农会布告，声明广宁县农会已核准立案，任何人不得肆意破坏。

8月11—12日　周其鉴、陈伯忠、罗国杰、王世禄、谭鸿机等人在带垌召开两次会议，决定短期内成立县农会。

同月，广宁县选派22名青年农民参加广州农讲所第二期学习。这批学员10月底毕业，成为广宁县农民运动的骨干。

10月6—7日　广宁县农会筹备处在县城召开广宁县农民协会第一届农民代表大会，决定成立广宁县农会、组建广宁县农民自卫军、开展减租运动。会议选举产生第一届县农会执委会，委员长周其鉴，副委员长陈伯忠，秘书长罗国杰，执行委员6人，候补委员9人。农民自卫军军长陈伯忠，副军长周其铤、杨建忠。

10月10日　县农会在县城召开成立大会，中共广东区委农民运动委员会书记阮啸仙带队10人到贺并授旗授印，与会1000多人举行了盛大游行。此后，全县农民运动发展迅猛。

11月26日　彭湃受中共广东区委指派到广宁参与领导当地农民减租斗争，持续时间80多天。

同月下旬　根据中共广东区委、团广东区委11月14日联席会议决定，中共广宁支部在新楼村"澹园书室"成立，支部书记周其鉴，党员11人，隶属中共广东区委，是西江地区第一个农村党支部，也是全省最早成立的7个农村党支部之一。自此，广宁农民运动有了更坚强的领导核心。

12月10—16日　广东革命政府派出建国陆海军大元帅府铁甲车队80多人携带轻重武器，由党代表廖乾五、队长徐成章、副队长周士第、教官赵自选率领到达广宁，进驻地主反动武装最嚣张的潭布乡，全力支持广宁农民的减租斗争。

1925 年

1月7日　县农会举行3000余人大会公祭近段农民运动殉难

烈士。彭湃在会上发表演说并和周其鉴等亲自抬棺材；廖乾五、徐成章执绋；建国陆海军大元帅府铁甲车队鸣炮 21 响致悼念。

2 月 1—19 日　广宁农民自卫军在建国陆海军大元帅府铁甲车队鼎力支持下，连续攻陷潭布、螺岗两地地主武装最坚固、最顽固的 3 个据点，迫使地主接受"按原租额六成交租"的农会决议。广宁农民减租运动因为掌握革命武装而在全县范围内取得胜利的实践，轰动全省，影响全国，受到毛泽东等中共中央领导人多次赞扬。到当年 6 月，全县区级农会 25 个、乡级农会 239 个，农会会员 66122 人，占全省农会会员总数十分之一，居全省第二，仅次于海陆丰。

4 月 12 日　广宁县农民协会举行第二次农民代表大会，选举薛六担任第二届农会执行委员会委员长。

5 月 1 日　广宁 20 名代表出席广东省第一次农民代表大会。周其鉴当选省农会执行委员会委员。

同月　中共广宁支部利用国民党广宁县党部改组之机，派出 6 人以个人资格加入国民党并担任国民党广宁县党部的常委、委员职务，更有利于广宁县革命活动的合法化。

6 月　中共广宁县地方执行委员会成立，隶属中共广东区委。这是西江地区第一个中共县级委员会。书记叶浩秀，委员罗国杰、薛六、谭鸿翔、谭鸿机。接着全县各区先后成立区委或支部。到年底，全县党员人数 120 人。

8 月　根据中共广东区委决定，龙启炎受县委指派到广西省梧州地区开展革命工作。当年 11 月中旬，隶属中共广东区委的中共梧州支部成立，龙启炎任支部书记。这是中国共产党在广西省建立的第一个党支部。

12 月中旬　彭湃受国民党广东省党部委派再到广宁指导农民运动。

1926 年

1 月初　广宁县农会派出农军 100 多人支援高要的农民运动。是月，周其鉴任广东省农会西江办事处主任。

5 月 21 日　广宁土匪陈拔卿率领反动武装 500 余人凌晨袭击第十四区农会驻地的带垌，焚毁民房 140 余间，杀害农军 34 人和 4 名妇女，制造了轰动全省的"带垌惨案"。

同月　周其鉴、薛六当选广东省农会第二届执行委员会委员。

10 月　县农会举办农民运动宣传讲习所，周其鉴任所长，培训农运骨干 30 多人。

12 月上旬　县农会在白庙举办农民自卫军模范队训练班，人数 60 人，为期 3 个月。

1927 年

4 月　上海发生"四一二"反革命政变后，广宁县国民党反动派立即搜捕革命力量、袭击各地农会、解散农军武装，白色恐怖笼罩全县。县委和县农会精心安排共产党员和农会骨干分散各地隐蔽，准备组织暴动，用革命行动对抗反动迫害。

8 月下旬　县委书记叶浩秀从香港秘密回到广宁召开党员会议，部署主动对敌斗争的安排。

9 月 11 日　县委集结疏散各地的农军 100 多人在江美坪武装起义。

10 月　中共西江特委书记黄学增秘密来到广宁，指示广宁集结武装力量待时暴动，配合广州起义。

11 月上旬　广宁县工农革命军连续进攻反动民团据点。

12 月 11 日　广宁县转移到广州的一批农会骨干加入广东油业工会工人队伍参与广州起义，数人牺牲。

1928 年

1 月　省委决定中共西江特委书记黄学增兼任中共广宁县委书记，另外派出一批干部到广宁帮助工作，抓好西江北岸广宁为中心、扩展到高要一带的武装暴动。中共广宁县委重新成立，县委委员罗国杰、谭鸿翔、高玉山、龙卓南、陈家善。县委在石涧召开全县农民代表大会，贯彻省委指示，组织力量暴动，建立苏维埃政府，改编工农革命军为农民赤卫队。

2 月 14 日　县农会发表《告全体会员书》，号召实行土地革命，没收一切土地归农民。

2 月 25 日　中共广宁县委组织农民赤卫军 300 多人进占螺岗圩举行武装暴动，召开群众大会宣布成立广宁县苏维埃政府，罗国杰任苏维埃政府主席。这是全省同期成功建立的十多个县级苏维埃政权之一。

4 月　省委扩大会议上，广宁代表黄学增当选省委委员、陈家善当选省委候补委员（不久递补为省委委员）。

5 月　黄学增赴任琼崖巡视员前夕秘密回到广宁，召集干部会议布置了今后工作；省委指示广宁组织临时县委，5～7 人组成，并派杜纯刚任县委书记，再次强调广宁要成为西江下游暴动中心。

8 月　县委发动"六月初一暴动"计划流产后，省委指示迅速成立新的县委，罗国杰任书记，谭鸿泉、陈家善任县委常委。

1929 年

3 月　直属省委的中共广宁县特别支部成立，谭鸿翔任支部书记。因革命形势恶劣，党的工作实际处于停顿。

1932 年

9—10 月　中共两广工委决定中共广宁县特别支部改为西江工作委员会，专门注意西江工作。

1933 年

1 月　西江工委被改为绥江工委。

1934 年

9 月　因白色恐怖严重，党的组织活动被迫停止。

1938 年

1 月　由中共香港市工委组织的侨港会宁同乡会回乡服务团回到广宁，深入乡村开展抗日救国宣传，寻找失联党员，着手恢复重建广宁县党组织。

4—5 月　侨港会宁同乡会回乡服务团全体返港整训期间扩大人员来源范围，更名"会宁华侨回乡服务团"；服务团党支部在广宁县永泰乡召开会议升格为特别支部，抓紧发展党员工作。

夏　广宁籍中山大学学生、共产党员冯华约集同乡学生十多人，组成广宁县留穗学生暑期回乡抗日宣传队并任队长，到乡村巡回宣讲抗日方针，并物色发展一批党员。

9 月　成立中共江屯中心支部，冯华任支部书记。

10 月下旬　党领导的广东青年抗日先锋队其中 3 个队 45 人来到广宁排沙、宾亨和官步，发动群众，开展抗日救亡活动。

同月　经党组织同意，共产党员高绍河在荷木一带组织一支数十人武装队伍，与国民党驻军合成 200 多人的武装营，高绍河任营长。这是抗战初期广宁县党组织领导的一支武装。

11 月 3 日　广宁县抗日先锋队成立，队部设在县城，队长冯华，队员 500 多人。

同月　中共广宁中心县委成立，管理广宁、四会全县和三水县部分地区党组织，书记黎百松。

1939 年

3 月　中共西江特委机关从新兴县迁来广宁石涧黄塘村，历时半年，书记王均予；撤销中共广宁中心县委，成立中共广宁县委，书记钟文巨。

4 月　全县加入农会的农民达 9.1 万人，占总人口三分之一。

9 月　唐章接任中共广宁县委书记。

1940 年

7 月　龙世雄接任中共广宁县委书记。

1941 年

4 月　由于反共逆流猖獗，全省各级党组织改为个人负责的特派员制。杨明接替龙世雄任中共广宁县工委特派员。

1942 年

2 月　刘明标接任中共广宁县工委特派员。

10 月　广宁县党组织执行上级指示停止活动，已暴露身份的党员分散隐蔽。

1944 年

12 月　中共西江临工委书记欧新回到广宁，指导恢复党的组织关系和工作活动，成立由刘明标任书记的中共广宁县委。县委派出部分共产党员打入国民党乡政权担任要职。

1945 年

2 月 16 日 欧新在广宁排沙三角小学召集会议，部署了广宁、四会两县同时起义的事项。

2 月 20 日 广宁县排沙、石涧、扶罗、江屯、黄田等地同时抗日起义成功。

2 月 25 日 四会县起义部队到达罗汶与先期在此等候的广宁起义部队会合，宣布成立西江人民抗日义勇队，队长陈瑞琮、政委欧新，下设广宁、四会两个大队。

3 月 中共广东省临委决定成立中共广宁中心县委，县委机关设在广宁县罗汶，管理西江北岸数县的党组织，书记王炎光，欧新任组织部部长并负责军事指挥。

3—5 月中旬 西江人民抗日义勇队进攻各地地主武装连续取得重大胜利。

5 月 19 日 广东人民抗日游击队珠江纵队西挺大队 400 余人，在纵队政委梁嘉、副司令谢斌、政治部主任刘向东的率领下，到达广宁县罗汶与地方抗日武装会师，揭开了革命斗争的新一页。

8 月初 五指山乡人民政府在排沙上带村成立，乡长黄义厚、副乡长杨植彬。这是广宁县第一个乡级抗日民主政权。

6—8 月 广宁县地方部队配合珠江纵队西挺大队转战各地，初步建立起几块以广宁为中心既互相联系又相对独立的游击根据地。

8 月下旬 为适应抗战胜利后的形势，原广宁、四会的地方抗日队伍被统一整编为珠江纵队直属部队，欧新任第二大队政委，陈瑞琮任第三大队大队长。

12 月下旬 根据中共广东区委决定，撤销广宁中心县委，成立中共西江特委，实行军党统一领导，书记梁嘉，副书记谢斌，委员王炎光（兼组织部部长）等，特委机关设在广宁县四雍。对广宁的党组织被划分河东、河西、四雍、五扬4个区由特委直接领导。

1946 年

1—6 月　广宁军民坚决揭露国民党"假和平、真内战"的罪恶，在西江特委领导下粉碎敌人对五指山区、四雍、江屯、绥江西岸等地的多次进攻。

7 月　西江特委被改为特派员制，梁嘉任西江特派员。特派员直接派人联系广宁各区党组织负责人。

秋　广宁群众大力支持主力北撤山东后留在当地区坚持分散活动的人民武装。

1947 年

3 月　梁嘉从香港回到广宁，召开西江武装部队负责人会议，决定以广宁老区为基地，组织挺进队波浪式向周边扩展，号召老区无条件支持新区发展。

4 月　中共中央香港分局将华南划分为7个战略区。其中粤桂湘边区成立工委，梁嘉任工委书记、钱兴任工委副书记。工委机关驻广宁四雍。

5 月　西江第一个区级民主政权——广宁县第三区行政督导处在赤坑崩岗寨成立，主任陈禹（陈奇略），副主任伍学桢，管辖区内人口3万多人，有民兵2600多名，标志有一定规模的游击根据地形成。

6 月　石咀乡人民政府成立，乡长为刘乃仁。

7 月　粤桂湘边区人民解放军在广宁组建，梁嘉为政治委员兼代理司令，钱兴为副政治委员；边区解放军以首长名义发表减租减息宣言；老区各地人民政权公布减租减息条例，保护群众利益。

11月 广宁县第一区行政督导处在排沙塘尾村成立，主任陈瑞琮，副主任陈伯康，秘书陈德，下辖8个乡级民主政府，人口6万多人。翌年元旦举行庆祝成立大会，各区代表、本地数千名群众和30多个狮队到贺。

12月 广宁县第二区行政督导处在罗汶成立，下辖罗汶、曲水、中村3个乡政权，覆盖人口1万多人，主任为吴声涛。

1948 年

1月 广（宁）四（会）清（远）边区人民政权——广四清联区政务委员会在广宁联和乡塘角村成立，主席冯华，副主席江肇东，下辖10个乡，其中广宁7个乡，管辖人口10多万人。区政府设立两个中队，成立筹粮组、医疗站和枪械修理厂。至此，全县有乡级民主政权25个，辖区人口18万余人，占全县总人口六成。

2—3月 全县各个民主政权开展动员青年参军、生产度荒、锄奸等工作。

4月 广东、广西两省国民党反动派在怀集县成立"粤西桂东联剿指挥部"，集结1万多兵力，标志长达大半年对以广宁为中心的粤桂湘边区轮番"清剿"开始。

5—6月 国民党"粤西桂东联剿指挥部"重点"清剿"广宁、德庆、怀集三县边区。敌人用毒辣手段迫害无法离家的当地群众。

7月中旬 当地民兵大力配合，粤桂湘边区人民解放军绥贺支队第一团在绥江广宁境内扶罗河段截获敌人从广州回广宁的军火船，缴获大批武器和军用物资，打乱敌人的"清剿"部署，军民人心振奋。国民党广宁县县长因此事下台。

8 月　国民党"粤西桂东联剿指挥部"启动"肃清平原，围困山区"的第二期"绥靖计划"。广宁四雍地区花山、黄垌的内奸策动叛乱，围攻民主政权，军民奋起反击，叛乱被平息。

9 月初　边区工委决定成立中共广宁县委，领导广宁、四会、怀集边区的反"清剿"斗争，绥贺支队第一团团长陈瑞琼兼任书记。

9 月 16 日，敌"粤西桂东联剿指挥部"出动 2500 多兵力，当地反动武装全力配合，分三路对边区工委、军委机关驻地的广宁四雍大举进攻。此后数月，敌人分割包抄、反复搜捕、烧杀无辜，老区一片白色恐怖，代价惨重，无数房屋和山林被烧，地方政权干部、农会骨干和群众、部队官兵共 200 多人被捕，其中 40 多人遭杀害。

10—12 月　边区主力离开广宁后，各地武工队在四雍周边地区伺机袭击敌人，扰乱敌人计划。

1949 年

2 月　中共广宁县委和绥贺支队第一团党委在排沙十一保召开特别会议，决定抓住有利时机，积极展开军事活动，打击敌方反动分子，开拓新区。

3 月　广宁境内沿途群众热烈欢迎粤桂湘边区人民解放军主力 600 余人从清远启程回师广宁，纷纷挖出深藏的粮食支援部队。

4 月　边区独立团回师广宁，3 日到达县城附近的林垌，与广宁县保警队发生遭遇战。独立团迅速抢占了八田制高点，经七天八夜攻防拉锯战，毙敌 25 人，伤敌 30 余人，绥贺支队第一团组织民兵在县城周围四处出击，敌人腹背受压，无法改变颓势，只得撤兵回县城困守。

7月23日　中国人民解放军粤桂湘边纵队成立。

8月17日　绥贺支队第一团夜袭县城北楼岗，不费一枪一弹，全歼敌保警机炮连，俘100余人，缴获大批轻重武器。国民党广宁县县长手中的"王牌"丢失。

8月25日，国民党广宁县县长古绍辙率领部下300余人到排沙起义，接受整编为绥贺支队暂编第二团（代号"春风团"）。

9月3日　粤桂湘边纵队独立团和绥贺支队第一团、暂编第二团依靠数百民工支前，发动夜战解放广宁县城。随即成立广宁县军事管制委员会接管城镇和农村。

革命遗址、纪念场馆和纪念碑

一、革命遗址

广宁县农民协会旧址

广宁县农民协会旧址位于广宁县南街镇红星社区江布村广宁第一中学校园内。1925年2月，广宁县农民协会机关从县城学宫搬迁至现址。4月在此召开第二次农民代表大会，薛六当选广宁县农民协会第二届执行委员会委员长。广宁农民运动继续发展，受到毛泽东高度赞扬。1927年4月，广宁县国民党反动派反扑革命力量，农民协会驻地被反动派占领。2002年7月，被广东省人民政府公布为省级文物保护单位。

广宁县农民协会旧址正面照及省级文物保护单位公示牌（位于广宁第一中学校园内，2010年7月摄）

土地革命战争时期中共广宁县委机关驻地遗址

1924年11月，中共广宁支部根据中共广东区委和团广东区委联席会议的决定正式成立，周其鉴为支部书记，有11名共产党员，是西江地区成立最早的中共支部，也是华南地区农村较早建立的党支部之一。

1925年6月，中共广宁县地方执行委员会成立，机关设在县城南街福儒馆，是西江地区最早成立的中共县级组织。截至当年12月，6个区建立区委，9个区建立党支部，全县党员120人。

1927年4月后，革命形势逐渐恶化。在敌人凶恶的"围剿"下，县委机关先是搬到县城东北方向约10里远的江美坪水古坑一带，当年秋天江美坪秋收暴动失利，县委机关转移到县城以南约30里远的石涧塘仔角村。1928年3月下旬，县委机关被敌人摧毁，县委领导成员分散潜伏。

1927年县委驻地——水古坑　　1928年县委驻地——石涧塘仔角

广宁县苏维埃政府遗址

1927年12月，广州起义失败。1928年1月，中共广东省委决定：在西江应以广宁为中心扩大到高要一带，以罗定为中心扩大到郁南、封川一带。形成两个割据的局面，与北江密切的联络。省委指派西江特委书记黄学增兼任中共广宁县委书记，把罗国杰从高要调回广宁，组成新的中共广宁县委，西江特委机关也从高要迁到广宁，统一加强对广宁农民武装起义的领导。县委先秘密召开全县农民代表大会，决定成立广宁县武装暴动指挥部，由黄学增任总指挥；宣布成立广宁县苏维埃政府，推举罗国杰为主席。会后，分散各地的工农革命军被改编为农民赤卫队，300 人聚驻于江美、螺岗、狮村一带，待命出击敌人。1928 年 2 月 25 日，在中共广宁县委的领导下，农民赤卫队武装攻占螺岗圩宣布起义，当日在螺岗圩镇安府召开有 3000 余人参加的群众大会，宣布成立广宁县苏维埃政府。大会宣布罗国杰、薛六、谭鸿翔、高玉山、高纪、欧蛟、伍学南等 7 人为政府委员，罗国杰任苏维埃政府主席，政府设在镇安府。这是广宁县也是西江地区成立的第一个红色政权。

广宁县苏维埃政府成立地点——镇安府（今螺岗学校内）

广四两县抗日武装起义会议旧址和排沙起义遗址

1945 年初，抗日战争形势有了很大变化。2 月 16 日，中共西江临工委书记欧新在广宁县三角小学召集广宁、四会两县负责人会议，传达上级党组织的指示，决定：广宁县的排沙、扶罗、石涧、荷木、坑垌口、江屯、森膺垌，四会县的黄岗、大沙等地于 20 日同时起义；两县队伍起义后会合广宁县罗汶，被统一合编为"西江人民抗日义勇队"，就地开展武装斗争。会议宣布欧新任广（宁）四（会）武装起义委员会主任，陈瑞琮为副主任，另有 9 人任委员。

广四两县抗日武装起义会议　　　排沙起义遗址——排沙圩
旧址——排沙三角小学　　　　　江家谷仓

2月20日下午，陈瑞琮率起义队伍在排沙圩起义成功，不发一枪活擒敌营长及以下官兵30人，并召开群众大会庄严宣告西江人民抗日义勇队成立。同日，扶罗口起义点由欧新负责，偷袭顽军炮楼据点后与陈瑞琮所部会合。江屯起义点30多人起义后进军阿公坑。黄田、信步两地50多人起义队伍宣布起义后，到达罗汶。四会县起义队伍70多人于21日举行武装起义后挺进广宁。24日上午，两县起义队伍胜利会师，成立西江人民抗日义勇队，队长陈瑞琮，政委欧新，在广宁境内开展反顽斗争，队伍不断壮大成长。

广宁地方武装与珠江纵队部分挺进主力会师地点

1945年3月6日，中共中央复电同意广东省临委关于工作布置的方针。3月初，广东人民抗日游击队珠江纵队召开会议，决定抽调纵队领导机关、第二支队大部、独立第三大队一部组成西挺大队，由梁嘉、谢斌、刘向东率领挺进西江、广宁。3月下旬，谢斌参加省临委会议后返回顺德西海，筹组队伍，开始进行挺进广宁的准备工作。经派人与西江人民抗日义勇队取得联系，5月15日晚，梁嘉、谢斌、刘向东率西挺大队400多人从南海黄洞出发，经三水、四会，向广宁挺进。

会师地点：广宁宾亨罗汶连石村

5月19日下午，珠江纵队西挺部队到达广宁县罗汶，与西江人民抗日义勇队胜利会师，是晚举行军民联欢晚会。次日上午，罗汶群众敲锣打鼓，抬着大猪，到部队驻地慰问子弟兵。珠江纵队西挺大队到达广宁后，与当地地方武装统一整编，沿用"西江人民抗日义勇队"称号，被分为4个大队。从此，西江以北地区敌后抗日游击战争展开了新的一页。

扶罗口伏击战战场遗址

1948年上半年，国民党广宁县政府为加强地方反动统治的"清剿"武力，向广东省警保处申请价领枪支弹药一批。7月中旬，启程把武器从广州用船运回广宁。粤桂湘边区人民解放军秘密获得准确情报。

绥江扶罗口河段历史照片与新照片

7月20日下午，边区人民解放军绥贺支队第一团及沿江两岸民兵共300余人，选定扶罗口为伏击点，毙敌12人，俘虏5人，缴获武器和重要文件1批，并焚毁敌船。此伏击战打乱敌人"清剿"计划，影响甚大，国民党广东省第三区专员兼保安司令陈文和广宁县县长冯肇光因而被分别革职。扶罗口伏击战是广东人民武装斗争史上伏击十分成功的战例之一。

扶罗口位于绥江广宁段左岸与排沙河交汇处。四会—广宁的公路在此渡河。

中国人民解放军粤桂湘边纵队司令部旧址

1945年5月，广东人民抗日游击队珠江纵队组建西挺大队挺进广宁后，以广宁为中心开辟新的革命根据地。部队领导机关常驻广宁四雍。1947年7月，成立中共粤桂湘边区工委和组建边区人民解放军，转战广东西江以北、广西桂林以东、湖南桂阳以南和粤汉铁路以西40余个县的广大区域。1949年上半年，活动地区总面积10余万平方千米，人口400多万人，拥有1.3万余人的队伍。

位于广宁赤坑交赞岗的中国人民解放军粤桂湘边纵队司令部旧址

1949年7月23日，粤桂湘边区工委向中共中央华南分局报告组建中国人民解放军粤桂湘边纵队及人事安排等问题，下属部队（如绥贺支队、连江支队）公开使用这一番号，确认广宁赤坑交赞岗是纵队司令部驻地。1993 年 6 月 24 日，中国人民解放军总参谋部复函，正式批准同意使用"中国人民解放军粤桂湘边纵队"的番号。

2002 年 7 月，中国人民解放军粤桂湘边纵队司令部旧址被广东省人民政府列为第四批省级文物保护单位。

二、纪念场馆

广宁县烈士陵园

广宁县烈士陵园位于广宁县南街镇五一社区环城西路公园岗。广宁县人民政府于 1952 年在县城北楼岗建造了革命烈士纪念碑，1958 年迁建到现址，1984 年后扩建成烈士陵园，2007 年再次修缮。陵园占地面积 3000 平方米，包括革命烈士纪念碑等。陵园内纪念碑为方形，碑座用花岗石砌成，四周镶嵌大理石，下方阴刻新民主主义革命时期在广宁地区牺牲的烈士英名 469 位。重建后的烈士陵园显得更加庄严肃穆，功能更加集中。1988 年 10 月，该陵园被广东省人民政府批准为第一批全省重点烈士纪念建筑物保护单位，是肇庆市一处重要的爱国主义教育基地。

烈士陵园正门　　　　　　　　陵园内雕塑

中国人民解放军粤桂湘边纵队纪念馆

中国人民解放军粤桂湘边纵队纪念馆位于广宁县南街镇环城

西路广宁县博物馆内，两层陈列厅面积 600 平方米，2009 年 7 月落成使用。时任中共中央政治局委员、广东省委书记汪洋题词："继承光荣传统，发扬革命精神，建设中国特色社会主义。"该纪念馆是广东省第一批省级中共党史教育基地。

扬帜五岭，饮马西江。中国人民解放军粤桂湘边纵队，是解放战争时期华南战场 7 支游击纵队之一，转战广东西江以北、广西桂林以东、湖南桂阳以南和粤汉铁路以西 40 余个县的广大区域，配合南下解放军解放了边区全境，为推翻国民党的反动统治，建立新中国作出了重要贡献。因广宁是粤桂湘边纵队活动的核心地区，故建馆于此。

中国人民解放军粤桂湘边纵队纪念馆正门及外貌（广宁县博物馆一、二楼）

三、纪念碑
江屯剿匪阵亡烈士纪念碑

江屯剿匪阵亡烈士纪念碑位于广宁县江屯镇江屯中学西面山冈上。

1949 年 9 月广宁县城解放后，国民党广宁县县长陈嗣运率残部逃到县境北部的江屯、北市等地，收罗散匪 600 余人继续为非作歹，亲任总队长组建所谓"广宁县反共救国行动总队"，苦心经营"反共游击根据地"，是当时西江北岸地区机构完整、装备较好、实力最强的一支土匪武装。12 月底，南下大军和西江军分区部队在广宁县大队接应下，先收复江屯，后乘胜追击，围扶溪、攻带心，直捣土匪巢穴，经 20 多天激战，全歼顽敌 500 余人，基本肃清了县境内残匪。作战中剿匪部队牺牲 33 人。

　　1950 年初，广宁县人民政府建立此碑（左下图），将烈士骸骨集中安葬于纪念碑底下，后重修（右下图）。2004 年 11 月，江屯剿匪阵亡烈士纪念碑被公布为县级文物保护单位。

重修前后的江屯剿匪阵亡烈士纪念碑

带垌革命烈士纪念碑

　　带垌革命烈士纪念碑位于广宁县宾亨镇带洞村委会下巷村村口。

　　带垌村是广宁县最早的革命老区之一。1923 年夏，中共早期党员罗国杰回乡发动工人罢工取得胜利，纸业工人联合会会员发展到 300 多人。1924 年 8 月，周其鉴、陈伯忠、罗国杰等人在带垌召开两次重要会议，研究广宁农民运动发展问题。9 月，成立带垌乡农民协会。带垌村是大革命时期广宁农民运动策源地之一。1926年5月21日，匪首陈大一率领民团、土匪、森膂垌"神打"等500余人，凌晨突然袭击带垌乡农民协会，有34名农军和4名妇女牺牲，酿成震惊全省的"带垌惨案"。解放战争时期，带垌是河西游击队重要活动区域之一。至新中国成立时，共有39位同志在当地英勇献身。

该纪念碑始建于20世纪50年代，1985年原址重修，2005年又重修。2004年，该碑被列为广宁县第二批文物保护单位。

位于带垌下巷村口的带垌革命烈士纪念碑

上林革命烈士纪念碑

上林革命烈士纪念碑位于广宁县坑口镇上林村委会蓝青山北面青朝崀上。

上林村是广宁县重点老区村之一，从大革命时期到解放战争时期，该村先后成为乡农会、区农会及粤桂湘边纵队司令部驻地，几百人的村庄中先后有28人献出宝贵生命。

该纪念碑于 1961 年始建于村委会附近一处小山岗，2000 年迁到现址重新修建。2004 年 11 月，被公布为县级文物保护单位。

上林革命烈士纪念碑，现址（左）位于蓝青山，旧址（右）位于村委会附近小山岗

红军妈妈墓

红军妈妈墓，位于广宁县江屯镇联华村委会龟背岗，地处联和中学校园北面。

陈绍明（1889—1977），江屯联星村委会马糍垌村人，是解放战争时期粤桂湘边区游击队著名的革命堡垒户。1945 年 8 月，广东人民抗日游击队珠江纵队西挺队伍一部来到马糍垌村，陈绍明和丈夫梁二最先把部队迎进屋内。自此，陈绍明的家成为游击队的交通联络站和伤病员庇护所。1946 年 4 月，梁二被叛徒出卖遭敌人杀害。陈绍明的革命意志更加坚定，让女儿接替父亲的工作，把两个侄儿送到部队，自己日夜奔忙服务子弟兵直到广宁解放，累计精心护理伤病战士 40 多人。游击队员尊赞她是"红军好妈妈"。新中国成立后，陈绍明婉言拒绝各种安排，留在老家直至终老,享年88岁。

陈绍明去世后被政府妥为安葬。现墓为原联和区委、区公所于1985年4月修缮。

红军妈妈墓

广宁县籍著名革命人士故居

周其鉴故居

周其鉴（1893—1928），广宁县南街新楼村人。出生于一个清贫家庭。1921年春，加入广州共产主义小组，同年秋天成为广东早期党员之一。1924年，回广宁领导农民运动。10月，担任广宁县农民协会第一届执行委员会委员长。11月，组织成立中共广宁支部，任支部书记。在周其鉴的领导下，广宁农民运动捷报频传，曾受毛泽东高度赞扬。

周其鉴

1926年1月，任中共西江地委书记，省农会西江办事处主任。1927年，曾率领工农军参加八一南昌起义。1928年1月，在清远县不幸被捕，壮烈牺牲，时年35岁。周其鉴与彭湃、阮啸仙、黄学增被称为"广东农民运动四大领袖"。

周其鉴故居位于广宁县南街镇红星社区新楼村3巷48号。故居为周其鉴出生、生长、居住的地方，建于清代，1988年、1995年、2006年曾

周其鉴故居

重修。1989 年 6 月，被广东省人民政府公布为第三批省级文物保护单位。2000 年 8 月，被确定为肇庆市爱国主义教育基地。

薛六故居

薛六（1887—1930），出生在广宁县潭布社岗大崀村的一个贫民家庭。1908 年到广州打工，1919 年开始接受共产主义思想，1924 年回乡开展农运并任社岗乡农会会长。1925 年加入中国共产党并任广宁县农民协会第二届执行委员会委员长，与当地国民党右派当政者进行了坚决斗争。1927 年 4—5 月，出席中国共产党第五次全国代表大会，与毛泽东

薛六

等 14 人当选中央候补委员。同年 10 月任中共广东省委委员。1928 年 2 月，参加螺岗暴动，任广宁县苏维埃政府委员。后转到香港等地继续从事革命活动。1930 年在香港被捕，不久在广州牺牲，终年 43 岁。薛六是西江籍人士进入中共中央委员会第一人。

薛六故居

薛六故居位于广宁县潭布镇社岗村委会大崀村 48 号，是薛六出生、成长之地，始建于清末，20 世纪 20 年代被敌人焚毁夷为平地，至 20 世纪 70 年代重建，现由其侄孙辈后人居住。

罗国杰故居

罗国杰（1896—1929），出生于广宁县宾亨带垌蕉坑村的一个富裕家庭。1918 年考入广东省立第一甲种工业学校（今华南理工大学）学习，开始接受马克思主义。1921 年秋，经周其鉴介绍加入中国共产党。1922 年毕业后留在广州从事工人运动。1923 年夏，两次回乡开展工人运动，是西江地区开展工人运动第一人。1924 年春，与周其鉴等领导广宁农民运动。1926 年 6 月，任国民党中央

罗国杰

农民部特派员兼广东省农会西江办事处书记（秘书）。1928 年 2 月，参与领导广宁螺岗暴动取得成功，担任广宁县苏维埃政府主席。8 月，任中共广宁县委书记。10 月，奉省委指派到中共北江特委任秘书。1929 年 3 月，从北江特委回省委接受新的工作，在广州被国民党逮捕并秘密杀害，时年 33 岁。

罗国杰故居位于广宁县宾亨镇带垌村委会蕉坑村。该故居是罗国杰出生和成长的地方，建于清光绪三年（1877 年），坐西南向东北，三间两廊，砖木结构，总面阔 10 米，总进深 9.45 米，占地面积 94.5 平方米，屋外有围墙和小瓦房一间，现由其后人使用。

罗国杰故居

陈瑞琮故居

陈瑞琮（1908—1962），出生于广宁县排沙三角村一个普通农民家庭。1924 年，随兄长到顺德县（今顺德区）行医时投身当地农民运动。1926 年，担任国民党顺德县党部农民部干事，同年加入中国共产党。1927 年，在顺德被捕脱险回广宁继续从事革命活动。1928 年 2 月，参加螺岗暴动的县城扰敌行动。此后，在县内外以医生等职业作掩护进行革

陈瑞琮

命活动。1940 年后，根据党组织决定打入国民党内部，先后任荆绥乡自卫队副队长、副乡长，继续用合法身份作掩护开展革命工作。1945 年 2 月，担任广（宁）四（会）武装起义委员会副主任，发动排沙武装起义成功，担任西江人民抗日义勇队队长兼任广宁大队大队长。此后几年，任粤桂湘边区部队中层指挥员，主要活动在广宁根据地。1949 年 4 月后，指挥所部在县境内一系列战斗，尤以夜袭北楼岗、敦促国民党县长起义的战斗打得最漂亮。9 月广宁县城解放后，任县军事管制委员会主任，年底，任县委书记兼县长。1950 年底，调西江地委政策研究室等处任职。1962

年 9 月在佛山病逝，终年 54 岁。1963 年 5 月，中央人民政府民政部批准他为革命烈士。

陈瑞琮故居位于广宁县排沙镇木塝村委会三角村内，该故居建于清末民初，原为砖木结构三间两廊与堂弟共

陈瑞琮故居

屋。1945 年，国民党烧毁该屋，空地闲置几十年。2002 年，经陈瑞琮后人同意由堂兄重建。

欧新故居

欧新（1910—1987），广宁县排沙扶罗村人。1937 年加入中国共产党。1938 年 1 月，任侨港会宁同乡会回乡服务团广宁队队长，5 月任该团中共特别支部领导人。1939 年，任中共广宁中心县委委员兼中共石涧区委书记。此后在中共南雄中心县委、中共粤北省委机关政治部任职。1945 年 2 月，在中共西江临工委书记任上组织领导广（宁）四（会）两

欧新

县武装起义取得胜利。后任西江人民抗日义勇队政委、粤桂湘边区人民解放军绥贺支队副政委、中国人民解放军粤桂湘边纵队独立团团长兼政委，参加并指挥过大小战斗五六十次。1949 年 9 月，担任攻城总指挥解放广宁县城。新中国成立后，历任中国人民解放军西江军分区十三团政委，西江联剿指挥委员会主任，怀集县军事管制委员会主任，中共广宁县委书记，中共广四县委第二书记兼县长，粤中行署秘书处副处长，中共广东省委统战部干

部处副处长，中国人民政治协商会议第四、五届广东省委员会委员等职。1987 年 11 月在广州病逝，享年 77 岁。

欧新故居位于广宁县排沙镇扶罗村委会欧村 65 号。故居建于民国初。该故居是欧新青少年时

欧新故居

期生长、生活的地方。屋前面另一间小屋是欧新工作的地方。

附录四 外县籍曾在广宁从事革命活动的部分人物

彭湃

彭湃（1896—1929），广东省海丰县人。中共早期的无产阶级革命家、农民运动的杰出领袖。1924 年 4 月在广州加入中国共产党。彭湃三次来到广宁指导农民运动。1924 年 5 月，以国民党中央农民部秘书身份到广宁，与周其鉴等一起宣传发动农民，为期 10 天，广宁入会农户由 4000 户增至 7000 户。同年 11 月底，根据中共广东区委指示，又以国民党中央农民部特派员身份抵达广宁，常驻潭布社岗参与领导农民运动，中途曾往返省城求援，参与指挥广宁农民自卫军和建国陆海军大元帅府铁甲车队对地主豪绅的武装斗争取得胜利。1925 年 12 月中旬，再以国民党广东省党部农民部部长身份到广宁指导农民运动。1929 年 8 月，因被叛徒出卖在上海被捕并牺牲，时年 33 岁。

叶浩秀

叶浩秀（1903—1928），广东省梅县梅宫前村人。1925 年初任中共广东大学支部委员、总支部书记，6 月担任中共广宁县地方执行委员会书记。是中共广宁县委第一任书记。叶浩秀在广宁期间，积极整顿健全农会、农军组织，倡办"农民运动宣传讲习所"，授课培养农运骨干。当年 11 月举办广宁县农民自卫军模范队训练班两期，12 月兼主任创办小学教师养成所，强化培养思想进步的乡村教师。1927 年 4 月，广宁县国民党右派大肆捕杀共产党员和农会骨干。叶浩秀妥善安置县委、县农会、县农军大部队转移后，通过内线穿越封锁线取道水路到香港，向中共广东区委汇报广宁情况。其后数度两地往返，在广宁任职约两年半时间。1928 年 1 月，任中共东江地区特派员。因叛徒告密，2 月与包围军警搏斗时跳楼牺牲，年仅 25 岁。

黄学增

黄学增（1900—1929），广东省遂溪县人，周其鉴校友，1922 年加入中国共产党。1923 年秋，受中共广东区委派遣曾来广宁开展农民运动和建党工作。1927 年任中共西江特委书记，10 月秘密来到广宁，传达省委举行暴动的决定，建议县委继续集中武装力量，待时而举。1928 年 1 月底，兼任中共广宁县委书记。2 月初，在石涧秘密主持召开了全县农民代表大会，将工农革命军改称农民赤卫队，做好暴动准备。2 月 25 日，指挥农民赤卫队 300 多人举行螺岗暴动，建立了广宁县苏维埃政府。3 月中旬，与县委委员陈家善一同到香港出席省委扩大会议。5 月调离广宁。1929 年 7 月在海南岛牺牲，时年 29 岁。

梁嘉

梁嘉（1912—2009），广东省开平市人。1936 年秋在中山大学秘密加入中国共产党。1938 年 11 月，率领广东青年抗日先锋队到达广宁，协助省委先后成立了广宁、罗定两个中心县委。1939 年 3 月至 9 月，先后任中共西江临工委组织部部长和西江特委组织部部长，在石涧开展工作一段时间。1945 年 5 月，以广东人民抗日游击队珠江纵队政委身份率领珠江纵队西挺大队 400 多人抵达广宁罗汶，与当地抗日武装会师，掀起以广宁为中心逐步扩展成粤桂湘边区根据地的革命斗争新篇章。几年间直至广宁解放，先后任中共西江特委书记、西江特派员、中共粤桂湘边区工作委员会书记、粤桂湘边区人民解放军政委兼代理司令员、中国人民解放军粤桂湘边纵队司令员兼政委。梁嘉作为边区最高领导人，主要常驻广宁指挥辖区工作，部署解放广宁县城的攻城战和其后的剿匪工作，为广宁解放和发展作出了特别贡献。中华人民共和国成立后，是中共西江地委第一任书记。其后，曾任职于粤中区委、省委宣传部、广州市委、中南局组织部、中科院广州分院等处。1984 年离休。2002 年享受部长级医疗待遇。2009 年 9 月逝世，享年 98 岁。

王均予

王均予（1905—1978），湖北省宜昌市人，1926 年 12 月加入中国共产党。1932 年担任中共广州市委书记兼外县工委书记。后赴延安工作。1939 年初回到广东，任中共西江特委书记，考虑到广宁是苏维埃老区和全省农运最发达的县份之一，容易组织群众开展抗日斗争，于 3 月把特委机关从新兴县迁移到广宁县石涧黄塘村。在广宁县的半年时间，与中共广宁县委一齐领导对敌斗争取得阶段性胜利，使西江地区的抗日救亡宣传活动达到新高潮。当年 9 月被调离广宁。此后，任职于中共广东省委、中共冀鲁豫区第九地委、中共北平市委、湖北人民革命大学、中南总工会、广东省劳动局、中科院广州分院。1978 年 7 月在广州病逝，享年 73 岁。

叶向荣

叶向荣（1916—2009），广东省中山市人，中共党员。1945 年

5 月，珠江纵队西挺大队到达广宁后，为绥江下游分散隐蔽武装负责人之一。1947 年 3 月后，任广德怀开边区队、广德怀边挺进队政委，广德怀人民抗暴义勇总队总队长兼政委，中共绥江地委书记，粤桂湘边区人民解放军绥贺支队及中国人民解放军粤桂湘边纵队绥贺支队政委等职。率队前期主要在广宁活动、后期主要在德庆。1948 年 5 月，国民党集中桂东粤西兵力"围剿"绥贺支队各团。部分后勤人员及家属被困在广宁古兴坑山上七天七夜，为防止小孩哭声暴露目标，有 3 个小孩被家长含泪用衣物闷死，其中，叶向荣痛失 2 岁的儿子。中华人民共和国成立后任职于西江行署、省交通厅、省经委、省顾问委员会等处。1988 年离休。2009 年逝世，享年 93 岁。

林锋

林锋（1919—2013），祖籍广东省新会县，在澳门出生并参加革命，担任澳门地下党工委书记。1939 年到珠江三角洲地区参加抗日游击队。1945 年 5 月，珠江纵队西挺大队挺进广宁后，率队在绥江下游区内转战。1947 年，任挺进队队长，率队进军广宁、德庆、怀集三县交界地的森膺垌，消灭当地著名土匪，打开官家粮仓接济乡亲，指挥处决当地引起极大民愤的两名匪首和反动乡长。后任粤桂湘边区人民解放军、粤桂湘边纵队参谋处主任。中华人民共和国成立后，任职于最高人民检察院、天津市人民检察院、天津日报社、暨南大学等单位。1984 年离休。2013 年在广州病逝，享年 94 岁。

冯光

冯光（1920—1949），出生于广东省清远县（今佛冈县）汤塘镇复兴村，1939 年秋冬加入中国共产党。1945 年 5 月，随珠江纵队西挺大队挺进广宁，同年冬任广（宁）四（会）清（远）区队队长。1946 年春，率部进驻广宁中洞乌崩村，采取迂回战术粉碎敌人的"清乡扫荡"，处决混入部队内部的流氓地痞。1947 年 9 月，任边区人民解放军飞雷队大队长。1948 年 1 月，指挥部队在广宁境内打了一场漂亮的"云山里伏击战"，率飞雷队离开广宁进入英（德）乳（源）阳（山）边地区。1949 年 1 月 22 日，在阳山县战斗中壮烈牺牲，时年 29 岁。

钱兴

钱兴（1909—1948），出生于广西怀集县（今属广东）诗洞镇凤南村。1936 年 8 月加入中国共产党。1937 年至入粤前，历任中共厦门市工委书记、中共广西省工委书记等职。1947 年夏，奉中共中央香港分局指示，调任中共粤桂湘边区工委副书记、粤桂湘边区人民解放军副政委。主要负责边区工委党务，兼管桂东工作。他经常深入部队，并参与指挥战斗。1948 年 7 月，与欧新等人指挥了扶罗口伏击战。9 月中旬，坚决主动留守四雍指挥 260 余人枪迎击敌人"扫荡"，掩护边区主力跳出重围。四雍老区被敌人攻占后，带领几名战士与敌人在深山密林"捉迷藏"，一直坚持了 50 多天。11 月中旬，秘密转移至怀集坳仔仕儒村附近山头时被敌人包围，在突围中牺牲，时年 39 岁。

历史文献和重大革命史实记述文章

一、历史文献

广宁农会可成立
（1924 年 5 月 16 日）

中国国民党中央执行委员会，昨电广宁农会云，广宁江屯马路广宁农会鉴，贵会呈请省长备案给示，节经本会函致省署特准，现拟省长覆称，经于微蒸（5 日、10 日）两日，电催广宁县署，迅将农会呈文转到省署核准立案给示等语，不日当可办妥，特此电告，并通知各位农友为盼。

（原载《广州民国日报》）

为广宁花县农潮事给团中央的报告①
（1924 年 6 月 18 日）

广宁农会现已成立八个区农会，加入者六万余人。本区曾特派彭湃同志用民校②名义，前往协助进行一次，加入者更为踊跃，

---

① 本文是彭湃亲笔起草。原标题为"报告第二号（为广宁花县农潮事）"，现在的标题是编者加的。

② 民校：即国民党的代称。据 1924 年 6 月 1 日《广州民国日报》载："一星期前，中央派农民部秘书前往（广宁）调查一切……"

往来报名加入，户限为穿，其声势浩大可知。因此，竟招一班劣绅之忌，于本月十日发生劣绅利用地痞民团围攻农会，焚毁会所，侮辱私坛，逮捕农会职员，野蛮程度，蔑有比伦。

本区对于此次农潮，异常注意，除一面在民校力争维持外，一方面通告各地用公开团体名义通电一致声援。同时派得力同志及表同情之工友，跑入内地向农民宣传奋斗，团结农民团体。并用新学生社①等工学界名义，跑入内地派传单，向农民慰劳，以激起农民锐气。

花县农会，虽未成立，但加入者亦有六百余户，可以成立两个区农会，县农会筹备处，也可以设立。但近日有等劣绅，也利用流氓向农会办事处，肆行谩骂，侮辱备至，其行为至为可鄙。可惜该县同志甚少，不能应付事实。本区为慎重于始起见，也于是日特派彭湃同志用民校名义，驰往该地宣传②，以坚农民信仰，劣绅反动，或可减少。

关于本区农会进行，区委员会曾再三讨论实行方法——依各地实际状况不同，而各异其方法，并随时指导各运动干员以宣传旨趣，为避免目前反动势力之进迫起见，也曾详细指示各同志设法应付，不得太激烈或论调过高之宣传。但因各同志之势力，农民势力乘时扩大，绅士反动竟不能免。本区认为以上两农会之遭反攻与压迫，在得有政治保护之下或能使农民有阶级的觉悟，了解绅士、田主之不能与谋，而更加团结。本区正在此点努力向农民宣传，使有相当之训练。不过本区经济困难，人材（才）缺

---

① 新学生社：中国社会主义青年团广东区委员会领导下的革命学生组织。

② 据 1924 年 6 月 19 日《广州民国日报》载："花县农民协会，请中央派人指导，中央派秘书彭湃及顾问佛兰克前往。"

乏，诚恐有坐失事机之虞，甚望宗菊①诸兄指示方法为盼！

秘书 阮比力②
农工 彭 湃
（原载《广东革命历史文件汇集》甲 1 第 455 页）

派员组织广宁县党部
（1924 年 6 月 24 日）

国民党中央执行委员会，昨派周其鉴君赴广宁组织县党部，兹将该致周君函、云迳启者，查广宁县党部，前经本会制定设置计划，依照总章实行组织在案，兹将派执事为该县党部组织员，请即前往依照总章召集党员大会，实行组织，除函达广宁县长及驻军队妥为保护外，相应函请查照办理为荷，此致周其鉴同志。

（原载《广州民国日报》）

在广宁农兵联欢大会上的演说③
彭湃
（1924 年 12 月 19 日）

革命的农民诸君！革命的兵士诸君！我们知道，民国自成立

---

① 宗菊：指团中央局，是"中局"的谐音。

② 阮比力：即阮啸仙。国民党中央农民运动委员会领导人之一，在中共五大、六大上被选为中央委员。1935 年 3 月在赣南的一次突围战斗中牺牲。

③ 1924 年 11 月，广宁县农会发动减租运动，遭到地主阶级的进攻，中共广东区委派彭湃以国民党中央农民部特派员身份前往领导农民的斗争。国民党左派廖仲恺先后派出建国陆海军大元帅府铁甲车队和第三师的一个营，前往广宁支援。为了争取比较倾向帮助地主民团的第三师同情农会或守中立，12 月 19 日在广宁举行了农兵联欢大会。这是彭湃在大会上发表演说的纪要。

十三年，革命尚未成功，因此我们农民和兵士，未尝得着一些丝毫利益，反而要受种种无穷痛苦！兵士诸君！你们有事为兵，无事为农，我们军人，究竟因为什么革命？为的是要兵士、农民要求衣食住之充足。必定要我们农民、兵士个个都能够衣食住充足，革命才算成功。现在试问广宁农民诸君，为什么号召农民，反抗田主劣绅？此无他，就是广宁县中有些田主劣绅，要效法军阀作反革命之举动。此等反革命的举动，足以使我们衣食住越发艰辛，也就是使我们痛苦，日益加甚，所以我们要进行革命，以反抗那不利于农民、兵士之特殊阶级。农民团结，共同建设一个衣食住充足的安乐国家。这必定要农兵联合，才能够得着最后之胜利。末了，请大众高呼，中华民国万岁！国民党万岁！农兵联合万岁！

（原载《农民问题丛刊》第21种）

广宁农会章程
（1924年）①

纲领

一、谋农民利益之增进；二、谋农民生活之改造；三、谋农村自治之实现；四、谋农民业务之发展；五、谋农民教育之普及；六、联络感情交换知识以增进团结之能力。

第一章　会名

第一条　本会定名为广宁农会。

第二章　会址

第二条　本会地址暂设江屯，待各区分会成立，再择适宜地点。

---

① 成文时间是编者根据本文内容确定的。

第三章 会员

第三条 本会无分男女姓氏，凡属本县农民，赞成本会纲领，遵照本会章程，恪守纪律者，皆得为本会会员（但犯有不正当行为者不得入会）。

第四章 组织

第四条 本会由广宁农民组织之。

第五条 各乡会员 10 户以上 50 户以下，须选出代表一人，但每乡选出代表至多不得越过 5 人。

第六条 由区内各乡代表组织区代表大会，选出区执行委员会委员 5 人，互选委员 1 人，任期 1 年。但任期内委员因故缺席时，由县执行委员会委派之。

第七条 由县内各区代表组织县代表大会，选出县执行委员会，委员 9 人，候补 5 人，任期 1 年，但在任期内委员缺职时，由候补委员补充之。

第八条 由县执行委员会互选正副会长各 1 名，总理会务。

第九条 县执行委员会分设下列各部：一、文牍部；二、会计部；三、支应部；四、教育部；五、调查部；六、庶务部；七、评判部；八、农团部。以上各部副会长及各委员分任之。各部设干事若干人，由县执行委员会定之。

第十条 县代表大会及县执行委员会之议决案，各区分会须依案办理。

第五章 纪律

第十一条 县代表大会为本会最高机关。但在县代表大会闭会期间，县执行委员会为本会最高机关。

第十二条 代表大会或执行委员会之决议，须得该大会或执行委员会多数通过，少数须服从多数。

第十三条 下级委员须服从上级委员会，否则上级委员会得撤销或改组之。

第十四条　各会员对于各该下级委员会决议有抗议时，有五分之一赞成得提出上级委员会判决之。但在抗议未决期间，仍须服从各该下级委员会之决议。

第十五条　对于县执行委员会有抗议时，得提出县代表大会判决。但在抗议未决时，仍须执行委员会决议。

第十六条　会员违背纲领章程或决议案时，得由区委员会报告上级委员会开除之。

第十七条　会员无故连续三次不到会者或不纳会费而无通告者，得由该区委员会直接开除之。

第六章　会议

第十八条　各区分会每年须开代表大会二次。

第十九条　县代表大会每年开会二次。

第二十条　县执行委员会认为必要时得召集全县临时会议。有过半数区分会之请求，县执行委员会必须召开全县临时会议。

第二十一条　区分会临时会议得照县临时会议办法召集之。

第七章　会务

第二十二条　本会会务列左：

一、防止田主无理压迫，以免农民生活不安定。

二、遇时岁凶歉或生活程度过高时，本会应体察情形向田主请减租额。

三、会员如有发生争执事件，得由本会极力和解以免讼累。

四、禁止会员吸食鸦片烟及赌博等事。

五、办理各种农民学校、半□学校、阅书报社、演说团及其他关于教育宣传等事。

六、办理农林改良、肥料、种子、耕法、农具及其他关于农业事项。

七、办理疏溶水道、修筑坡地及其他关于水利事项。

八、办理农民医院、育婴养老等及其他扶助农民事项。

九、调查农村户口、耕地、收获及其他经济事项。

十、办理农民银行、消费合作及其他经济事项。

十一、饲养耕牛以供会员无力养牛耕作者之借用。

十二、办理农团，以防盗匪劫掠，保护农民生命财产之安全。

十三、特设月刊分发各乡，宣布本会收支数目以及各项进行事宜。

第八章　经费

第二十三条　本会经费列左：一、入会基金五毫；二、每年常费由乡代表决定之；三、向各界劝捐充作公益费。

第二十四条　本会由县执行委员会办一机关报，各会员有购阅劝销之义务。

第九章　附则

第二十五条　本章程得由全体代表大会过半数之议决修改之。

第二十六条　本章程得由全体代表大会议决，自县执行委员会宣布日起发生效力。

第二十七条　本会对于各处农会、工会、学生会及其他无产阶级团体均与之联络。

第二十八条　本会得聘专门学家及有识之士热心帮助农民者为顾问，并时常开会时得请其演说。

第二十九条　本会各部细则由县执行委员会定之。

发起人　周其鉴　胡超

筹办人　（略）

（原载《广东农民运动资料选编》第 535 页，广州农民运动讲习所旧址纪念馆编，人民出版社 1986 年 8 月第一版）

孙中山派铁甲车队支援广宁农运的命令①

（1924 年底）

兹派大本营铁甲车队开赴广宁保护农会，剿办匪徒，续经第三师派兵一营前往当地协同动作，该匪徒不难平定。惟此次调兵全为护卫农民清除土恶，务使横霸乡曲损人肥己者绝迹销声不为农害。凡属良民毋许侵扰丝毫用符，政府捍卫人民之不用意。兹为顾全地方秩序起见，特委蔡县长鹤朋、彭特派员湃、廖委员乾五为委员，并请郑师长即派高级副官一人前往广宁会同蔡、彭、廖三委员组织委员会办理该地方绥缉善后事宜，并将情形随时具报，事究之后各队须即当调回原防，毋得违误。

（摘自《广东农民运动资料选编》第 165 页）

彭湃和乾五关于广宁农民军围歼地主武装情况的报告②

（1925 年 2 月 10 日）

四日早晨，军委派我们之中的一个同志把信送到了城里并且给你们一个报告。另一个报告下一天送给你们。

十三个乡村的地主分子纠集江屯和扶溪的二百名土匪对我们进行了包围，因而使受我们包围的潭布落入他们的手中。

从江屯来的三百名土匪向潭布推进，但被我们徐③指挥的八个人在山边打退了。卫士队也派部队到山上去，但没有参加战斗

来自十三个乡村和扶溪的三百名土匪，于四日傍晚对螺岗进

---

① 原件标明"仲恺先生手拟之大元帅命令真迹"，写在广东省长公署用笺上。现标题为编者所加。成文时间不详，估计是 1924 年底。

② 本文是俄文翻译件。

③ 徐，即铁甲车队队长徐成章。

行包围，并发动了进攻。村里的农民自卫军与他们进行战斗，一直到第二天下午的一点。由于人数太少，农民自卫军不得不与增援部队一起，边战边撤到拆石，杀死敌人两名，杀伤五名，而我们方面没有伤亡。

敌人控制了螺岗、茶坪、竹园坪等乡村。

得知螺岗被围消息后，我们立即派了铁甲车队员十名和卫士队二十名前去，他们与撤退的农民自卫军在拆石会合之后，就与他们一起驻在那里。

黄、江两姓的地主属下的反动武装乘扶溪匪徒占领螺岗之机，准备以一百人的兵力进攻拆石，他们已经在离拆石五六里远的山上占领了战略要地。我们拆石的部队与农民军一起于六号早晨，对敌人发动了进攻并占领了他们的所有阵地。敌人撤退了，阵地上留下四名尸体、十名受伤敌人、一支来福枪、一些军货、一面旗和大量的食品与物件。由于缺乏子弹，我们没有追击。我们的部队和农民军都没有遭到伤亡。

那天，我正去拆石，打算收复螺岗，但由于没有子弹，我命令大家守卫拆石。

敌人很多，但由于他们是受地主雇佣的，没有什么纪律，因而无数次地被我们的军队打败；我们的军队虽然在数量上比他们少，但受苦深，战斗力强。

农民自卫军缺乏子弹，但很庆幸，于六日从土匪那里缴获三百发，并从罪犯的释放中获得了四百发。

那天下午，黄思绅的炮楼派了一个代表带来一面白旗到军事委员会来。该代表说：该炮楼愿意投降和解除武装。委员会接受了他的要求并限制于下一天中午为投降的时间。到投降的时间时，黄拿出了二十支无用的步枪和一百发坏了的子弹。狡猾的黄看到我们已打败其他的土匪而害怕，他那样做只是为了拖延我们对他发动进攻的时间。我们非常清楚地知道，炮楼中有许多好的枪支和子弹。军事委员会为了避开黄的圈套，提出了四条可以接受的条件：

1. 派检查员到炮楼中去检查，看看你们的投降是否真心实意；

2. 在检查中，检查员不触动炮楼中的任何东西；即使检查员发现了武器和军货，也不会加罪；

3. 检查之后，军事委员会将请求大元帅府免黄及其追随者之罪；

4. 检查之后，军事委员会将对炮楼进行保护。

黄拒绝了关于检查的建议。尽管如此，我们还是保持协商的态度，使他镇静下来。我们还把他的炮楼放在我们的监督之下，肯定他再也不敢对我们的军队发动进攻了。关于他的问题一直到我们解决江姓炮楼问题时才作出决定。

六日早晨，黄这个江屯主要的地主头子，纠集二百名"大刀会"的土匪对第八区农会发动进攻。由于没有准备，损失三个人、六支枪、许多妇女被抢走，许多房子被烧毁，财物被掠劫一空。

我们一听到这个消息，就立即派部队去那里，敌人已经撤走，我们的部队进行追击，缴获了四支枪，俘获三人。

七日，从四堡和十三个乡村来的五百个土匪占领了拆石的山区地带，我们的部队对他们进行防御。他们一看到我们的战士就逃跑。由于我们缺少子弹，对他们没有追击。

以前，地主雇佣一个士兵一天花四毫钱。自从他们遭到失败之后，他们许多次不敢接受地主的征募。地主发现这个问题之后，雇佣费每天增加一元。他们还告诉佃农说，农会组织减租只有30％或40％，如果他们反对农会，地主就免除他们五年的地租。

四堡和十三村的一些农民受了他们的欺骗，另一些人知道这是一种欺骗，但他们一方面在地主的控制之下，另一方面他们想得到粮食和雇佣费，因而接受了地主的招募。正是由于这个原因，他们没有什么战斗力，一看见我们的战士，他们就逃跑。

八日，这份报告就是在这一天写的。

九日，赵同志①从城里带回了子弹。从他那里，我们了解到广州的形势。我们感到，我们提出的关于战士和枪支的要求没有什么结果。

最近几天来，土匪们为我们的连续进攻而胆战心惊，地主们再也不像过去那样为所欲为了。根据我们侦察员的报告，目前形势如下：

1. 由江屯去打潭布的土匪死伤很大，他们的弹药已经用尽，没有地方获得补充，被他们所雇佣的匪徒抢走了二三十支枪。

2. 受雇佣的土匪和民团，要求地主付钱给他们，因而偶然发生了内部的冲突。

3. 占领螺岗的两股主要的土匪互相不和，虽然都受地主们的雇佣，但各有各的打算。因此，他们占领螺岗很长时间，没有进行什么其他活动。

4. 四堡和其他十三村的雇佣兵的唯一想法是得到钱和粮食。但是，由于他们屡次被我们打败，他们不想再战斗了，这些地方的地主非常担心我们发动进攻。

5. 江屯匪徒和进攻第八区农会的"大刀会"员也被我们打垮了，他们的许多枪支被人拖走了。

6. 江屯和四堡的人民对地主非常痛恨，他们之间发生了冲突。人们也担心我们来这里打地主，因此许多人离开了这些村庄。

---

① 赵：即赵自选。

我们的士兵比较守纪律、比较有教养，他们的武器比敌人的保护得好。敌人多次遭失败后溃退了。

地主们目前不想继续打仗了。潭布的地主解除了武装、插起白旗，向政府表示投降。他们写信要求江姓地主也这样干。

今天，商人们派代表到军事委员会来商议，要求江姓地主解除武装和向政府投降的问题。军事委员会表示同意，并且提出了下列几点条件：

1. 对政府投降；

2. 在炮楼上挂白旗；

3. 解除武装；

4. 接受检查——检查炮楼内是否还有武器；

5. 我们接受他们派一个代表来进行协商。

商人们决定下一天去炮楼（炮楼已被我们包围十天，既没有粮食，又没有水，他们看到其他炮楼插上白旗，可能是他们的头子派商人来进行协商）。

江屯的另一个人（即广宁民团局长）充作调解人（他在地主中的影响很大）。我们中的一个同志写信告诉他，派一名代表来商议，由那个代表与我们的那个同志，一起向军事委员会提出建议。

地主前来要求和平时，我们和军事委员会都成了和平谈判的参加者。但是，在和平到来之前，我们必须保持戒备（如果他们不来打我们，我们就不去打他们）。

你们虽然不能给我们士兵和枪支，请给我们送点子弹来吧。赵同志给我们带来了大约二千发子弹，而卫士队只有七百发子弹。如果战斗再次发生的话，我们就会处于危险的境地。

卫士队与我们一起进行工作，进行得很好。据报告说卢①将军准备破坏铁甲车队，请尽量设法阻止他这一行动。

一九二五年二月十日十二时

（原载《广东革命历史文件汇集》甲2第97页）

省农会致广宁农民书

（1925年7月17日）

亲爱的广宁农民兄弟：今天我们得着一个很悲痛的消息，报告你们，于十一早在江屯已遭不幸的失败了。我们的兄弟，被凶狠残忍的地主、土匪、散兵联合围攻，坚守六日，卒以弹绝外援不至而陷落了。我们的武装被解除了，四十余个兄弟已被敌人之弹洞穿了热烈之心，其余被伤者自然很少生还之望，大概不久在地主们陈酒款宴庆祝胜利之时，支（肢）解割腹，以满足他们残暴屠杀之欲了。兄弟们，你们这次是为了谁而牺牲呢，你们集合各区的农民自卫军进驻江屯，你们粮草不足，枪械不良，而敢与地主土匪散兵相抗，竟为了谁呢。你们为要拥护革命政府，为要恢复江屯农民协会，要保护自身利益，总之，因为你们要革命，所以不顾虑一切。这次的损失固然很重大而且痛心，固然可以说我们是失败了，是不是最后之失败，而仅是我们与反革命之恶势力对敌中小小的挫折罢了，将来的成功，依然是属于我们，那是一定的。我们对于此次被地主军惨杀的兄弟，诚然万分哀悼而且痛心，谨以最忠实诚恳之情，致敬意于大无畏大勇敢，为农民利益奋斗而牺牲的烈士之墓前，并同时自奋，誓必承先烈之志，继续奋斗，兄弟们，我们不要灰心颓废，不要畏惧不前，我们只要更加团结，坚持到底。我们现在只有两条路，不是坐以待毙，便

---

① 卢：即卫士队队长卢振柳。

是死里求生，我们现在所过的都不是人的生活，而只是牛马一样，到现在敌人更不许我们做自由的牛马了，他们一定不放过我们，我们是等他来宰割呢，还是拼命奋斗死里求生呢，我们的血被敌人枪弹烧得更沸腾了，各地的农民兄弟工人兄弟一定起来表同情于你们的，我们更必尽我们所能尽之力以援助你们。政府对于此次惨案，亦自必有相当办法，断不容敌人过于猖獗，因为现政府是革命的产物，现政府得以成立，得以维持，全靠工农与革命士兵的势力与革命精神。你们进驻江屯之第一个原因，是因为奉行省协会号召拥护革命政府通告之实行防堵刘杨之窜入，今遭失败，是革命的失败。现政府断不能自外于革命群众，熟视而无所睹的，亲爱的兄弟，再集中我们的力量，紧密的（地）团结起来，不要让我们的兄弟白白死了，他们之奋斗不过是为你们及你们之自由，起来反抗你们的敌人而战呀，打倒一切反动的势力，勇敢的广宁农民兄弟万岁，广东省农民协会执行委员会七月十五日。

（原载《广州民国日报》）

廖仲恺先生对广宁农民运动的支持[①]

罗绮园

（1926 年 8 月 18 日）

广宁减租运动起来了（查是民国十四年事）。广宁农民生活的苦况，在政府对农民运动第二次宣言里已说得很明白，……但田主方面却不同你这样说，他们纠集民团武装收租，拖欠者拉牛、烧屋、锁人。农民协会起初是抵抗，然而势力不敌，县长防军均偏袒民团，地主的势更因之而起，要将提议减租的各区协会村乡

---

① 摘自罗绮园著的《回忆》，见《周其鉴研究史料》第 336—351 页，中共广宁县委党史研究室编，广东人民出版社 1993 年 1 月第一版。

铲平，农民被杀的日有数人，他们还倒过来说农会抢谷围村。廖仲恺先生洞察地主阴谋，立调铁甲车队一连前往协助农会。后嫌兵力不够，又调大元帅府卫士队一连前往，谁知卫士队队长卢振柳到广宁后态度一变反转来监视限制农会行动，我闻报即请示廖先生，廖即交给我四道大元帅命令，第一道命令是（一月十九日）着替代卫士队前方队长之职务谢升继，卫士队党代表廖乾五，中国国民党农民部代表彭湃，共同组织成军事委员会，关于广宁绥缉一切军事动作悉由该委员会决定，指挥卫士队甲车队行之。此令上。其余三道命令是电令卫士队、甲车队听从委员会指挥及队长调令。由于采取了这样措施，才一鼓攻下敌人的炮楼。

（原载《犁头周刊》第 13 期）

回忆铁甲车队支援广宁农民运动①（节选）

周士第

1. 第一次打仗和做群众工作

1924 年初，在共产党员周其鉴等同志领导下，广宁农民运动开始发展起来。不久，成立了农民协会，但是很快就给反动地主豪绅镇压下去了。下半年以后，农民运动再次发展起来，并且提出了恢复农会、减租等要求，凶狠的反动地主，自然不甘心接受农民这些正义要求，因而实行更为疯狂的反抗，组织反动武装攻打农会，屠杀农民。

为了更好地领导与帮助广宁农民运动，中共两广区委先已派了彭湃同志下去；1924 年 2 月上旬，又决定派铁甲车队到广宁，镇压反动地主，帮助农民运动。

---

① 摘自《周士第回忆录》，见《周其鉴研究史料》第 336—351 页，中共广宁县委党史研究室编，广东人民出版社 1993 年 1 月第一版。

事前，中共两广区委把廖乾五同志叫了去，向他作了上述的指示。区委初时意见是派廖乾五、徐成章和周士第三人带领两个排下去，赵自选、曹汝谦两人留下，继续对留在广州的部队进行训练工作；叫廖乾五同志回去与大家讨论一下。廖乾五同志回来后，召开了党小组会，传达了中共两广区委的指示，大家听了都非常兴奋。赵自选、曹汝谦两同志也要求到广宁帮助农民阶级兄弟，最后党小组讨论结果，同意赵自选同志也下去，而把曹汝谦同志留下，认为留在广州的部队的训练工作非常紧张，需要留下一位同志来掌握。

我们将这个意见向中共两广区委报告，经同意后，立刻带领队伍兼程出发，于1924年12月11日赶到广宁，驻在社岗地方。

铁甲车队的到来，给予农民群众很大的鼓舞。他们奔走相告，跑到数十里路以外去欢迎铁甲车队。

第二天清早，六七十名农民自卫军出击敌人，在潭布附近地方与反动地主武装发生战斗，铁甲车队随即赶来增援，声势大振，敌人抵挡不住，纷纷退入江家大炮楼负隅抵抗。是役共击毙敌人数名，缴获枪支数支。我方也被打伤三名铁甲车队队员及一名农民自卫军。

潭布有两个大炮楼。一个是江家反动地主的，一个是黄家反动地主的，江家反动地主的炮楼规模很大，花了数十万银元才建成。炮楼有五层楼高，非常坚固，平日江家地主们在炮楼里储备了大量粮食武器等。一有事情发生，不少地主纷纷搬进炮楼，负隅据守，炮楼可容几百人。因此，光凭我们铁甲车队和农民自卫军的武器一时是攻不下炮楼的。我们乃决定撤围，暂时不攻打炮楼。这期间，我们加紧帮助训练农民自卫军，以及派出队员到附近各乡进行群众工作。

2. 争取第三师驻广宁部队站到中立地位

在我们到了广宁社岗几天以后，国民党右派第三师师长郑润琦也派了两个连，在副官长詹学新率领下来到"驻防"（广宁是第三师的防地），名为"保护地方治安"。他们到来后，径直住在潭布。潭布的大地主江汉英等人立即宰猪杀牛，大摆筵席，"慰劳"第三师，每日还发给每名士兵饷银若干。反动地主们就乘机在詹学新等人面前大肆造谣污蔑农民运动，恶毒咒骂农民领导人，说什么减租运动侵害了地主的利益等等。

这样一来，詹学新等人就喝了迷汤一样，初时非但不支持农民的正义斗争，相反却反与反动地主勾结在一起，为他们说话。詹学新到潭布的第二天，便亲自去找徐成章同志质问，指责农会不该减租，侵害地主。徐成章同志当场义正词严地阐明了农民运动的意义，指出减租是广大农民的合理和正义要求。

针对第三师驻广宁部队这种态度，我们乃与周其鉴等同志研究对策，考虑到当前的形势与条件，认为有必要设法对第三师驻广宁部队进行统战工作，争取他们转变，使他们不敢公开站在反动地主一边，从而孤立广宁反动地主。这是一件很重要的事情。我们于是发动广大农民群众一齐去做第三师驻广宁部队的工作。遇见他们的官兵，就对他们表示欢迎和亲热友好的态度；组织慰劳第三师，向他们进行宣传工作，大量揭露地主阶级的罪恶，使他们不敢公开站在地主一边；还和第三师一道举行"农兵联欢大会"活动等。特别是"农兵联欢大会"开得非常成功。铁甲车队、第三师驻广宁部队官兵与数千农民一道联欢；我们在会上大力宣传农民兵士是一家、革命的军队应该支持农民解除痛苦的道理。后来第三师驻广宁部队的代表在会上也表示要"实现农兵联合、保国护民之道"。

由于我们统战工作的成功，最后把第三师驻广宁部队争取站到中立地位，不敢代反动地主讲话，也不敢公开阻碍或破坏农民运动的进行，有时还协助我们办一些事情。

3. "广宁绥缉善后委员会"的组织和斗争

1924 年 12 月 6 日，大元帅府拍了一个电报来，决定由廖乾五、彭湃、广宁县长蔡鹤朋以及第三师副官长詹学新一共四人组织一个"广宁绥缉善后委员会"，以负责处理广宁农民与地主之间的斗争问题。

我们接到这个电文后，随即送去给广宁县长蔡鹤朋看。蔡鹤朋是个国民党右派，他推说要接到大元帅府打给他的原电后，才开始组织。几天后，原电来了，我们便请他来社岗开会，商量"委员会"的工作开展事宜，但蔡又推说不能离开县属，要我们到县城择地开会。于是我们就带领了铁甲车队去县城开会。

12 月 26 日，"绥缉善后委员会"举行预备会议。我们首先提出了惩办祸首，解除反动地主武装，解决减租，赔偿损失及恢复农民会等五项提案。当天散会后，我们随即与周其鉴同志研究，发动农会向"绥缉善后委员会"请愿，详细列举地主阶级压迫剥削农民的事实，提出农民的各项要求。第二天会议继续举行，农会前来递交请愿书，并提出要派代表出席这个会议。我们立即表示支持，但县长蔡鹤朋不答应，说既然农会要派代表，那么地主方面也应派代表参加。我们坚决反对地主方面也派代表来，双方争持不下，结果当天会议只通过了缉拿祸首江汉英、江淮英、谭侣松等八个人的名单以及收缴反动地主武装两项议案，其余问题都没有下文。

会议上虽然通过了收缴反动地主武装，但蔡鹤朋不愿意执行。同时，在这个期间反动地主摧残农会，惨杀农民的事情仍在不断发生。反动地主根本不肯交出武装。

4. "鸿门宴"

12 月 29 日，广宁团保总局长谭侣松通过广宁县署送来了一份请帖，邀请铁甲车队的军官和彭湃等同志参加他的宴会（当时我们正来到广宁县城），宴会还请了第三师驻广宁部队的军官和县长蔡鹤朋参加。席设团保总局内，时间定下午八时。以谭侣松为首的广宁团保局，是地主利益的捍卫者，一贯骑在农民头上，压榨农民和破坏减租运动，谭侣松本人正是"绥缉善后委员会"通过的祸首之一。

我们接到请帖后，遂商量对策，考虑去还是不去？如果赴宴的话，敌人就会乘机大造谣言，说铁甲车队同他们在一起喝酒，如何支持他们。这样一来，农民群众可能会怀疑我们。但如果不赴宴的话，又怕会打草惊蛇，他们因此产生怀疑而警惕起来，甚至逃跑。正商量间，社岗农民送来了一个紧急情报，说潭布地主武装又杀害了我们四名农民；现在农民人心惶惶，要求铁甲车队赶返社岗，镇定人心。

铁甲车队党小组立即开会，并邀请彭湃同志参加，讨论这一紧急情况。最后决定：将计就计。出席这个宴会，而在席间乘机逮捕谭侣松，以打击广宁反动地主的势力，鼓舞农民群众斗志。为了保证这一行动只许成功，不许失败，党小组会还作了周详的部署，决定由廖乾五、徐成章、彭湃三人出席宴会，在席间乘机抓住谭侣松。周士第、赵自选两人则带领铁甲车队去收缴团保总局的反动武装。

下午八时，廖、徐、彭三人如约赴宴了。他们每人身上都带了一支短枪，另带去几名配备短枪的队员去作警卫。周、赵则带了铁甲车队到达民团驻地，一冲而进，命令他们缴枪；结果一枪不发，就收缴了40多支枪（后来全部武装了广宁农军）。廖乾五等三人在席间也顺利地逮捕了民团局长谭侣松，并当即将他捉回铁甲车队驻地。

事后，县长蔡鹤朋要求我们将谭侣松交给他，说由政府拘押，日后处理。我们当场严词拒绝了，并乘夜押了谭侣松返社岗。

我们此举具有重大意义，既狠狠打击了广宁反动地主的气焰，同时也打击了国民党右派县长蔡鹤朋玩弄的阴谋。这个一贯站在地主阶级方面的反动县长，表面上却装得"同情"农民运动的样子；在"绥缉善后委员会"上一面同意通过团保总局长谭侣松为祸首之一，但暗地里又与谭侣松串通一气。这次谭侣松举行的"宴会"，实际上是与蔡鹤朋共同策划出来的。他们想从中搞什么阴谋，但结果却为我们粉碎了。

农民群众对我们逮捕谭侣松此举，都感到无限兴奋，对反抗地主阶级的信心也就更加增强了。他们亲眼看见铁甲车队坚决站在农民阶级一边帮助农民运动，镇压反动地主，因此对铁甲车队也就更加爱戴了。

5. 攻打江家反动地主大炮楼及与卢振柳的斗争

"广宁绥缉善后委员会"虽然通过了收缴地主反动武装的议案，但是反动地主并没有因此放下武器。相反，在此期间，广宁各地仍继续不断地发生反动地主破坏农会、杀害农民的事情。反动地主还不断招兵买马，扩大反动武装，要与农民决一死战。

在此情况下，我们非用武力不能达到解除反动地主武装和减租的目的。在逮捕谭侣松当晚，我们派了赵自选乘夜返回广州，向中共两广区委和周恩来同志报告，要求加派武力，调动大炮前来攻打江家炮楼，中共两广区委和周恩来同志同意我们的意见，遂与廖仲恺、胡汉民商量，派了大帅府卫士队队长卢振柳率领卫士队，带"七生的五"大炮一门，于1月9日前来广宁协助铁甲车队镇压反动地主。

卢振柳是个国民党右派，他一到广宁，便与反动地主勾结上了。他根本就不想支持农民镇压反动地主，相反却想保持反动地主武装，主张通过和平协商来解决农民与地主的斗争问题。但此行既是奉令运炮来协助攻打炮楼，所以在初时他又不得不装着个样子，下令炮攻江家炮楼（该炮楼是反动地主依据来镇压农民的据点）。

但是，炮弹不是打远了，就是打近了，或者是打偏了，老打不中。农民和铁甲车队员都有意见，纷纷质问："你们搞什么鬼，为什么老打不中？"在我们的质问下，后来虽然打中了一两炮，但因为距离太远，火力又不集中，威力不大，炮楼仍然没有受到破坏。后来，卢振柳又说没有炮弹了。因此敌人仍然能够守住炮楼。

事实上，如果卢振柳不与反动地主勾结，真心攻打炮楼的话，炮楼是一定可以被打下的。

卢振柳停止炮击江家炮楼以后，与反动地主之间明来暗去更加频繁。他还无耻地下令停战，要农民自卫军一律收回步哨，不准包围江家炮楼，不准在路口警戒及在路上武装巡查，又下令卫士队如有擅自开枪打一发子弹者罚款二元，开枪两发者以军法从事。而对反动地主继续迫害农民事件，他却装着看不见。这样一来，反动地主就更加嚣张了，更加猖狂地迫害农民，甚至向铁甲车队和农军发动进攻。

卢振柳一连串行为，激起了广大农民和铁甲车队的无比愤恨。我们向卢振柳提出了多次忠告，但是，卢振柳却置若罔闻，没有丝毫改变。卢振柳这块石头不搬走，就不可能达到解除反动地主武装和减租的目的。于是我们决定向卢振柳展开坚决的斗争。一方面，由彭湃同志返回广州报告中共两广区委，区委指示彭湃去找廖仲恺、胡汉民，向他们报告卢振柳勾结地主，破坏农会的情况。另一方面，由广宁农民协会将卢振柳的罪状，归纳下面五条：

（1）摧残国民党农民政策，置农民痛苦而不顾；

（2）违背帅令，勾结反动地主劣绅，压迫农民；

（3）撤销农军步哨；

（4）不准农军持枪巡查，致使反动地主武装屠杀农民，洗劫农村；

（5）纵容反动地主武装摧残第五区农会。

把他这五条罪状，写成通电，电告孙中山（当时在北京）、国民党中央、胡汉民、廖仲恺，并通电全国各个团体、各个报馆，宣布卢振柳的罪状，要求将其撤职查办。

在广大农民群众的坚决要求下，1月21日，大元帅府将卢振柳调回广州，留下的卫士队交由第一连连长谢升继代理，并派廖乾五同志兼任卫士队的党代表。又经过我们一系列的统战工作，以后也将卫士队争取过来了。

6. 争取"神打"

广宁县内的"神打"（亦称大刀会）有三四万人之众，蔓延全县各地，是一支不可忽视的势力。"神打"一般成员是贫苦农民，但内部情况复杂，派别诸多，其中不少为地主所利用。

广宁农民地主之间的阶级斗争激烈化以后，反动地主就想进一步拉拢"神打"来帮助他们打击农会，派人去煽动和招募"神打"参加反动地主武装。

我们也非常注意争取"神打"的工作，派出干部去黄洞等地联络"神打"，向他们进行教育，解释农民与地主斗争的真相，以及农民对减租运动的正义要求，教育他们不要中地主的奸计。初时他们中有些人还有些怀疑，我们就组织他们来社岗参观，了解农民运动真相。经过一系列的工作后，结果大部分"神打"都表示不再为反动地主利用，不去帮助反动地主攻打农会，不少"神打"还要求参加农民协会。

很多"神打"为我们争取过来了。这样，也就更加孤立了反动地主，有利于我们对反动地主的斗争。

7. 群众工作

铁甲车队在广宁除了打仗外，平常还十分注意做群众工作。

我们一到广宁，便派周士第、赵自选等同志去帮助广宁农民自卫军进行政治、军事训练。

我们很重视对群众的宣传教育工作。12月下旬，由彭湃、周士第、赵自选等同志负责出版了一种《广宁日刊》（12月26日创刊），向广大群众宣传革命道理。平常，铁甲车队还派出一部分队员组成宣传队，到附近各乡进行宣传工作，到群众家中串门，帮助群众做事情，了解群众生活情况和农村阶级压迫的情况。

我们经常与农民群众举行各种联欢活动。12月19日，由铁甲车队、农民协会等单位共同发起举行了一次"农兵联欢大会"。周士第、赵自选、周其鉴、陈伯忠等人在联欢大会上联合演出了宣传农村阶级斗争的话剧。群众看了大为感动，很多人都掉了眼泪。旧历元旦和年初二，我们又联合举行了"农兵新春乐会"，舞狮子，放鞭炮，载歌载舞，互贺新年。正月初七日，我们组织了一次祭殉难烈士及慰问伤兵和烈士家属的活动。彭湃、廖乾五、徐成章等同志亲自为死难烈士抬棺执绋，农民群众非常感动。此外，我们还结合一些节日举行过各种纪念活动。

正是由于我们全心全意地捍卫广大农民群众的革命利益，与人民群众结成血肉相连的关系，因而受到他们的热烈欢迎，将铁甲车队看作自己的亲人一般。进行群众工作的结果，农民群众的阶级觉悟更进一步提高，斗志更昂扬，在与反动地主的斗争中，也就更加显示了自己的伟大力量。

铁甲车队的官兵们由于深入接触农民群众，与他们打成一片，同甘共苦，了解到他们的生活状况，从群众中也学到了很多东西，受到了很大的教育，从而增强了自己的革命感情，在政治上、思想上都有所提高，所以说，铁甲车队在帮助开展广宁农民运动的过程中，自己也得到了很大的锻炼。

8. 在广宁农村纪念列宁逝世一周年

1925 年 1 月 21 日，是世界无产阶级革命的伟大导师列宁逝世一周年。我们当时虽远在偏僻的广宁农村，又是处在战斗十分频繁，工作非常紧张和环境十分复杂的情况下，却没有忘记这个日子。当天，我们在广宁社岗十分隆重地举行了一次纪念列宁逝世一周年的大会。纪念大会有铁甲车队官兵、农民自卫军和附近农民共 500 多人参加。会场正中挂着一幅列宁遗像，四周贴满了写着"世界无产阶级革命的伟大导师列宁同志精神不死！""世界革命胜利万岁！""中华民族解放万岁！""打倒帝国主义！""打倒军阀！"等革命标语。案前还点缀着由队员从野外采摘回来的鲜花。

纪念大会由周其鉴同志主持。他详细地介绍了十月革命胜利后俄国工人农民当家作主，摆脱了地主和资本家的压迫，建设社会主义的美好情景。徐成章、赵自选及队员李镇华等人也先后发表演说。大会最后一致高呼"世界无产阶级革命的伟大导师列宁同志精神不死！""中华民族解放万岁！""世界革命胜利万岁！""打倒帝国主义！""打倒军阀！"等口号。

值得着重指出的是，在当时这样的环境条件下，能够举行一次纪念伟大列宁的活动，是一件具有重大意义的事情。表明了中国人民在中国共产党领导下要高举马克思列宁主义的旗帜，走十月革命道路的不可动摇的信念！

9. 广宁农民的斗争胜利

由于卢振柳与反动地主勾结，江家大炮楼没有被打下来。反动地主以为我们奈何他们不得，气焰也就更为嚣张、更加猖狂地杀害农民，还向铁甲车队和自卫军进攻。赶走卢振柳以后，我们决定采用埋炸药炸炮楼的办法，来解决江家大炮楼。

2月1日，我们组织了一个工程队，在距离炮楼不远的地方，挖掘了一条地道通到炮楼底下，以便掩埋炸药来炸炮楼。铁甲车队和农民自卫军监视炮楼敌人，担任掩护。附近农民也都组织起来，担任装沙包、抬沙包及救护等工作。大家心情都很振奋，挖掘地道的进度很快，第一天便挖进了不少。

第二天，炮楼内的敌人发觉了，立刻派了数十名反动武装出来猛冲我工程队和掩护队。但在我猛烈还击下，敌人不能得逞，只好又缩回炮楼去。后来，敌人又从围墙上开了两个小洞，安置了两门土炮，向地道洞口和我掩护队射击，还不断向我们抛掷火药包。有一回，敌人的炮弹落在离彭湃、周士第两人身旁不到三尺远的地方。中午时分，有一股反动地主武装共约五六百人从外地赶来增援江家炮楼。徐成章、周士第等同志立刻率领了一部分铁甲车队队员和农军迎击敌人。我军英勇异常，以少胜多，迅速将前来增援的敌人打退。下午二时，又有另一股敌人约600人前来增援，结果又为我击溃。

到了第三天，地道挖好了。铁甲车队派往广州学习爆破技术回来的黄副排长布置安装好了炸药。下午六时十分，炸药响了，但炮楼还是没有炸倒，只是有一边墙裂开了一道裂缝。炮楼没有炸倒的原因，可能是经验不足，学爆破技术的人和教爆破技术的人没有学好和没有教好。

江家反动地主仍然拒不投降。各地农会被摧残，农民被杀害事件仍不断发生。农民群众因为炮楼没有打下，十分焦急不安，所以更加迫切要求铁甲车队帮助他们打下这个封建堡垒。农民群众说："反动地主吸血鬼把我们的血都快吸干了。江家大炮楼就是那些吸血鬼的巢穴，摆在那里不攻下来，就像有一把刀子插在我们的喉咙一样，我们实在活不下去。"

我们经过研究，决定再改用进一步围困和火攻的办法。铁甲车队和农民自卫军将江家大炮楼紧紧包围住。农民群众纷纷出动担柴运草，冒着枪林弹雨送到阵地前面。不少农民也同样争着要搬运柴草，在密集炮火面前，毫无惧色，以能参加火攻炮楼战斗为荣。

江家大炮楼反动地主自 12 月中退入炮楼负隅顽抗以来，被我围困日久，里面的弹药、柴薪、用水及给养日益困难，伤者、病人及被打死的人都很难处理。从外地多次来增援的反动武装，都被我们击溃。炸药炸炮楼虽未能成功，但反动地主在里面已吓得魂飞魄散。现在，又看见我们采用火攻的办法，炮楼旁边堆积的柴草越来越高，也就更加恐慌，感到濒于绝境，遂派人前来谈判投降，表示愿意解除武装，赔偿农民损失及承认减租，但求留下一条狗命。

2 月 13 日，铁甲车队和农民自卫军完全占领了江家大炮楼。2 月 14 日，黄家炮楼也跟着向我们投降缴械。在这两个炮楼中，总共缴获了六七百支枪，全部武装了广宁农民自卫军。

江、黄两家炮楼被攻下后，广宁各地反动地主也相继答应农会要求解除武装，赔偿损失及承认减租。经过了这次斗争的胜利，广宁农民运动获得更大的发展。

在铁甲车队帮助广宁农民打倒反动地主，取得了胜利的时候，革命军正出发东征讨伐陈炯明。一贯破坏中国人民解放事业的英、美、法等帝国主义者，以广州沙面租界为大本营，乘广州空虚之际，大肆进行造谣破坏活动，收买反革命派，阴谋推翻广州革命政府。广州形势因此很紧张。在此情况下，中共两广区委决定铁甲车队迅速调回广州。

1925 年 2 月 19 日，铁甲车队离开广宁，广宁农民群众依依不舍，沿途热烈欢送。21 日，铁甲车队返抵广州，中共两广区委以铁甲车队帮助开展广宁农民运动成绩很大，给予了表扬。农民送了酒肉慰劳铁甲车队。广州各界人民、团体也于 2 月 23 日在广州公园举行庆祝铁甲车队凯旋大会，给予铁甲车队很多好评。庆祝大会召开之日，人山人海，极一时之盛。党和人民群众的表扬与信任也就更加鼓舞和教育了铁甲车队，并且使自己更加明确了今后斗争的方向。

<h3 style="text-align:center">10. 帮助开展广宁农民运动小结</h3>

铁甲车队在广宁帮助开展农民运动，是参加了一次极其复杂的、激烈的、艰苦的阶级斗争。这次广宁农民反对反动地主的斗争，在另一方面，也是反映了中国共产党对国民党右派的斗争。

我们总结了这次斗争胜利的原因有三：

（1）中共两广区委执行了支持农民革命运动的正确路线，正确地领导了这次广宁农民对地主的斗争。

（2）广宁广大农民要革命，要打倒反动地主，农民男女老幼革命热情都很高，投入火热的斗争中，发挥其伟大力量；中共广宁地方党组织周其鉴同志等坚决执行了中共两广区委的指示，坚决领导农民向反动地主作斗争。

（3）中国共产党有自己的部队——铁甲车队。

<h2 style="text-align:center">关于广宁自然环境和社会情况报告</h2>
（1947 年秋）

<h3 style="text-align:center">一、自然环境</h3>

广宁是一个山地，最适于游击活动。除了南街、江屯、石狗、江谷、潭埔、深洞几个小盘村外，全是山岭。绥江是唯一的交通线，公路尚未恢复，也不能恢复。西北通怀集，北通阳山，出清远，东南为四会，西部为德庆及高要，全靠山道交通。粮食不能自给。出口以山货为大宗，因山林开砍旺盛，山民多以砍木为业，每日约获万余元。西江居民则以竹为生，破笋收入，每日亦多至

两万元左右。故本年人民生活表面较为优裕。一般说来，土地集中情形不如别县严重，拥有较多土地之地主集中于江屯、深洞、潭埔。附城乡村，多已破落。最大之富豪亦不到县内著名之地主，如北市（属江屯，现为游击区）之江姓（客籍），深洞之罗姓，江谷之曾姓及冼姓，潭埔之陈姓、黄姓等。全县人口约为二十五万，多为文盲。文化程度低落，乡村长及参议员多为中小地主，间亦有土霸充任。

二、社会环境

县属主要机关、学校、团体。

县府，县长为梅县人，廖伟清，年约四十岁，到任未久，过去曾任政工人员及农林部部员，为林翼中介绍，未有秘书。现任之代秘书为前警察局之科长，助秘为一年老之书生。民政科长为廖之族侄，约三十五六岁，新闻系毕业，在曲江曾任《建国报》记者。财科钟明雅，在新中任内亦任该科，后曾经商，与廖之关系不清楚。建科原为广宁人周家炮，现已辞职，由合作主任黄学□继任，到县未久，则奉命来省运赈米。教科则为一地主之子。参议会议长陆永康之弟□□庄，学历甚浅，在阳春县曾任秘书，颇精干，善计划，能力颇强，惟私生活颇受社会指摘，为广宁县府之有力干部。军科为该县人冯斯淇，在东江各县办理兵役，在大革命时代曾是下级干部，闻说因征兵不力曾被责备，其余下级干部为东江客人。社会科为本地人陈兴运，反动、固执，因党部书记长之关系，而挟于上，目前可能是广宁特务的助手。警察局局长司徒灼，轻挑、浮躁，状类西关×，现无实权，手下兵员不多，亦不失为一内战英雄。

1. 县党部，书记陈嗣运，小学毕业，因服务多年，官至斯职，个性优柔寡断，生活浪漫，迷于赌博。其唯一目的是向上爬，平时不看书报，只靠情报做事，缺乏政治头脑，无斗争经验，其干部亦甚缺乏，以交际及赌博为其组织及拉拢之手段。党部人员甚少，秘书一人，只知执行职务。干事数人，全为年轻识字之青年，无甚作用。故整个组织松散，毫无进展。内部只处理日常公事，无发展之可能。

2. 县参议会现有议长一人，副议长一人，在乡参议员四十五人。议长陆永康，大地主陆少逢之子，为地主及豪绅之代表，刚愎自用，顽固而无能，惟较熟悉地方情形，县内财粮之情况颇为清楚。参议员中出身于地主及豪霸者多拥护之。

副议长为书记长之族人，肥大无当。家境清寒，从下级公务员直至副议长皆由于奉公守法，忠厚做人。一月前因旧任副议长而获选。其本质仍属反动分子，惟因能力不强，故非主要分子。

省参议李子培，最主要的反动分子，是全县最落后、最反动的地主、豪绅，贪劣的灵魂，利用其社会关系，收兵、威迫、利诱等手段，夺取了省参议员。其家乡在沿江之罗锅村。村人多出外经商。以平均言，其财富之集中冠于全县。全村人口无一失业，亦无一赤贫。陈济棠时代则与林翼中勾结，曾任党部执行委员，现时亦属于林手下之县区干部，平时利用权势残杀良民，包揽诉讼，无恶不作。初期"清剿"时代，李为江屯区清乡主任，曾先斩后奏，枪杀江屯良民二十余人。惟县青年多认识其为人，对之绝无信仰。现有活动国大，假如得手，则将来之县长可能是他。

3. 县中学校长吴一诺，广东大学毕业。学生时代及毕业后数年，曾是一风流小生，生活堕落，不务正业，后为邑人所鄙，痛改前非。陈济棠时代入深造班训练，派充县党部特派员，办事精明能干，公正廉明，抗战时则转入中学充当校长，主张打败日本甚力，为国民党开明进步分子。战后曾主张和平统一，反对内战。至广宁暴动后，曾参加"剿匪"会议，惟无积极行动。两年来颇有转变，态度严肃忠厚，生活简单，为一埋头苦干之善良长者。

对同事信任，然亦有限度。曾公开向学生批评国民党及共产党，常在夜间阅读书报。各方面知识均在水准以上。同情民众痛苦，反对贪污最力，为县内唯一之廉洁干员。个性耿直，有"板佬"之称。对校内建设不遗余力，去年曾添置大批进步书籍。在各种竞选中常遭陈嗣运、李子培之排挤及诽谤，最得青年信仰。旧社会之新人物也。

三、一般土霸、地主

1. 北市江澜生与岳生、远生为三兄弟。先人与土匪勾结，变成暴富。惟兄弟不睦，时生争执，动辄以枪炮相向，最近稍为缓和。现澜生经营山货，在古水有商店。曾任绥江清乡大队长，拥有长短枪数十支，横行霸道，莫敢与抗。然能投合其兴趣，取得其信仰，此人仍可利用。惟反复无常，不能善始善终。

2. 潘金，江谷人，土匪出身，目不识丁。在江谷有商业地产，为一方之霸，炙手可热。有轻机一挺，长短枪三数十支。其个性不甚清楚。

李子培省参，详见以上。

周家基永泰人（闻说已被解决）。

江富年，江屯人，与李子培勾结。现经商，营山货，组织及指挥江屯之"清剿"工作，利用封建关系，江屯地主及富绅多被拉拢，潜势颇大。黄召诒，四雍人，陈济棠时代香翰屏手下之军法官，现归隐乡间，拥有田甚多。家在游击区内，自卫力颇强，惟不闻有反动之积极表现。想当地工作者当可了解也（四雍为游击区）。

陈德三，潭埔人，已死亡。其孙陈伯骥，留学英国。曾在中央党史编辑处任编辑员，现任上海国立商学院教授，离县多年，从未回乡服务。其孙女现在南京求学，思想进步、热情、努力，可能成为一有用人才。现主持家务者为一初中尚未毕业之幼子，不问县事。其所有租谷，一个人平均计算，恐为全县之冠。

深洞之罗族亦为地主，惟情形不熟悉。

四、县内现在武力

1. 义勇警察（临时性质），三中队，每中队约六十余人。每中队有轻机两挺，步枪为七九。分驻县城、四雍（中心在坑峒口）及江屯。战斗力最强者为邓文华中队。现驻江屯。

2. 警察队（属警察局）三中队，分驻木格、古水及石涧。闻说每队有轻机三挺。详情未悉。

3. 保安队三中队，分驻沿江一带，甚少进驻县城。配备相当良好，是三区陈文之主要资本。任务只维持河道交通。勒收行水，甚少出击。

4. 怀集有一中队，驻古水。有小炮及轻机多挺。维持怀集商业设施。

5. 四会有一中队驻防绥江下游，情形不详。

关于武力指挥及给养，以陈文为主。由怀集、广宁、四会组织一清乡委员会，陈文为主任，副主任则为三县县长。给养则在石狗设卡收税，最多者每月在一亿以上。据陈文说，现有军队十一个中队（约六七百人）。在广宁，拥有轻机四十五挺，小炮一门（怀集）。其他乡村自卫队多属临时性质，缺乏斗志，稍加攻击则可溃散。

其所采〔取〕战略多为搜捕、搜剿或临时截击，无经常出击。惟情报相当准确，尤其四雍方面。本人或阅一、三区之情报，察其内容多确实精细，宜切实防备及加紧警惕。

五、目前游击地区

1. "排沙"领导人陈绪宗（陈瑞琮），地方干部。从开始到目前均能坚守及发展。

2. "木格"领导人叶向荣，最近发展及确保之地区，与怀集南区接壤，发展迅速，颇有成绩。曾解决匪首及叛徒化直〔纪宜〕春。获轻机一挺，马一匹及长短枪数支，并没收其家产（除其遗族生活外）。附近农民甚为成功。

3. "罗汶"，在河西，与德庆、高要为邻。领导人欧新，地方干部，由排沙发展之地区，曾解决永泰之自卫队十余人，甚为成功。

4. "北市"领导人马斌，与四雍接壤。曾解决江屯乡公所自卫班。缴获枪数支，并曾格杀一顽固分子，亦甚成功。

5. "四雍"领导人陈禹（陈奇略），地近怀集、阳山、清远，与北市可通，活动地区亦广，有民众信仰。

各区最近普遍召开民众大会，实行减租减息。惟接近国民党地区之民众因畏其阴谋及残暴，不敢表示意见。在游击区之民众多已接受教育而同情而帮助。

本人对游击领导之意见：原则甚为正确。从山地发展到沿河，从游击渐进到正规，不断自我教育，扩大群众影响，增加税收，打击顽固分子，枪杀叛徒。但执行技术或有欠妥。如枪杀某顽固或叛徒后，宣传工作不够，民众多不了解，予国民党以残暴之宣传机会。劫掳地主不加以说服或宣传，会被人误会为掳人勒赎。最近在四雍被枪杀之前乡长则甚至进步人士亦为之误解。又掳去坑垌乡之地主伍某，闻说索价三千万（是否谣言未悉），不扩大宣传，对民众解释，故一般富商及进步人士多莫名其妙。此当然是由于技术上之考虑不周或因交通关系，宣传工作难于展开所致，但如有补救方法，应及早修正，或详细加以调查。

（原复印件存中共肇庆市委党史研究室）

广宁四雍区被侵情况①

（1948 年）

旧历八月十四日敌人分三路进攻小坑口，一路由罗岗进兵，约二百余人；一路由上带经塘村，约二百余人；又一路由坑峒口进兵，约三百余人，是日完全禾仓集中在该处驻防。

当日我们在小坑口后面登山，便开枪向敌人扫射，由罗岗来的一路，后被敌人冲破，当时李同志（即钱同志，下同）则带了几个手枪组向禾仓撤退，我全队则向塘村突围到来坑崀住，但杨发队系登对面山，亦被敌人冲，便向如良顶撤退，他们晚上与李同志取得联络。

十五日我们在来坑崀后背山"德青"（意即缩山掩蔽，下同），商量如何与李同志联络问题，晚上开返来坑崀住，便派人去与李同志联络。

十六日因去联络人未回来，故仍上山"德青"，下午联络人回来，晚上便开往小坑口与李同志会合，是晚在该处休息。

十七日本拟编整队伍及商量如何应付"扫荡"问题，但晨早又据报"牛骨"（国民党反动武装）来，便布置伏击，但敌人无来进攻，晚上开返侧田住。

十八日在侧田休息及编整队伍，但正当布置完毕后，敌人又来进攻，当时便登山作战。后来据说敌人死伤五六人，但杨发队派一个小队长带一班人去放哨，被敌人在后面包下来，该小队长当场牺牲，队员牺牲几人，晚上敌人返岭脚住。

十九日开往榜下后面山"德青"，与大塘乡长布置工作，晚上返该村住。

---

① 年份是根据文件内容判定的。

二十日，仍在该处"德青"，商量如何布置小组出发问题，晚上仍开返该村布置小组出发，当晚李山、张浩等到来，即刻又布置他们的工作。

二十一日晨，开到大塘坑尾，当时王炎又回来，便与他研究他今后工作，清远方面又派有冼江及爱仔到来，下午我们估计"扫荡"严重，决定将大部分人员突过清远，留下小组坚持。后与冼江等研究，中途危险性甚大，故未果行，晚上便转移到榜下与得人惊坑交界之山头"德青"。

二十二日，因昨晚行军一夜，早上才到达昨晚所决定的地方，便决定上午休息，下午研究如何应付"扫荡"及王炎队今后如何处理问题。但十二时敌人又来进攻，当时即刻布置展开作战，敌人给我们打退了，并打死了四五人，伤了三四人。晚上开往松崩住，当晚研究决定分队活动，由杨发队在禾仓以上活动，王炎队在禾仓以下活动，我队与督导处合并负保护领机之责，并协助他们工作，同时当晚即刻分开。

二十三日早我们便入得人惊坑"德青"，晚上又开返松崩吃饭，当时杨发和王炎也返那里均说无办法前往，并立刻开往塘村，再行重新研究。

二十四日早才到达，即到来坑崀后背山"德青"，当日与李同志均觉得干部充满了畏敌思想、思家观念，便召集中队级干部谈话及决定恢复组织生活，晚上转移到紫（柴）坑。

二十五日早到了柴坑尾，吃了早饭连即开到山柏。是日研究决定重新三队合并，编一大队，分为二个中队，以李同志兼大队长，我负责大队副，杨发为第一中队长，文修为指导员，我队与王炎队合并为第二中队，三朱充中队长，王炎充指导员，以便统一指挥。

二十六日晨早，转移到岗尾坪与四雍交界之山头"德青"，晚上开到山头住。

二十七日上坑头对面之山"德青"，九时许敌人分三路来进攻，后被敌冲上来，当时我便与李同志撤退到坑底掩蔽，吴非、三朱、王炎带了战斗员不知向何处撤退去了，杨发队的小队长李带了一个机枪班则向柴坑方向突围，文修、杨发均不知去向。是晚我回到当日约定集合地点联络各人，并利用时间研究今后工作，但候到十二时许，只有杨发带了一个卫生员及保仁队回来，当时便决定留下一个人在该处联络，其余全部开到大兴坑去。

二十八日晨才到了破铁岭附近，因天亮了不能行动，便在该处山头"德青"。十二时许"牛骨"又来烧山，幸无发觉我们，但查得陈新桂部在我们要前进之路驻防，故无法前进，后又决定开返塘村，然后商量。

二十九日到了山柏、柴坑交界之山"德青"。十时左右敌人又来烧山搜索，给他发觉了，打了十枪，当场被打死了一个，生捉去两个，失踪几个。晚上继续返塘村，但到了塘村，情况变化，不能逗留，故继续前进返小坑。当时后一段（杨发等四十余人）追不上，失了联络，以后都无消息。

三十日早到了小坑口后背山"德青"，九时许敌人来烧山，发觉了我们二个同志，便开枪打了几枪，我们便走下半山掩蔽起来。晚上李同志便带了十几个人落侧田去找米煮饭，但正在煮好粥的时候，"牛骨"又来围攻，当时只有李同志及几个手枪组走出来，当场被打死了祝九，生俘一个，其余失踪（这是见了李同志然后知的）。而我们落到半山，听闻放枪声，便派人去了解，知到李同志遇事，又无人走回来，当地估计可能全部牺牲或被俘，所以便决定返得人惊坑后慢慢了解。

九月初一在得人惊坑"德青"，下午五时许便到坑口去了解情况，当时便见了李同志，他便与我研究，决定叫我带我原来队伍（二十五人）返深洞，用深洞农会会长名义做土匪，如做了土匪，坏政府要招下山时都可以下山，等待时机，但切勿用我名义出去。下山，如都无法立足的话，你可带保仁、林秧及保卫员返我家，然后与叶同志或下游联络，他则与五口桢及五个保卫坚持四雍。但我当时已叫他与我一齐同行，他不允，所以我便于当晚起程。

初二日到了来坑崀后背山"德青"，并了解情况，准备继续前进。晚上便起程，但到了罗坳附近，被敌人哨兵发觉，打了几枪，我们便登山。当时失踪四人（可能是自行离开的），又当时无人识路，在山头行几行，连方向都分不清楚了，所以便在山上休息。

初三日，在昨晚肇事地点附近"德青"，研究路线，晚上望方向继续前进，但行来行去总找不出一条路，又恐遇着敌人，因此又在山头休息。

初四日晚上继续前进，但行到古兴坑林松屋附近又与伪自卫队遭遇，给他打了几枪，当时有个手枪组失了联络（可能是有二个离开的），打后继续前进，行到天光。

初五日到横基，队伍便在三点梅花休息，派几个人落村找米煮饭。但已去了四个钟头还未见回来，我便派便装同志去了解，又去了个多钟头又不见回来，再派一个去了解，一会回来报告有"牛骨"到了山脚，便立即上山掩蔽，当晚因四面被包围，无法转移，故仍在该处休息。

原来派去煮饭的人早已（被）敌人追散了，而第一次派去了解的人被捉，同时去煮饭的人失联络二人。

初六日仍在山头"德青"，八时许敌人又来烧山搜索，当日林秧、林朴、陈教官、女莫等十余人向敌人投降，有二个手枪组又逃跑了，其余也有想投降的，甚而有个别有立功意图，所以我便带了五个干部，三个队员（一个中途又自行离去了）游水突围。

初七日早上到了浦堂，又被敌人见了，快手快脚煮了饭带起就行。到了浦堂与双下交界之山，掩蔽起来然后吃饭，晚上继续向英洞前进。

初八日才到了英洞，但无被敌人发觉，因此便在那里休息了几天，并找些路费然后再转抢水，又因路线及路费问题，也逗留了五六天，然后再向车牛、高要方向前进。行了几天，中途又住了几天，才返到我家，立即就写信与叶同志联络。直至十月十四日叶同志才派人来带我返队，十八日才到达。

说明：

1. 因到了高要境内遇了"灰条"，将日记部（薄）烧掉，所以上述的日子及过程可能有些错漏。

2. 敌人向我进攻后日日落村来抢、杀、烧，并且日日到山头烧山搜索，我离时山林被他（们）烧了七八日了。

3. 此次以我所知，牺牲的干部有杨发队小队长一个，投降的有林秧、林朴、陈教官、女莫等，自新的有洪芬（民兵总队长），失联络的有文修、杨发、蔡青、叶辉、罗纾、陆钧、雷时雨、江进生、梁国其、何意、女冯、林松，还有其他我不知姓名的，另有吴非、黄火等不知下落。

4. 又还有谢伯是自新的。

5. 后来闻说林秧、林朴二人已枪决了。

（原复印件存中共肇庆市委党史研究室）

广四清联区政务委员会布告（联字第十二号）

（1949 年 8 月）

查各地农村谷会之成立，其宗旨原是具有缓急相济，彼此互相长期储蓄的意义，但谷会本身附有高利贷的剥削关系。为此，曾经部队对各谷会加以改革一番，并利用谷会关系成立了福利会的团体，也办了很多福利事业，而且在实际上确能减轻了熟会分子的负担，但在办法的执行上，因社会局面的不安。我们因应付军事斗争，因而忽略了对谷会及福利会务的检查与督促，以致流弊丛生，拟调查所得，完全停开了谷会者有之，或熟会分子不肯供还会谷者有之，或因福利会负责人数目不清而拖累了谷会者有之，凡此种种流弊情形，实足以影响农村之团结，亦足以损害福利事业之进行，实可痛惜。兹与补救上述的流弊计，将规定处理谷会的办法如下：

（一）会后生会与生会之间，一律停止了借执关系，因为我们是注重清理旧账的一面。

（二）会首要负责于每年六、十、二造召集全体会友开会，并须逐会向生会供还本份的会头谷。不能加以折扣，另行向福利会缴交会东谷，其数额依照每份会头谷的折米计算示之，本办法由本造起实行。过去如何做法一概不加追究，如会头谷为四石者即交二石作为会东谷，倘会首确有困难之处可酌量减免，会东完全取消了办领或请安的例规，这是以会东照顾了公众福利一面。

（三）各熟会分子应以执会时向会友新收的会谷作本，照顾加二计利，逐会将本利供还会友，如当时系收了人家贰石会谷即应还本利贰石四斗，这是要熟会分子照顾生会分子受亏了的一面。

（四）生会分子执会的办法有二，第一个办法是照执签的办法，决定谁人执会，第二个办法，是按会次将熟会分子应交的会谷统收起来，由生会分子平均分派，直至全会供执完满为止，我们认为一个办法较为妥善，但亦可由生会分子选择而行之。

（五）福利会对谷会应负起协助和督促的职责，并应清理本身的数目，当众公布数目，亦应接受民众的批评和建议。

以上几个办法，是根据目前减息交息的条例，也照顾了地方特殊情形而决定的，仰各地和谷会福利会有关人士遵照以上办法行事，务必解除以往所发生的流弊，竭尽自己的职责，使会务得以合理解决，以扫除过去纠葛不清之现象，倘任何一方有违背之处，当以破坏减息交息条例论罪，依法惩办，仰各知照。

主　席：冯　华

副主席：江　东

一九四九年八月

（原件存广东省档案馆档案材料 321 卷）

王炎光关于广宁起义等情况报告

（1949 年 9 月 6 日）

（一）广宁古绍辙已于上月二十五日起义，带领了一个营约战斗兵二百人，连县府职员等共约三百人。二十八日江屯地反四个中队起义，人数约与老古差不多，现湘兄随欧部过广宁。迄今多日，未见来信，故广宁起义之全部战果，仍未得详确估计。传闻潭布缴了枪（轻机五挺），江谷也起义，老古另一个营闻随后起义（未证实），整个广宁局面是起了很大的变化，广宁县城一度解放，后由保四师十二团师清远，经江屯，向南街进发，我队撤出县城，向四雍屯水推进，并拟与叶兄处打通联络。十二团自换了团长后，几个营长相继被撤换了，故已无甚希望了。

（二）现送上覃江同志，是送回殷兄处的，请转达。覃江同志桂北人，在欧部（主力团）中是最好的一个连指导员，新提升大队级，品质好，作风实际而较纯正，本来内定提升为欧团政治处主任。现接殷兄之信，故决定送回殷兄处，殷兄颇熟悉他，组织关系也在此送上，请殷兄接收。

（三）叶兄处有交通来，他处近也有发展，目前我区局面，广、四、清、英等县已打成一片。弟与苏团在此处理江屯问题及□□工作，广宁与叶处正双方进行打通联络中，相信欧团此次回广宁，配合老古起义，扩大战果，是可能与叶兄打成一片的，目下只差连支四团英南地区与周、马、蔡等仍未打成一片。此一任务已托前次来此之杨同志转达周兄，由他们配合大军回师解决。现在我们难于解决的问题是收编起义队伍给予什么名义呢？各团区发委不妥当，人家看不起，不服领导，湘兄曾拟将欧团编为粤桂湘边人民解放军独立团，而将起义队伍编入独立团内。但这个名义未经你们核准，故又未便确定。如何处置，希示复。

（四）关于联络问题，前信已有详述，我们觉得联络未通，不能经常取得你们指示，局面发展又快，许多问题处理感觉十分困难，卢仔对此事也甚焦急，屡次请求你们给予任何一个时间守听，希复示为盼。

（五）前由港动员返来之干部及知识分子，据说有些是党员，但无证明，希请粟兄详复。闻黄世慈关系已正式恢复，确否？是否在粟兄处？与黄世慈同来的欧励（女），据说是党员，关系在钱兴妻邹同志处，也请粟兄一并查复。钱兴同志闻有些下落，估计尚在人间，但未确定清楚。

（六）吴声涛妻谭姐拟返来，我们同意，希布置她即返来为盼。

（七）西药运返事，请与黄竖详商办法，弟已与他谈过，他有办法。

（八）清远、广宁二县，我们已直接指导准备接管工作，分别成立了城市接管工作组及农村接管工作组，开始调查研究找关系及具体布置与准备工作。

（九）本区各地搭线及准备起义事件继续增多了。清城及大北江及正水口〔敌〕赶搭浮桥二座，以便沿四清公路撤退败兵，时局急剧发展，极希密切指示。

（原复印件存中共肇庆市委党史研究室）

二、重大革命史实记述文章

"广宁风潮"

1924 年 4 月 10 日，周其鉴率领胡超等从广州返回广宁，与先期回乡的罗国杰以及在省所联络的担任农民运动的筹办员在江屯会合，11 日召开筹办员会议，商定成立广宁县农会筹备处，筹备处设址江屯圩马路头一间茶青铺，由周其鉴、胡超任主任，罗国杰任秘书，胡日新任书记，其余 30 余人一律为筹办员。会后，各筹办员分头深入山乡进行宣传发动。从此，农民运动在广宁县城乡展开。

其间，国民党广宁县长无视国民党中央农民部和国民党广东省署连续公函，数次拒办广宁县农会筹备处"立案"手续。县农协不断呼吁，国民党广宁县长于 6 月 4 日被撤职倒台。这一活动结果，提高了农会政治声望和社会地位。至 6 月 18 日，全县成立了 8 个农会，加入者 6 万余人。

农会的迅猛发展，触动了地主劣绅的利益，阶级矛盾日益尖锐与表面化，地主劣绅对农会从观望转向敌视，不择手段地进行破坏。其中，江屯、扶溪的地主劣绅对设在江屯圩的广宁县农会筹备处以及江屯、螺岗、潭布等乡农会视作眼中钉，肉中刺，极端仇视。经扶溪大地主江耀南、江屯大地主冯月庭纠集，扶溪、江屯、潭布三区地主开会密谋，由江耀南、冯月庭各出洋银 300 元收买第六区的区长黄鄂棠、区民团头目黄福，派民团袭击农会。

6 月 10 日，先由黄福率江屯、扶溪两局共 50 名民团，分两路冲进广宁县农会筹备处，"开枪百余响"。农会职员张秋、胡日

363

新、胡学、杨五等逃离会所，杨四被殴打，江荣被捉（后被释放），胡超第、胡灶被捉住强行喂粪；农会册籍、款项和职员衣物被席、文具、传单、印机以及一切重要文件均被洗劫一空；捣毁厨房餐具，拆毁会所瓦面和后墙；撕碎门前竖挂的国民党党旗、农旗。接着，黄福率该民团窜到潭布与潭布民团局头目江汉英所部20名共70名夹攻潭布农会，冲进会所，亦"放枪百余响"，把会所内各件一掠而空。农会职员多数逃避，尚有黄二、张西被捉，殴至重伤。旗帜文件被烧去，并放火焚烧会所，幸邻里群众及时扑灭。11日，黄福派队下乡勒迫农会会员退会。这一"广宁风潮"事件，震动全省，影响全国。广宁农民协会的呼吁呐喊得到国民党左派、新任广东省长廖仲恺有力保护和支持，促使广宁农民运动出现高潮并引发西江地区农民运动勃兴。

（原载《竹乡风云录》，中共广宁县委党史研究室编，2007年7月印刷）

首次召开纪念列宁大会

1925年1月21日，是世界上第一个社会主义国家——苏联的缔造者列宁逝世一周年纪念日。当天，中共广宁支部召集支部全体党员、本县农民自卫军、广东革命政府派来支援广宁农民运动的铁甲车队、大元帅府卫士队官兵和附近农民共500多人，在七区（今潭布）社岗乡大崀村召开纪念大会，会场正面悬挂列宁遗像，四周贴满了"世界无产阶级革命的伟大导师列宁同志精神不死！""世界革命万岁！""中华民族解放万岁！""打倒帝国主义！""打倒军阀！"等革命标语。会场悬挂"列宁逝世周年纪念大会"会标，台上用几张办公桌一字并排而成，上铺蓝布，台前摆满野外采摘的鲜花。虽则旷野，但也略显庄严肃穆。

大会由中共广宁支部书记、广宁县农民协会委员长周其鉴主持。他详细地介绍了列宁领导俄国工农群众打倒了沙皇反动统治，推翻农奴制和资本主义剥削制度，并打败了10多个帝国主义国家的武装干涉的经过，十月革命后，俄国工人农民当家作主，摆脱地主资本家的压迫，建设社会主义美好前景等革命事迹和现实情况。他明确指出：中国人民要高举马克思列宁主义的旗帜，坚决走十月革命道路，才能得到彻底解放。农协书记、共产党员罗国杰讲述列宁的革命史迹和着重阐释列宁主义。铁甲车队队长徐成章，军事教官赵自选和队员李镇华也先后发表演说。他们讲述了列宁伟大的一生及其伟大的思想；列宁一贯反对帝国主义、殖民主义，热烈支持各国人民的革命斗争和民族解放运动；工农联合起来的无比力量及坚持世界无产阶级革命的重大意义；世界革命与中国革命的密切关系；我们为什么一定要走十月革命的道路，等等，他们的演说慷慨激昂，不时响起阵阵掌声，使与会者受到一次生动、具体、形象的马列主义的深刻教育。"列宁主义万岁！""世界革命万岁！""十月革命万岁！""中华民族解放万岁！""打倒帝国主义！""打倒军阀！"等口号声呼喊不绝，与会者的革命情绪激昂，革命精神大长。

地处粤西山区一隅的西江地区，在穷乡僻壤的广宁山村，刚成立不久的西江地区第一个中共支部，便大规模公开宣传马列，举行这一大型的纪念活动，这不仅对广宁，而且对西江地区各县宣传马克思列宁主义，实行无产阶级革命，无疑会产生重大的影响，其意义十分伟大和深远。正如时任铁甲车队副队长周士第在回忆录中所说的那样："值得着重指出的是，在当时这样的环境条件下，能够举行一次纪念伟大列宁的活动，是一件具有重大意义的事情。"

（原载《竹乡风云录》，中共广宁县委党史研究室编，2007年7月印刷）

"江屯事件"

1925 年 5 月下旬，广宁县农会响应广东革命政府讨伐东征叛军——滇系军阀杨希闵、桂系军阀刘震寰部队的号召，征得国民党县长蔡鹤朋及驻军第三师警备司令莫国华同意，派出大队农军开进江屯，实施国民革命政府堵住杨、刘叛军西窜退路之意图。平定杨、刘叛乱后，广宁县农会乘革命有利形势，恢复江屯农会，发展会员，壮大农军力量。

一贯与农会为敌的江屯大地主冯月庭、江耀南等，串通广宁县民团头子，纠集反动民团、土匪约 900 人，于 7 月 7 日凌晨围攻江屯农会。当地农军 100 多人据守炮楼抵抗，坚持四昼夜，终因力量悬殊，外无援兵，致被反动武装攻破，农军突围溃散。农军牺牲 8 人，伤 10 多人，所有枪械丧失殆尽。民团土匪占领江屯以后，给农会会员施加残酷的迫害，并扩充队伍，准备向潭布、拆石等农会据点进攻。

地主武装如此明目张胆地进攻农会、杀害会员，是得到了广宁县长蔡鹤朋和驻军司令莫国华的默许和支持。事件发生前，蔡、莫二人借故避居广州，故意纵容地主武装的暴行，使民团为所欲为，无人予以制止。

地主武装的围攻一开始，广宁县农会即发出"快邮代电"，揭露地主武装的罪行，呼吁政府和各界群众给予农会大力支持。江屯被攻破后，县农会动员所有干部"分头出发"，前往江屯接近敌人的地方，如社岗、拆石、潭布、古楼营、井层、古灶、锅元等处，不断地召开各区乡会员大会，鼓励敌忾，团结内部，训练农军，誓死坚守原有阵地。在各区乡的会员大会上，农民一致强烈要求夏收后实行减租，县农会决定要实现这一要求，这样就能极大地调动农民的斗争积极性，许多农民表示，不论形势如何险恶，一定要坚持斗争到底。

广东省农会接到广宁县农会的报告后，即取得了国民党中央农民部长廖仲恺的支持。廖仲恺提出解决事件的三条原则，交由农民部特派员赴广宁处理："1. 派兵到江屯击退冯月庭等罪众；2. 拿办祸首冯月庭等并交还被缴农民军枪支；3. 江屯交还农军驻扎。"但是，当特派员将上述意见传达给莫国华司令部的参谋长时，该参谋长竟以未有师长的命令为由，拒不执行。

由于得不到国民党驻军的支持，地主豪绅有恃无恐，反动气焰嚣张。反动武装蠢蠢欲动，农民处境危险。为了合理解决江屯事件，及时制止地主武装对农会的进一步攻击，在广宁县农会和广东省农会的努力争取下，国民党政府确定由中央农民部等部门派出人员，组成"广宁乱事处分委员会"，委员会于7月29日召开了第一次会议。根据委员会的意见，军政部决定将莫国华所部调离广宁，另派粤军第三师第九团前往广宁接防，广东省政府则作出了对广宁县长蔡鹤朋撤职查办的决定。消息传来，大快人心，农民兴高采烈，准备迎接胜利。

然而，事件的发展并不是如此顺利。广东省政府以李绮庵接替广宁县长职务，李绮庵和蔡鹤朋一样，都是国民党右派分子，其敌视工农运动的态度，比蔡鹤朋有过之而无不及。当李绮庵得到被委派为广宁县长的消息后，便不顾各方面的反对，连夜登程赴任。途经四会县，即与前往迎接的地主豪绅联络。并支持地主豪绅提出的取消对李济源的通缉和撤销对蔡鹤朋的查办案，完全站在了地主豪绅一边。8月3日，李绮庵正式接任广宁县长，广宁的地主豪绅，反动势力，无不弹冠相庆。

面对急转直下的恶劣形势，广宁县农会立刻开展了一场反对李绮庵接任广宁县长的斗争。他们召开了各区乡的农会会员大会，系统揭露蔡鹤朋、莫国华、李绮庵敌视农会，破坏农民运动的劣迹，号召农民群众加强团结，坚持斗争，并指出有广东省农会作后盾，最后胜利必然属于广宁农民。与此同时，又连续发出"快邮代电"，要求广东省政府将李绮庵免职，绝对不能撤销对李济源的通缉和对蔡鹤朋的查办。中央农民部特派员在报告中严正指出："新任县长李绮庵，在事实上已经证明是与地主、匪军勾结，压迫农民之不良县长，若其在任县长权政一日，广宁乱事一日不能解决。"花县、宝安、清远等县的农民协会，也纷纷发出通电声援，广州农民运动讲习所学生还组织了"广宁惨杀案后援会"，要求政府撤换县长李绮庵。

农民的斗争取得成效，8月中旬，原驻广宁的莫国华所部军队，在第三师师长的多次催促下，陆续调往怀集。与此同时，第三师第九团进驻广宁。由于第九团"军纪甚好，各乡农民沿途甚为欢迎"。地主劣绅由于失去了军队的支持，其声势顿挫。

接着，广宁乱事处分委员会又作出了解决江屯事件的各项决议案，包括惩办蔡鹤朋、李绮庵、莫国华、李济源，追究事件祸首等等。广东省政府民政厅也表示要撤换李绮庵的县长职务。至此，斗争取得了初步的胜利。

江屯事件的解决，使广宁各地的夏收减租得以实现，并进一步推动了全县农民运动的发展。

（原载《竹乡风云录》，中共广宁县委党史研究室编，2007年7月印刷）

"带垌惨案"

"带垌惨案"是大革命时期发生在广宁县第十四区的一宗骇闻全省的案件。

1924年9月，带垌乡已成立了农民协会，会所设在锦亭谭公祠。次年5月，广宁县第十四区（带垌、罗汶）农民协会也成立，会所同设在锦亭谭公祠。区农会成立后，组建了一支 30 多人的农民自卫军（农军），防范地主武装的进攻，维持当地治安，保护农民利益和保卫农会组织。在区、乡农会的发动下，农民运动迅猛发展，减租减息成效显著，这就引起了地主豪绅的极大恐慌。他们仇视农会，千方百计破坏农会组织。

1925 年 5 月，国民党右派宁一白出任广宁县县长，极力破坏农民协会。1926 年 5 月 21 日，他勾结高要、德庆的反动势力和广宁及地主民团等 500 多人，由匪首陈拔卿、梁二、"出窿蛤"（绰号）、曾二妹等策划，以反对减租减息为借口，凌晨 4 时全副武装袭击十四区农会所在地——带垌谭家村。当时驻守该村的 5 个农军小分队在区农会的统一指挥下奋起抵抗，一直战斗到上午 10 点。由于敌众我寡，弹药耗尽，除小部分突围成功，农军有 34 人壮烈牺牲。敌人还对谭家村实施惨无人道的"烧、杀、抢、掠"，烧毁民房 140 多间和农会会所锦亭谭公祠，大肆抢劫农会会员家中财物。大多数村民逃往石狗、石涧、江头和南街等地避难。"带垌惨案"引起社会舆论的强烈谴责，1926 年 6 月 2 日的《广州民国日报》和《中国农报》均报道了带垌惨案的消息，时任中共第四届中央委员的张太雷撰写专文《援救广宁数十万农民啊！》。

（根据密火树、孔德棪、冼锦华提供资料整理）

抗日救亡运动在广宁的兴起（节选）

国共两党建立抗日民族统一战线后，广东的政治局面发生了重大变化。在大革命时期参加中国共产党，以办学、经商、做工为掩护，继续从事党的秘密工作。

1937 年"七七"卢沟桥事变后，全国抗日救亡运动也进一步高涨。大革命失败后先后转移到香港隐蔽的广宁籍共产党员孔令淦、陈子贤等人，受惠阳、四邑等地的香港同乡会纷纷组织服务团回乡开展抗日救亡宣传的启发，把组织回乡服务团设想报告了党组织，得到大力支持。12月初，在香港会宁同乡会主席周颂庭的支持下，在九龙旺角砵兰街会宁同乡会会馆召开大会，正式成立侨港会宁同乡会回乡服务团。

在广宁活动的服务团广宁队，队部设在石涧，以冯碧开的余利客栈为联络点，以石涧圩为中心，到附近的黄田、江头、信步、带垌、罗汉等乡村宣传；到南街就以元恺楼为联络点。除了运用各种宣传形式，在广宁城乡开展抗日宣传外，服务团的领导人还利用香港会宁同乡会的关系，与国民党广宁县党部、政府的头面人物建立友谊，从中宣传共产党的抗日民族统一战线的方针政策，争取他们支持抗日救亡运动。还注意做好对各区、乡头面人物的团结工作。

1938年4月下旬，服务团在香港集训结束，改称"会宁华侨回乡服务团"，返回内地开展工作，仍分广宁队和四会队。广宁队仍由欧新担任队长，主要深入广大城乡，宣传群众，组织群众，关心群众。用当地人易懂的语言，结合群众每个时期的思想实际，深入浅出地广泛宣传全民抗战的形势，宣传中国共产党的抗日政策，强烈谴责日寇侵华罪行，还在各地建立农民抗敌协会，组织青少年歌咏队，设立战时救护学习班，开办妇女夜校和识字班，不断激发群众的抗日救亡热情。仅在石涧，就办有识字班、男女夜校、歌咏队等五六个，参加学习活动的近200人。会宁华侨回乡服务团在广宁活动了一年多时间，足迹踏遍广宁的广大城乡，有力地推动了广宁的抗日救亡运动的深入发展，也表现了广大爱国华侨、港澳同胞热爱祖国，支持家乡革命的赤子心。不愧为中华民族的优秀儿女，是广大爱国侨胞的骄傲。

1939年夏，当时在广州中山大学读书的共产党员冯华回广宁开展抗日宣传活动。宣传队在县城南街筹办就绪后，从东乡、厚溪、大良口到古水，溯古水河而上经坑峒口、禾仓、汶水入扶落口、北市、石屋、新楼，过社山、塘角、迳背出江屯，最后经拆石、荷木咀返回南街，进行巡回宣传，足迹走遍广宁北部山区，历时一个月。路途跋涉艰辛，生活相当艰苦，但大家并没有叫一声苦。

1939 年 10 月，广东青年抗日先锋队 400 多人，在中共广东省委青委副书记梁嘉等率领下撤出沦陷前夕的广州，在四会编成 33 个战工队，其中月底到达广宁县有 3 个队，分别驻于排沙、宾亨、官步，开展抗日救亡活动。驻排沙的第一二三队由队长温盛湘、黎民惠（总队委员，后）、谭丕桓（后）率领；驻官步的第一二四队由队长钟文巨（钟达明）率领；驻宾亨的第一二五队由队长谢锡爵（谢永宽）率领；每队 15 人，共 45 人。同时，又有一支由黄侠生率领的佛山抗先战工队开到广宁县城。广东青年抗日先锋队驻广宁的战工队分别在驻地及附近乡村运用各种形式开展抗日救亡宣传工作，白天帮助群众生产，晚上点着竹篙火把进行活动。

在县城南街成立了广宁县抗日先锋队，冯华任队长，有抗先队员 500 多人，他们在广宁城乡用演讲、唱抗日歌曲、演出街头剧等方法开展抗日救亡宣传，十分活跃。抗日歌声传遍各地，各地纷纷建立起农民抗日协会、抗日青年会、妇女抗日救国会、少年抗日先锋队等群众组织，还举办各种识字班、民众夜校等。当时成立的官兵抗日自卫协会有 300 人，石涧抗日自卫协会 300 人，罗汉抗日自卫协会 500 人，扶罗抗日自卫协会 200 人，带峒救亡会协会 100 人。广大群众抗日情绪十分高涨。当时的江屯小学已成为抗日救亡工作者的阵地，成为共产党的一个地下交通站，起着掩护来往同志的作用。

1939 年上半年，国民党掀起反共逆流并波及广宁县。下半年，各种抗日先锋队组织渐渐解散。

（原载《竹乡风云录》，中共广宁县委党史研究室编，2007 年 7 月印刷）

中共粤桂湘边区工委和边区人民解放军在广宁成立

1947 年 4 月，筹建中的中共中央香港分局对华南武装斗争作出新的部署，考虑到粤桂湘边区的战略地位，作出了"准备以梁嘉（珠江纵队政委）、钱兴（桂工委）、小欧（南特书记，即王炎光）、周明等几人，成立粤桂湘边区工委。辖西江以北、粤汉铁路以西、桂林以东，将来发展至湘之零陵、桂阳的决定"。认为粤桂湘边区建立游击根据地已基本具备条件，还具体计划"现以广宁、怀集为中心，去武装队伍，展开活动"，把粤桂湘边建成华南一个独立的游击根据地，提出了"为建立南方新解放区而斗争"的战略口号。5 月 6 日，香港分局成立，把这个部署报告了党中央。5 月 24 日，中共中央复电批准香港分局的全部工作部署。

香港分局书记方方在香港召见中共西江特派员梁嘉、中共广西省工委书记钱兴和中共香港市委书记李殷丹等人，向他们宣布了中央批准建立中共粤桂湘边区工委的决定和边区工委的组成人员，书记梁嘉，副书记钱兴，委员李殷丹、王炎光、周明；指示他们同时建立粤桂湘边区人民武装，以西江北岸的广宁为基础，尽快打开粤桂湘边游击战争的新局面。

7 月底，梁嘉从香港返回广宁，随即在广宁县寮炭岗村主持召开中共粤桂湘边区工委第一次扩大会议，传达党中央和香港分局的有关指示以及开展华南武装斗争的决议等精神，宣布中共粤桂湘边区工委正式成立。会议同时决定成立粤桂湘边区人民解放军，梁嘉任政治委员，钱兴任副政治委员，李殷丹任政治部主任，李海任司令部参谋处主任，分局未派出负责军事的干部前由梁嘉代理司令员，周明协助其工作，各地相应建立地方性主力。边区工委委员以及部队和地方党组织的负责人参加了这次会议。

粤桂湘边区工委和人民解放军的组建，标志着这一地区的革命武装斗争发展到了一个新阶段。

（原载《竹乡风云录》，中共广宁县委党史研究室编，2007 年 7 月印刷）

回忆四雍根据地的活动
陈月新

1948 年，国民党反动派"扫荡"四雍前夕，我们这个武工队有了很大发展，从 10 多人扩展到 90 多人。当获得敌人要来"扫荡"的情报之后，司令部立即作了部署。为了对付敌人的"扫荡"，陈其略同志从我们这个中队（那时，我们这个武工队已发展为中队）抽调一个主力排（小队）加强督导处的警卫。因为督导处非武装人员不少，搞宣传的就有人民社、民声社两个报社。那时，我奉命带一个小队在梅坑防范，任务是防范螺岗方面可能出现的来敌。

农历八月十四日，敌人的"扫荡"开始了，我们的大部队撤出了外围，留下了钱兴同志带领怀南队的一个连及督导处共 200 多人与敌周旋，在禾仓坑与敌转战 10 多天，战斗是很激烈的。由于敌我力量悬殊，陈其略带领中队的战士在盲塘与敌人打了一仗，有的同志牺牲，一些同志被打散。钱兴同志与伍学桢同志一起隐蔽在大、小卢（地名），又打了一仗。钱兴与伍学桢因而失去联系。钱兴回到蓝青坑见到吴帆，于是两人撤到坳仔带坑，又因遇到敌人袭击而走散了。

我们防范在螺岗一线的队伍。初时有三四十人，打了一仗之后，有的同志牺牲，有的生病，还有的走散了，只剩下 10 人。我们虽然处于极之困难艰苦的境地，但大部分同志对革命却怀有坚强的信念，表示要与敌人战斗到底。可是，也有个别人思想发生波动。为了增强队伍的战斗力，我们加强了思想工作，使同志们的情绪稳定下来。此时，我们住在梅坑的一座高山——青山顶，能听到欧新等部队向外围撤退途中与敌发生激烈战斗的枪声。

正在这时，练秀文派出的侦察员与我们取得了联系，带我们撤到清远白芒，见到了梁嘉、欧新等领导。在白芒，司令部进行了队伍的整编，编制我们这个小队共 19 人，都是年轻力壮的。大约在农历十月，司令部集中 2000 多人，梁嘉同志宣布要恢复四雍根据地。根据当时情况决定，一个团上曲江，一个团上连州，而我们这个 19 人的小分队即需要留在四雍坚持斗争。我们的任务：一是联系、安定群众由于扫荡而引起的不安定情绪，使群众知道我们的队伍只是暂时撤出外围，我们的党组织和军队是不会被消灭的，是仍然存在的。二是估计我们仍有些同志没有跟上大部队撤退，还是在山头隐蔽着。我们回到四雍后，首先打"灰条"（地方反动武装），让还隐蔽在各处的同志知道已经有我们的队伍回来了，出来与我们联系。三是开展锄奸。四是筹粮，打通四雍到清远一线，准备大部队打回来。接受这任务后，我提出了这个小队的名称叫"复仇队"，领导同志不同意，说这个名称不好，我们最后确定叫"广、阳、清独立武工队"。那时我们的境况是很艰苦的，钱、粮、子弹都要武工队自己筹集，司令部只给我们16 元港币。

我们踏上归程。到了黄糯田，群众反映敌人在附近山坳路口藏了"迳炮"（绊雷），经过侦察，我们用土办法排除了这些障碍，回到了梅坑。由于行军的艰苦、疲劳，加上饥饿，一个同志

（忘了姓名，螺岗步竹坪人）患病去世了，冯沛修同志在晚上行军中跌断了腰骨。

为了迅速站稳脚跟，我们便开始锄奸。经过调查了解，掌握了步竹坪有个伪保长在"扫荡"前还不那么嚣张，但"扫荡"过后，他却把从群众身上搜刮来的钱财购置了两支驳壳枪，死心塌地倒向反动派一边与我们为敌，不解决他，群众就不敢起来，我们的行动就会受到牵制。因此，我们决定清除这个障碍。于是，我们选择他到螺岗开会回家途中除掉了他。这样，我们与当地群众联系就容易得多了。紧接着，我们又在螺岗捉了一个"灰条"，送往马慈垌余建南部队处理，因为这个"灰条"在"扫荡"后，对群众进行勒索、敲诈，群众对他意见很大，后来罚了这个"灰条"500石米、30匹士林乌布，4支驳壳枪、1200发子弹，把他放了。这样部队活动费用得到暂时解决。

不久，队伍到达禾仓坑，我于深夜回家探问情况。妻子告诉我，离这里约1里多处就有反动自卫队驻扎着，要我警惕；还说家里几条番薯也被敌人抢走了，几个小孩正饿着肚子。我不能在家逗留过久。当我出门口时，正巧碰见一个自卫队员，我们是认识的，我用驳壳指着他问："我回来了，你去报告吗？"他答："不去，我们准备散伙了。"他真的没敢去报告。原来敌人以为"扫荡"过了，"大功"告成了，这天晚上这个自卫队刚饱食一餐就散伙了。

随后，我们这支武工队分成三个小组进行活动，一个组在赤坑一带，一组在禾仓一带，一个组在坑垌口一带。在这个期间，我们还经常露宿山头。经过一段艰苦努力，我们的武器装备有了初步改善，原来每个人只有30多发子弹，后来得到补充，每人还配备了一个手榴弹，一些旧枪也得到了更换。同时，我们还开展了对地方反动武装情况的调查摸底和坚持向群众宣传的工作。为了警告敌人，我们把宣传传单贴到上一个马××家门口和坑垌口伪乡长伍耀臣的乡公所门口。到了 1949 年，欧新部队打到英德、金造之后，又回兵广宁。反动派获悉我们的部队到了八田，感到十分惊恐，急忙纠集 2000 多人的地方团队来围攻。游击队便集合800 多武装人员，在八田这个地方与敌人激战了七八天，击退了敌人的多次进攻。反动派只好灰溜溜地龟缩回南街城去了。

（原载《粤桂湘边风云录》，广州地区老游击战士联谊会粤桂湘边纵队分会编，花城出版社 2003 年 8 月出版）

威震敌胆的八田战斗

麦 华

1949 年 1 月，粤桂湘边纵队根据中共中央香港分局的指示，全面开展春季攻势。3 月，指挥部及其直辖的独立团在英德、清远边的攻势告一段落后，决定回师广宁并恢复老区。随同回师的尚有英清阳边人民解放大队及清远附城中队共 600 余人。他们 3月 17 日在距离清远县城仅 6 千米的石坑口抢渡滨江，到达连江支队三团的根据地秦皇山区。19 日，指挥部在秦皇山区的山心村召开干部会议，制定回师的行动方案，决定集中使用兵力，有计划地展开军事斗争，歼灭敌人的有生力量，在战斗中壮大主力，壮我军威。会议指出，恢复广宁北部老区与发展新区，以发展新区为主。老区工作，主要是扫除奸宄，恢复群众关系，由武工队负责。号召大力展开政治攻势，宣传我党对时局的主张与各项政策，宣传解放军南下的胜利消息。还要宣传本地区实行的各项具体政策，注意纠正以往的一些"左"的做法等等。

打回广宁老区是一项艰巨任务。自敌人以优势兵力于 1948 年秋进行残酷的"两广联剿"第二阶段，我边区主力部队转移后，广宁老区特别是北部的四雍老区遭到严重破坏，群众饱受摧残。

在军事上，敌人派兵到处烧杀抢掠，在一些重要地方住下来"驻剿"，到处纠集流氓地痞，扶植反动武装，日夜设卡放哨，强迫群众搜山，发现可疑动静就鸣锣吹角，弄到鸡犬不宁；在政治上，实行"移民并村"，强迫边远山区小村群众迁到有反动武装盘踞的大村居住，强化保甲统治，实施"五家连保"，强迫村民"自新"；在经济上，对山区实行封锁，粮食油盐等生活必需品一律不准运入，禁止群众入山采柴伐竹，还横征暴敛，群众处于水深火热之中。如五扬区每家早造抽谷二斗五、晚造抽四斗五，五指山区每头牛抽谷二石（每石约 100 斤，每石 10 斗，每斗 10 升），每个保要出钱购机枪一挺，步枪 20 支防"匪"。守留老区坚持斗争的绥贺支队一团及各武工队，在恶劣环境和艰苦条件下，以坚强的革命意志坚持斗争，保存了自己，相机打击了敌人。但毕竟势单力薄，处境困难，都望主力部队的战友们早日回师老区。

独立团根据上级的决定和指示，对部队回师广宁的行动作了具体分析研究，认为辽沈、平津、淮海三大战役结束后，整个大形势与过去截然不同了。敌人兵败如山倒，军心动摇，兵力不足，反动统治摇摇欲坠。敌人因调兵支撑北方内战前线，致广东兵力空虚，只能靠扩组省保安团来维持。当时，广宁连省保安团也没有，只有 5 个县警中队和各地的反动武装，而我回师部队有 600 多人，坚持老区的各部队共有 400 多人左右，无论整个大形势和具体力量对比，均与过去不同了。部队经过近年、特别是新近与敌正规军对阵的金造战斗的锻炼，军事、政治质素均有很大的提高。这次回师老区，斗志特别旺盛。部队中不少战士都是广宁人，回广宁作战，无论在地理、语言和与群众关系等方面都具有优势。具备了这些条件，打回老区广宁的任务是一定能胜利完成的。

回师部队于 1949 年 3 月 29 日从清远山心村出发，以一往无前的气概，白天战斗行军，首先到达广宁县五扬地区会合了坚持四雍的武工队，扫荡了五扬地区的地方反动武装，然后经濠峒口、白芒、鸡皮山、界板、义和寨、猪屎坳、大猷、螺岗等地，直插广宁附城地区。当路经濠峒口时，地方反动武装看到这支浩浩荡荡的大队伍，不敢正面攻击，只向殿后的英清阳大队打枪，该队坚决还击，将敌击退。过大猷时，部队不顾敌人拦截阻击，坚决攻击前进，毁敌堡垒一座、拔据点一个，毙伤敌数人，我军牺牲5人。在进入五扬地区时，经历了国民党"三光"政策摧残但不屈服的人民群众看到子弟兵回来，欣喜万分，把埋藏在深山里的番薯干、木薯干和稻谷挖出来支援部队。

4月3日。部队沿着崎岖山径向广宁附城地区推进。当部队开进林峒时，与敌县警遭遇，先头部队迅速登山，以猛烈火力向敌人扫射，团长欧新亲自率领部队冲向敌人，毙伤敌数人，敌不支溃退，部队进驻林峒。当晚，部队不怕疲劳登上附近的八田顶，占据有利地形，构筑工事，准备迎接大的战斗。八田顶是附城地区东北面一带的制高点，靠近县城，地理位置重要，进可以攻，退可以守。当时县城敌人兵力并不太多，我方已占据有利地形和构筑了工事，敌人一时是没法奈我何的，而且县城附近比较富裕，容易筹措粮食补充给养。特别是刚攻克林峒据点缴获了敌仓库储备的大量粮食和被服，需要时间把物资搬走。为随时迎击敌人，部队作了具体部署，铁流队扼守八田顶制高点，飞鹰队扼守山坳主阵地，监视和准备迎击县城方向来敌；力强队固守第二层高地，负责监视和准备抗击江屯、潭布方向来敌，英清阳大队布置在山麓准备袭扰来敌，同时派人与坚持广宁老区的绥贺支队一团联系，共同配合作战。

4月4日，国民党广宁县长古绍辙纠集广宁、怀集、清远三县县警和地方反动武装近200人向八田顶进攻。广宁县各乡镇地方反动武装云集在附城一带山头，配合行动。县警乘早晨大雾摸上八田顶，当其进至半山腰接近飞鹰队防守的阵地时，突然大风吹来，浓雾消散，敌人完全暴露在我火力射程内，刘炳坤带领的排哨正守在阵地前沿，立即抓住这一有利战机先发制人，迎头痛击敌人。随后，周锡率领的飞鹰队用机枪步枪组织严密的火力网，向敌人猛烈扫射。各队同时协同作战，并用掷弹筒发射了一弹在敌群中爆炸，又用大石滚下去，当场毙伤敌 30 余人，把进攻的敌人打了下去。5 日，绥贺支队一团副团长欧伟明与独立团取得联系后，立即率队至八田顶外围协同作战，派出冯彪率领附城中队配合英清阳大队直插八田山下的佛堂洼，阻击和牵制由县城增援之敌，并在县城附近镇压了一名反动分子。6 日，绥贺支队一团主力中队直插县城东北角的高路，与敌县警中队发生遭遇战，毙敌中队长以下多人。7 日以后，敌军 2000 多人每天都来进攻，地方反动武装布满附近山头，敲锣吹角，嚎叫助威，但始终未能攻上我方阵地。

八田顶战斗相持了七天八夜，敌县长古绍辙倾全县兵力，打了几天，损兵折将，仍无法扭转颓势。加上绥贺支队一团附城中队在县城附近出击袭扰，县城告急，商店也半掩门。敌深感腹背受敌，又无外援，只好撤兵回城固守。这次战斗共击毙敌中队长以下 25 人，伤敌 30 余人。我军牺牲 4 人。

边区主力回师广宁，八田顶战斗首战告捷，这关键的一仗意义重大。它锻炼了部队，振奋了民心，鼓舞了斗志，迫使驻敌从进攻转入防御，收缩防线固守县城和一些较大的圩镇据点，驻农村的保警队亦全部撤回县城。敌人营垒也开始分化瓦解，有七八个据点的反动武装主动解散，有些表示中立，有些则向我军"搭线"准备起义。在这胜利的形势下，广宁解放即将到来。

（原载《粤桂湘边风云录》，广州地区老游击战士联谊会粤桂湘边纵队分会编，花城出版社 2003 年 8 月出版）

奇兵夜袭北楼岗

冯彪　高枚　秦肖

1949 年 8 月，粤桂湘边纵队绥贺支队一团所部潜入广宁县城，夜袭北楼岗，全歼守敌一个机炮连，战绩辉煌，是一次成功的夜袭。53 年过去了，我们当年有幸参加了这一战斗的全过程，至今记忆犹新。

县城内外　严密设防

解放前的广宁县城，北靠北楼岗，坚固的城墙从山上沿东西两侧延伸下去，合抱成城。北楼岗是个俯瞰全城的制高点。国民党县长古绍辙对县城的防卫作了严密的布置，北楼岗上的古庙内驻扎着保安营主力机炮连，古庙东侧新建一座坚固的炮楼常驻一个班，西城门的一间房屋内驻有一个机枪排，北楼岗西边的伏虎岗建有一座炮楼驻一个班，彼此互为掎角之势。城墙之外还设置了竹壁和密密麻麻的铁丝网，把县城围了起来，城外围的几个山头还筑有防御工事。在各据点驻守的头目都是县长的亲信，日夜警戒森严。在古绍辙看来，自然是铜墙铁壁，固若金汤了。

偶遇战机　机不可失

1949 年 6 月上旬的一天，附城中队的文化教员廖干向中队领导高梅、冯彪汇报，青湾村有一个在县城当差的叫陈土金，最近常穿便衣回家，可能是来刺探军情的探子，今天又回来了，建议派人去把他抓起来。冯彪详细了解情况后，认为说陈是探子尚无实据，而且陈家很穷，是为生活所迫去当兵的，不好随便抓人。不过找到他做做工作，顺便了解南街敌人的动向倒是件好事。冯彪在廖干的陪同下来到陈家，陈土金见到几个带着枪的游击队员到来，吓得面如土色，战战兢兢地说是生活所迫才去当差的，没有做坏事。冯好言相慰，说是来找他倾谈，都是老乡嘛。陈逐渐平静下来跟冯攀谈，说自己去年被迫当兵，派在机炮连当弹药兵，就是扛六〇炮弹，驻在北楼岗上。陈土金无意中说到连里有十几个兵是从四雍游击区抓来的，听说他们还当过游击队呢！冯彪一听，心中明白他们就是在螺岗梅坑被迫害的战士。陈又说他们经常挨骂受气，长官说他们当过"共匪"，不可靠的，故只有一个叫周戴的当了班长，其他的都是当扛子弹的苦差。冯听到周戴这名字，已知道是曾在附城中队当过班长后调到四雍区队的周戴。冯一再给陈讲形势和政策，鼓励他站到人民一边，主动立功补过。走时冯托陈办件事，陈满口答应，说只要能做的一定做到。冯要陈回去后，悄悄地传话给周戴，就说老朋友冯彪很想见他，希望他能找个机会约个地点见面详谈。通过陈土金的穿针引线，冯彪终于在牛角坳会见了周戴，周拉着冯的手痛哭流涕，诉说自己失足的经过。原来周所在的部队被冲散后，他躲在山上几天不敢下村，敌人威逼他父母找儿子回来"自新"，否则要全家杀绝。冯劝解说，事情已经过去了，重要的是现在，要下决心立功补过，前途还是光明的。周说他们13个人日夜都想回归部队。现在找到老领导了，你怎么说我们就怎么做，死了也心甘。他还建议趁现在敌人很麻痹，我们13人可以在晚上带枪溜出城回附城中队，不知道部队还要不要我们？冯表示当然欢迎，不过你们不要急，不要乱来，我们总会想办法使你们脱离苦境，事关重大，我也要请示上级才能作出决定。分手前冯一再叮嘱周，要特别小心谨慎，注意保密，要一个一个地给其余12人做工作，摸清他们的态度，教育他们准备立功补过，暂时不要告诉他们已同部队联系上的事。今后周戴要少出来，陈土金可像往常一样回家，敌人不会注意，有事由陈出来联系。与陈土金联系以后，冯彪心中顿时萌发了打北楼岗的念头。高梅和冯彪都认为，有周戴十几个人做内应，里应外合，来个突然袭击，打他个措手不及，弄得好可以把整个机炮连吃掉，胜利前景实在诱人。高、冯二人反复思考商量，一个奇袭北楼岗的设想逐渐形成了。

精心策划　周密部署

冯彪对北楼岗的地理环境了如指掌。在抗日战争末期，附城区党组织曾安排他打入国民党主办的青年行政干部训练所受训过两个月，训练所就设在北楼岗古庙；绥贺支队一团团长陈瑞琮对北楼岗地形地物也颇熟识。根据冯彪的要求，周戴提供的北楼岗敌兵力布置图很快由陈土金送来。高、冯二人根据这张图，对于如何进军、接敌，我方兵力布置、任务分配、撤退路线等一系列问题都作了反复、缜密的考虑。越研究越觉得取胜把握很大，但是风险也很大，责任更重大。北楼岗在敌占县城内，山下面就是县政府。县城内外至少还有六七百敌军分驻各个据点。行动中任何一个环节、一个人出了差错，都可能惊动敌人，南街几个城门都有敌兵驻守，到时敌人把城门堵死，我们进入城内的部队的处境可说是走投无路了。所以最艰难的是摸入北楼岗敌营后，不能开枪，否则会惊动敌人，只能靠肉搏，徒手制服敌人，而突击队人数又不宜太多。只有克服这些困难，才能取得胜利。高、冯二人带着战斗方案和北楼岗敌兵力分布图，来到团部向陈瑞琮团长、欧伟明副团长汇报。两位团长怀着惊喜的心情认真地听取汇报，不时就关键处插话提问，汇报进行了两个多小时，最后4个人围着摊在地面的敌兵力分布图展开讨论，仿佛在沙盘上作攻防演习。老团长用欣慰的目光看着这两个自己熟悉的下级指挥员，几年的战争锻炼，逐渐成熟了。他说他基本上同意这个方案，但还要经团的领导研究后才能最后决定。欧伟明副团长提出立即召开中队级以上的干部会议进行研究和部署，陈团长当即表示同意。会议在听取了高、冯的汇报后，大家围绕作战方案和兵力组织问题进行了认真的研究，一致认为其中带有决定意义的也是最难的工作是挑选和组成一支特别能战斗的突击队。这些突击队员必须翻越城墙，攀上北楼岗，冲进岗顶的古庙敌营房，以迅雷不及掩耳之势制服敌人。为此，他们必须有对革命无限忠诚，随时准备献身的精神；有强壮的身体，能同敌人格斗肉搏；有机智灵活、独立作战和对付突发事件的能力。高、冯建议从全团各个连队中物色，大家赞同，并各自提出了候选名单．团长最后决定由附城中队的12人，其他中队的8人，加上卫生员蔡杰（女）共21人组成突击队。又根据作战的需要分成三个小组，指定冯彪、陈英、关德三个中队级干部各带一个组。团长还要求，高、冯回去后要注意保密，暂时不向下传达，特别要做好内应人员的工作，这是战斗成败的关键。要安排好这13个人在发动攻击时每个人的位置和承担的任务，可以明确告诉他们，战斗胜利了，他们就立功补过了，欢迎他们归队。

奇兵夜袭　沉着应对

战前的各项准备工作经过紧张而秘密的筹划后已经就绪，内应人员传来消息，敌人没有丝毫觉察，没有任何反常动态。于是，团首长决定8月17日晚奇袭北楼岗。是夜，绥贺支队一团参战部队在担垌村集合待命出发。团长陈瑞琼作了动员讲话，宣布这次行动的正指挥由副团长欧伟明担任，蔡其生和高枚任副指挥，冯彪、陈英、关德3人为突击队负责人。陈瑞琼强调，此战事关重大，要求全体指战员同心协力，在"奇"字、"夜"字上做到奇兵夜袭，取得胜利。同时对情况万一发生变化时如何应变等事宜，对正副指挥作了部署。8时许，部队出发，急行军约10余千米到达距北楼岗不远的牛角坳大雾岗。欧伟明副团长命令飞鹏队在牛角坳山下埋伏，接应支援突击队；附城中队在北帝宫公路两侧布防，监视南街方向的敌人；冯彪、陈英、关德率突击队进到距北楼岗城墙仅二三百米的石灰坟场潜伏。每个突击队员颈上都系上一条白毛巾作为夜间识别的记号，另每人都带一条麻绳，准备捆绑俘虏之用。突击队员静悄悄地分散埋伏在坟场那里。此时星月无光，伸手不见五指，时值盛夏，闷热异常，蚊叮虫咬，突击队员全然不顾，大家心中反复想的是冲入敌营后自己的任务如何完成。

按计划约定，周戴必须派人在夜12点以前来此地，带领突击队跨越城墙冲入北楼岗顶古庙，11点过去了，没有人来。突击队的指挥员心情开始有点紧张。出了什么问题？为什么不见按时派人出来联络？……时间无情地一秒一秒地过去，12点又过了，指挥员们在长期残酷斗争中养成的警惕性，驱使他们去作各种猜测，甚至作出最坏的打算，考虑及时撤退。因为突击队掩蔽的坟场处在极为不利的地理位置，如被敌发现，将是十分危险的。此时，副指挥高枚也衔命从指挥部摸到坟场来，询问怎么还不见动静？得到的回答是：情况不明。这时已是接近凌晨1点，留给战斗部队的时间越来越少，如果拖过了时间极限，即使等到了来人，行动的时间也不够了。天一亮，这么多人怎么撤出县城？当时冯彪相信周戴是一定会派人出来的，而且当天城内的敌情并无异动，建议再坚持一下，等到确实不能再等时方行撤退。经过商议，高枚和其他的突击队指挥员都同意了这一意见。时间又在人们万分紧张的心情中一秒一秒地过去，四双指挥员的眼睛盯着北楼岗方向。此时冯彪特别眼尖，发现前面一前一后两个黑点在移动，他拉一下高枚的衣角说：天呀！来啦。他疾步向前，向黑影击掌三下，这是暗号，对方也击了两下回应，是周戴的来人。冯彪跑步上前紧握着伍学俊的手问，怎么搞的？伍答，情况没有变化，来迟了是因为今天当差的发了粮饷有几个出去吃喝，12点才回营。营长许世柱突然来到古庙，深夜才下山离开，所以拖了时间。冯彪立即向突击队宣布敌情没有变化，一切按原计划行动，立刻登山。

惊险搏斗　以勇制胜

突击队在周戴派来的接应人员伍学俊、叶荣的引导下，沿着伍、叶的来路疾走，攀登上了北楼岗山顶，按原定作战计划迅速地解决了敌驻在古庙东侧炮楼的一个班。由于内应人员已做了工作，这班守敌乖乖地做了俘虏。3个突击组随即进入古庙，占据了各自预定的位置。陈土金点燃了悬在大厅中央的大煤油灯，这是发起进攻的信号。由周戴引路，关德率领突击队员冲入正厅，大家一齐呐喊："红军来了，不准动！缴枪不杀！"睡在古庙正厅的几十个敌兵，被这突如其来的喊声惊醒，睁开惺忪睡眼，胆战心惊，不知所措，有的起床举起双手站在床边；有的吓得滚下床，跪在地上叩头作揖，口中念念有词："红军饶命"，有的还躺在床上就迫不及待举起双手。他们突然看见威武的游击队站在眼前，用枪口指着自己，只好当俘虏。突击队员控制了正厅后，迅速收缴放在正厅两廊枪架上的枪支。

与此同时，关德率领陈灶、周戴等冲进了石庙东边敌连长和教官的房间，敌连长吴德毅已被惊醒，伸手向枕头底下摸枪，这时陈灶冲到床前把他的手枪缴下，并用驳壳枪顶住他的胸膛喝道："不准动！"敌连长眼见无法反抗，只得束手就擒，周戴将他押出房间，此刻住在斜对面房间的敌教官也闻声惊醒，提着手枪冲出房门，被陈灶同志一脚将其手枪踢飞，继续又一脚把他绊倒，这个教官可能有点武功，一个鲤鱼翻身跃起冲向大厅，关德见状，奋力想将他抓住，但被教官挣脱跳下天井，企图从大门逃走，与正在天井的卫生员蔡杰撞个正着。蔡杰急中生智，拿起药箱的碘酒瓶，用尽平生力气向敌头部砸去，打得敌人嚎叫一声，并拼命将敌人紧紧抱住，同敌人一起着地扭成一团。此刻蔡杰的丈夫陈英正在大厅，他跃身跳下天井，朝敌人头部连击两拳，将其打昏在地，夫妻合力制服敌人。真可谓巾帼不让须眉，一时传为佳话。

与此同时，在古庙的西厢房，冯彪等人也在上演惊险的另一幕。他率领陈二、陈瑞、高志雄等突击队员冲进放置轻重机枪、六〇炮的房间，先把几个机枪手、炮手制服，由高志雄、陈瑞等押到了天井集中。冯彪同陈二冲进敌排长住的小房间，敌排长惊醒中正伸手从床头摸起一颗美式手榴弹欲拉开保险栓，陈二飞身将他扑倒在床上，死死地压住他的右手，使其不能拉栓。这个顽固家伙，还拼命将握住手榴弹的左手抬高凑近嘴巴，妄图用牙齿咬拉保险栓，与陈二同归于尽。在这千钧一发之际，冯彪用尽平生之力挥拳朝他鼻梁狠狠一击，将他打得口鼻喷血瘫在床上，并顺手将手榴弹夺过来插在腰间，与陈二把这个家伙捆了起来。

所有俘虏都被集中在天井蹲下，双手抱头，他们可能也曾听说过我军的优待俘虏政策，故似乎不大害怕。这时摆在勇士们面前的另一难题是，怎样把缴获的枪支弹药特别是西厢房的重家伙，以及比自己人数多两倍的俘虏安全地带出与城外的大部队会合，还要不惊动城内的其他敌军。突击队员和内应人员用事先准备好的绳子将卸下枪栓的步枪5支一捆捆好，再用一支步枪做扁担，命令一个俘虏挑一担，机枪则将弹匣取下，由重机枪、六〇炮班的原班人马扛着枪和炮跟着撤退，安排扛弹药的人靠后走，与枪炮隔开，以防万一。陈英突击组押着几个当官的俘虏走在前面，沿着原路翻越城墙下去。城墙缺口很狭隘且离墙脚很高，这么多俘虏和枪支弹药是不能都按原路走的，时间也来不及了。此时已是凌晨两点多钟。为使缴获的轻重武器及战俘顺利撤出，突击队按作战方案移师夺取了西门据点，顺便收拾了敌人一个机枪排，打开城门，押解俘虏经西门往牛角坳集中。此战一枪不发，生俘敌130余人，缴获六〇炮1门、重机枪3挺、轻机枪2挺、步枪70余支，弹药一大批，我方无一伤亡。

部队回到大罗已是早上七八点钟，乡亲们汇集起来欢庆胜利。

是晚开了一个祝捷大会，热闹非常。此时冯彪、陈英、关德三人兴之所至，各执一挺缴获的重机枪一齐击发，霎时三条火龙直击夜空，山峦回响，地裂天崩，尽抒胜利豪情，欢呼之声响彻云霄。部队严格执行俘虏政策，包括那几个当官的，要求回家的都发给路费和通行证，有的还派人护送出游击区，政治影响很大。夜袭北楼岗的胜利，敲响了广宁国民党反动统治的丧钟，在广宁人民革命斗争史上写下了光辉的一页！

（原载《粤桂湘边风云录》，广州地区老游击战士联谊会粤桂湘边纵队分会编，花城出版社 2003 年 8 月出版）

解放广宁县城

麦　华

原国民党广宁县县长古绍辙起义后，国民党广东省政府主席薛岳为支撑其在广宁摇摇欲坠的反动统治，派出老牌反共分子、国民党广宁县党部书记长陈嗣运接任县长。夜袭北楼岗的胜利和古绍辙的起义，沉重打击了国民党县政权，进一步改变了绥贺地区敌我双方力量的对比。粤桂湘边纵队司令部抓紧有利时机，指挥各有关部队发动解放广宁县城及西江北岸其他城镇的战斗。

当时广宁县城的敌情是：陈嗣运接任国民党县长后随即搜罗了一批土匪、流氓、散兵游勇共 300 余人，成立了"广宁县反共救国行动总队"，自任总队长，下设三个中队。并在县城四周构筑了防御工事，妄图负隅顽抗。据此，1949 年 8 月底，粤桂湘边纵队司令员兼政治委员梁嘉和参谋处主任林锋于在南街附近的黄盆召开作战会议。绥贺支队第一团、暂编第二团和边纵独立团的负责人参加了会议。成立了攻城指挥部，由边纵独立团团长兼政治委员欧新任总指挥，边纵独立团副团长周锡任前线指挥，我方投入兵力共约 1000 人。考虑到县城南街镇之敌只有 300 多人，且

组建时间短，士气低，装备差，训练少，战斗力弱等情况，决定
采用四面包围，两路进攻，中心突破的战术。具体的作战部署是：
边纵独立团占领城西北门外的制高点，负责阻击江屯、东乡方向
来敌，并作为预备队。暂编二团布防城西外寺背岗，佯攻西门，
封锁敌退路。绥贺支队一团攻县城东、南门，派出附城中队会同
独立团飞鹰队联合组成攻城突击队，从东门攻城，突破后分两路
向城内深入。在进攻中，要求攻城部队尽量不使用重型武器，以
减少居民生命财产之损失。总攻时间定于为9月3日晚上9时。

经过周密的准备和战前动员，9月3日晚，所有参战部队进
入各自的战斗位置。9时正，攻城总指挥发出攻城信号。顿时，
枪声四起，打破了山城夜晚的沉寂。周锡副团长率领两支攻城突
击队进入东门外前沿阵地组织进攻，先由飞鹰队小队长陈唐用步
枪一枪击灭了敌地堡前照明的大茶油灯，在猛烈的火力掩护下，
迅速接敌，爆破组高志雄等炸开了宏昌杂货店后门，打开了进城
突破口，队长刘炳坤、指导员麦华率领飞鹰队和附城中队队长冯
彪率领所部，迅速扩大突破口，占领义记茶楼后，分两路冲入城
内。附城中队冲向南门与守敌展开激战。飞鹰队从义记茶楼前沿
阵地向敌发射了两发掷弹筒弹，配合机枪、步枪组成严密的交叉
火网向敌县府攻击。预备队随突击队冲进城内，向四周穿插，展
开巷战，扩大阵地。飞鹰队政治服务员何文里（女）随突击队冲
进城内，边向战士作战场鼓动，边动员群众燃放鞭炮助威。人民
群众欢呼"解放军入城了！"顿时枪声与鞭炮齐鸣，杀声震天。
两路攻城部队，互相配合、并肩战斗。经过两个多小时的激烈战
斗，部队进占县政府。敌县长陈嗣运见大势已去，趁天色黑暗，
率残部从西门狼狈逃窜。我军胜利解放了广宁县城。这次战斗，
缴获长短枪二百余支，子弹近万发，手榴弹五百余枚。攻城部队
只牺牲附城中队排级干部陈义一人。

　　翌日清晨，旭日东升，朝霞满天，群众热烈欢迎自己的子弟兵，全城一派欢腾。绥贺支队按边区工委、军委的命令，宣告成立广宁县军事管制委员会，陈瑞琮为主任，欧伟明为副主任。同时，派出宣传队上街张贴布告，宣传党和人民军队的政策。县城各阶层人士对新生的人民政权热烈拥护，燃放鞭炮庆祝，充分体现了广宁人民和广大指战员的心声。广宁人民历经大革命、抗日战争和解放战争的洗礼，经历了多少苦难，做出了重大牺牲，前赴后继，终于取得胜利，迎来翻身解放。下午，为了迅速消灭逃窜城外的陈嗣运残部，攻城部队除留下附城独立中队维护县城治安外，其余部队分别开往江屯和绥江下游追歼敌人。

　　广宁县城是粤桂湘边区最早解放的县城之一，是在中国人民解放军野战军到达之前，粤桂湘边纵队在西江解放的第一座县城。

　　（原载《粤桂湘边风云录》，广州地区老游击战士联谊会粤桂湘边纵队分会编，花城出版社2003年8月出版）

附录六 **红色歌谣、诗歌、挽联**

解放同群（民歌）

妇女原来受苦深，千辛万苦数唔清。

万古以来苦传苦，而今唔讲你唔知。

日里做工唔够吃，夜间捱冷到天明。

想去想来心苦楚，农工妇女苦更多。

四季奔波无快乐，年年辛苦不开眉。

更有重重来压榨，奶奶姑娘①恃势压同群。

清早起来要担水，稍微迟缓就恶腾腾，

朝晚梳洗要侍候，若迟半刻不容情。

家里又穷儿又细，拖埋儿女去耕田。

日晒雨淋皮肉烂，母儿忍受泪交流。

大仔返来捞②饭吃，二仔扯缠哭肚饥。

揭开米缸又无米，思量何处找升来。

苦处千般边个俾③，皆因地主共劣绅。

剥削农工血汗去，收埋④血汗佢自肥。

---

① 奶奶姑娘指地主家的奶奶姑娘。

② 捞即是要的意思。

③ 俾即是给的意思。

④ 收埋指掠夺的意思。

哭尽千言共万语，勒逼千般难诉了期。

苦处深仇何处诉，大众齐心合力要埋群①。

埋群起来成农会，犁旗高举解放同群。

（这首民歌是周其鉴所作，大革命时期在广宁地区广为流传。原载《周其鉴研究史料》，中共广宁党史研究室编，广东人民出版社1993年1月出版）

农民歌

亚哥呀！

我家又穷人又苦呀，孖埋②仔女去耕田呀。

米塔③无升隔夜来，呢今受苦真正难呀。

自己揸穷易抵受呀，难为仔女哭肚饥呀。

亚哥呀！

遇着农民成协会呀，呢今协会救农民呀。

半夜三更都记得呀，遇唔广宁其鉴咁通明呀。

其鉴亚哥呀！

眼似天星眉似月呀，日月光明照我农民呀。

其鉴亚哥呀！

你是万古流芳人子弟呀，四海威名救农民呀。

今趟耕田真正好呀，大家拍掌纳四成呀。

业主望来眼泪出呀，农民快乐出生天呀。

今日送租无我份呀，更兼大斗又取消呀。

---

① 埋群指团结的意思。

② 孖埋：用背带背起孩子。

③ 米塔：即米缸。

好得孙文爱穷人呀，伯忠①其鉴救农民呀。

减租减息才是好呀，农民耕田有谷收呀。

业主学成娘仔脸呀，唔好开口催租粮呀。

吃唉苦瓜才知苦呀，又如猪胆点黄连呀。

大众农民要奋起呀，开花结子要成功呀。

（这是大革命时期广宁地区流行的民歌，原载《广宁民歌集》）

狱中遗作②

高誉钤

（一）

春去秋来囹圄间，自由恢复到何天？

俯首思量天下事，袖挥破泪泪相牵。

（二）

铁窗风味已春秋，报国何须怕断头。

此去黄泉无憾事，伤心唯恨志未酬。

---

① 陈伯忠：广宁十二区（今四会县黄田）江头村人。1924 年 10 月，当选广宁县农民协会副委员长兼农民自卫军军长。1925 年 9 月，调四会县开展农民运动，11 月任中共四会支部书记。1926 年 10 月，于迳口龙藏口被地主派遣的凶手暗杀，英勇牺牲。

② 此两首诗为高誉钤于 1945 年在狱中所作。高誉钤（1916—1945），广宁县南街镇柯木村人，1938 年加入中国共产党，曾任中共广宁县附城支部书记、附城区委书记。1945 年 2 月，任广宁四会县抗日武装起义委员会委员，在家乡筹备起义时被捕，同年 10 月牺牲。

红军阿哥几时来①

春风吹来，

番薯、木薯种满山头。

广宁人民好辛苦，

交得租来又无米，

田主餐餐吃猪肉，

穷佬仔餐餐吃番鬼佬②，

牛骨③征粮又抽丁，

家家户户不安宁！

春风吹来，

番薯、木薯种满山头。

红军同志你知唔知？

广宁人民盼你来；

三岁细佬哥④半夜问，

红军阿哥几时来，

减租减息分田地，

打倒老蒋事安宁！

（原载《粤桂湘边纵队史》，中共肇庆市委党史研究室、《粤桂湘边纵队史》编写组编写，广东人民出版社1996年1月出版）

---

①　这是解放战争初期广宁地区广泛流行的一首民歌。1946年，国民党撕毁停战协议发动全面内战，广东地区革命主力奉命北上后，国民党广东当局疯狂"扫荡"各游击区，老区群众盼望红军归来。

②　番鬼佬：指木薯。

③　牛骨：指国民党军队。

④　细佬哥：指小孩。

挽　联①

上联：为部队为人民，捱尽生菜粥、番薯饭，五载辛劳，身经百战，壮志未酬，古水坑边长留恨！

下联：争自由争民主，抗击日本仔、反动派，一生革命，足履万险，舍身成仁，海波英名浩气存！

痛悼张菁烈士②

屠刀对胸膛，面不改旧容，
革命付代价，死不改初衷，
痛斥反动派，浩气贯长空，
群众暗垂泪，挥手谢情浓，
稍理破戎装，指梳发蓬松，
头颅被砍下，挂在渡头东，
竹乡流碧血，血染战旗红，
英姿豪气在，挺立象青松，
南疆征战地，老少仰巾风，
广寒应笑慰，江海缚苍龙。

---

① 1947年2月24日，四雍游击区大汕税站工作人员正在古水河边罗活口收税，遭地方反动自卫队伏击，双方发生战斗，税站负责人梁波及战士卢海、卢流（均为顺德县人今顺德区）为掩护其他人员撤退光荣牺牲。部队领导机关和当地群众为3位烈士举行了追悼大会。这是追悼大会挂的挽联。

② 张菁（1924—1948），女，广东省恩平县人，1947年参加粤桂湘边区游击队来到广宁四雍，以禾仓小学教师身份从事地下交通工作。1948年秋，在敌人"清剿"中不幸负伤，隐蔽养伤时因坏人告密被捕杀。敌人砍下她的头颅挂在古水河坑垌口段的岸边竹林示众，残忍至极。战友作此诗悼念。

　　根据中国老区建设促进会的统一部署和广东省老区建设促进会的具体铺排，广宁县从 2018 年 3 月开始，启动编写起《全国革命老区县发展史丛书·广东卷》之《广宁县革命老区发展史》一书。在县委、县政府的高度重视下，本书编委会及时协调相关力量进入组稿实施阶段。

　　编委会确立编写本书的指导思想是以习近平新时代中国特色社会主义思想为指导，忠实反映广宁老区开展革命斗争和进行社会主义建设以及实行与深化改革开放的历史进程，希冀用本地翔实的历史，诉说老区儿女执着革命、献身真理又义无反顾、舍生忘死的动人故事，叙述新中国成立后广宁老区经济不断发展、社会飞跃进步的巨大成就，坚信伟大的中国共产党，在以习近平同志为核心的党中央坚强领导下更加英明。编写本书的目的是要让全县老区人民了解历史贡献，明白历史进程，不辱历史使命，把握历史未来，在实现"两个一百年"伟大目标的奋进征途中，更有担当和作为。

　　为了结合广宁县行政区域实际，便于展示广宁革命老区发展历史的时段完整性，本书总体内容涉及的始迄时间，是 1919 年五四运动爆发至广宁县第十六届人民代表大会第一次会议召开。

　　本书组稿过程中，检索档案文件数亿字，从数百万字筛选资料中整理出书稿雏形约 49 万字，再调整浓缩成现稿约 40 万字。

全书由广宁县老区建设促进会工作人员蔡其智负责编写。

感谢广东省老区建设促进会副会长谭世勋专门指教，感谢肇庆市老区建设促进会组织专家学者对本书稿审读指导。广宁县档案局（馆）、四会市档案局（馆）对档案资料的查阅、摘录提供了大量帮助，县内有关单位在历史资料方面给予了大力支持，在此一并致谢。

由于编者水平有限，时间仓促，搜集资料不足，可能存在错漏之处，恳请读者批评指正。

《广宁县革命老区发展史》编委会

2020 年 12 月

广东人民出版社　党政精品图书

围绕中心，服务大局，做最具高度、深度和温度的主题出版物

中宣部主题出版重点出版物

《中华人民共和国通史》（七卷本）

·全国第一部反映中华人民共和国70年光辉历程的多卷本通史性著作
·中央党校、中央党史和文献研究院权威专家倾力打造

《账本里的中国》

一册册老账本，串起暖心回忆，讲述你我故事，体味民生变迁。

《全国革命老区县发展史丛书·广东卷》

·挖掘广东120个革命地区的红色记忆
·中国老区建设促进会牵头组织

《红色广东丛书》

·广东省委宣传部重点主题出版物
·传承红色基因，弘扬革命精神

本书配有智能阅读助手，为您1V1定制

《广宁县革命老区发展史》阅读计划

帮助您实现"时间花得少，阅读体验好"的阅读目的

建 议 配 合 二 维 码 一 起 使 用 本 书

您可根据自己的学习需求，量身定制专属于您的阅读计划：

阅读服务方案	阅读时长指数	为您提供的资源类型	帮助您达到以下学习目的
1. 高效阅读	阅读频次 较低　每次时长 较短　总共耗费时长 ■■	总结类	快速学习和掌握红色精神。
2. 轻松阅读	阅读频次 较高　每次时长 适中　总共耗费时长 ■■■■	基础类	简单了解革命老区的历史。
3. 深度阅读	阅读频次 较高　每次时长 较长　总共耗费时长 ■■■■■■	拓展类	继承和发扬红色精神，推动老区发展。

针对您选择的阅读计划，您可以享受以下权益：

立刻获得的主要权益

▶ **专享本书社群服务**：提供创造价值与私密的深度共读服务，群内分享阅读干货，发起话题探讨
▶ **1套阅读工具**：辅助您高效阅读本书，终身拥有

每周获得的主要权益

▶ **专属热点资讯**：16周社科文学类资讯推送，每周2次
▶ **精选好书推荐**：16周文学社科热门好书推荐，每周1次

长期获得的主要权益

线下读书活动推荐：精选活动，扩充知识开拓视野
不少于1次

抢兑礼品：免费抽取实物大礼
不少于2次限时抽奖

微信扫码

添加智能
阅读助手

只需三步，获取以上所有权益：
1. 微信扫描二维码；
2. 添加智能阅读助手；
3. 获取本书权益，提高读书效率。

❋ 鉴于版本更新，部分文字和界面可能会有细微调整，敬请包涵。